La magia del perro en China y el Mundo

Pedro Ceinos Arcones

Dancing
Dragons
Books

Dancing Dragons Books
Rioja, 23. Esc dcha 1-B
Madrid, 28042. Spain

Website: www.dancing-dragons.com
Email: publisher@dancing-dragons.com

Imagen de portada:
"Ten Priced dogs" Giuseppe Castiglioni.

Agradecimientos

Deseo expresar mi sincero agradecimiento a José López, que se ha tomado la molestia de leer con detenimiento el manuscrito, corregir innumerables errores y realizar importantes sugerencias.

En sus primeras etapas, la lectura y comentarios de Daniel Tubao me resultaron muy útiles.

El entusiasmo de Jean-Luc Riehm por esta obra y su voto por verla traducida al francés, su lengua materna, supone un fuerte respaldo a mis investigaciones.

Introducción

El perro es el mejor amigo del hombre, el primero de los animales que le acompañó en sus correrías sobre la tierra, el que ha mantenido una relación más íntima con él, y al que con más frecuencia permite vivir en su propia casa. Miles de años de convivencia han forjado estrategias comunes de supervivencia entre perros y personas, basadas en originales formas de comunicación y el desarrollo de profundos sentimientos. Su amistad es un fenómeno universal que se extiende del trópico al polo y por los cinco continentes. Adaptado a diversas culturas y ambientes naturales el perro ha sido testigo milenario de la evolución humana y el recuerdo constante de ese mundo animal, salvaje y natural, del que él se alejó para vivir con las personas. Situado en la frontera entre los animales y el hombre, el mundo salvaje y el doméstico, el cielo y la tierra, la vida y la muerte, los seres humanos le han atribuido cualidades misteriosas y poderes inefables, dando origen a una rica recreación cultural de su imagen y a una compleja simbología canina.

Protector del hogar, pastor del ganado, compañero en la caza, y eventual alimento para su dueño en los momentos de necesidad, a lo largo de la historia las relaciones entre perros y personas tomaron formas diversas y el simbolismo surgido con ellas, creció y creció creando una maravillosa red de significados que hacen de los perros amigos, compañeros e incluso padres y maridos, que les convierten en poderosas deidades con conexiones astrales y fieles defensores de la integridad física y espiritual del ámbito familiar, unos defensores cuya tarea no termina con la muerte de sus dueños, encargándose también, como psicopompos, de proteger su último hogar, su tumba y guiar a su alma a las tierras de los antepasados.

Amado y temido, alabado y despreciado, compañero de señores y emperadores, la concepción humana del perro está llena de paradojas y contradicciones que ponen de manifiesto las múltiples capas de significados en las que se basa, pues durante miles de años de andadura común, el hombre la fue adaptando a su propio desarrollo económico y social, integrando a éste su mejor amigo en una serie de valores que cambiaron con el tiempo. Sorprendentes relaciones que iremos desvelando en esta obra, mostrando al lector aspectos poco conocidos del simbolismo canino, así como de la sociedad, la cultura y la religión de los pueblos de nuestro planeta, y especialmente la de China. Este libro ayudará a comprender una serie de conceptos universales que en tiempos remotos estructuraron la relación entre las personas y la naturaleza, los animales y, en general, con el mundo que les rodea, haciendo especial hincapié en sus manifestaciones en China, país en el que, debido a la larga continuidad de su cultura literaria y su rica variedad étnica, han permanecido vivos en mitos y tradiciones, rituales, leyendas y cuentos populares.

Dado que la mayoría de los atributos culturales asignados a los perros son un reflejo de sus características físicas y sociales, vamos a repasar someramente sus principales cualidades.

El perro tiene un desarrollado sentido del olfato que le permite identificar y rastrear animales y personas con precisión sorprendente, lo que le ha convertido en el mejor compañero de cazadores y pastores. Con su fino oído puede detectar peligros a distancia. Aunque su percepción de los colores es deficiente, posee una buena visión, especialmente nocturna, acompañada muchas veces de un misterioso brillo en sus ojos, pues la comunicación visual fue antaño necesaria para la adecuada coordinación de las actividades de la banda de lobos, y hoy en día le permite una convivencia armoniosa con los humanos. Su viva inteligencia, por otra parte, le capacitó para establecer un lenguaje común con sus dueños y transmitirles con cierto grado de certeza la información captada por sus sentidos. El perro habla al hombre por tanto de un mundo que él no percibe, que siente puede acecharle y poner en peligro su vida y su patrimonio, y que generalmente se convierte en realidad poco después. Cuando el hombre comprende que los peligros que el perro anuncia pronto serán reales le inviste de un misterioso poder profético. Estas cualidades, muy importantes para los cazadores y pastores, también lo son para las poblaciones sedentarias: una comunidad confía en los sentidos de sus perros para sentirse segura ante inesperados ataques de enemigos o bestias salvajes.

Por otra parte, hay una serie de instintos propios del lobo que han convertido a su pariente doméstico, el perro, en el compañero ideal para los seres humanos. Entre ellos destaca su sentido de la territorialidad, que hace de él un excelente guardián; su costumbre de ladrar, avisando a los otros componentes de la manada de la presencia de un peligro; el instinto de perseguir a su presa, que le convirtió en compañero ideal para el cazador y su tendencia a someterse, mostrarse fiel y seguir al jefe de la manada, generalmente un macho, que le ha programado naturalmente para obedecer a su amo. En ellos también se perciben las tendencias infantiles comunes a los animales domésticos, que generan sentimientos de ternura en las personas.

La relación entre el amo y el perro ha sido más estrecha que con cualquier otro animal, su mutuo afecto ha desbordado las separaciones impuestas por la naturaleza creando nuevas lealtades. Los perros, con su educación, abandonaron sus cualidades naturales más molestas para los hombres, que a su vez les aceptaron en su círculo íntimo, en su familia, desarrollando relaciones basadas en un amor que a menudo supera al que sienten por sus propios congéneres. El perro se sitúa de esta forma entre el mundo animal y el humano. Como animal es el más cercano al hombre, el de imagen más humanizada. Como miembro de la familia es el menos importante, el que está casi fuera de la casa y se alimenta con los restos de la comida de los otros. Esa situación simbólica en el umbral entre la humanidad y la animalidad se refleja en su posición en el hogar, a la puerta de la casa. La capacidad de discernimiento de los perros, que desde tierna edad reconocen a propios de extraños, le convierte en el guardián ideal. Su desarrollado sentido de la orientación, que le permite llevar de vuelta al campamento a los pastores, cazadores o viajeros perdidos, hace de él el guía por excelencia. Un guía que merced a su capacidad de distinguir a los espíritus destaca especialmente en los viajes que se realizan en el plano espiritual donde éstos acechan: los viajes chamánicos y los que realizan las personas tras su muerte.

Por otra parte el perro es un animal de gran fuerza y tamaño, habiendo sido utilizado como animal de tiro, para arrastrar trineos entre los pueblos del norte y como arma de guerra por todo el mundo.

El perro que defiende a una persona puede atacar a otra. Su proverbial lealtad, dirigida a un amo solo, coloca a un animal salvaje y peligroso en medio de la comunidad humana, por lo que el miedo y el temor han estado tan ligados a su imagen como el cariño y el amor, y cuando las circunstancias sociales le han sido desfavorables, han servido para señalar sus aspectos negativos, entre los que se encuentran su capacidad de alimentarse de excrementos, hacen de él un animal sucio e impuro; su sexualidad desenfrenada, que se manifiesta en copular a la vista de todos y hacerlo de forma repetitiva, su violencia contra los hombres y su capacidad de transmitir la temida rabia, que acabará asociándole a espectros y demonios.

En la antigua China se creía que el mundo estaba infestado por espíritus hostiles, capaces de causar desgracias y enfermedades: Los genios de la naturaleza y los fantasmas hambrientos de aquellas personas que tras su muerte no habían recibido sacrificios de sus descendientes. Frente a ellos, los ancestros alimentados con el aroma de las ofrendas se mantenían ligados a la familia con el papel de protectores. La casa, el hogar, no sólo era una resguardo contra los elementos naturales, sino un espacio a salvo de los espíritus malignos. La presencia del perro en el umbral que la separa del reino salvaje, en el exterior; además de controlar a los extraños, evita la llegada de presencias fantasmales. Eso le convirtió en el sacrificio de elección durante los rituales de purificación de casas, templos, palacios y ciudades. Sus poderes apotropaicos, es decir para alejar el mal, se extendieron de forma natural a su sangre, sus pelos y excrementos, y desde tiempos inmemoriales, frotar con sangre de perro una persona, camino o puerta, fue tenido por un medio adecuado para evitar la intrusión de demonios y fantasmas.

En el pasado, muchos animales fueron considerados mensajeros divinos. Los perros, familiarizados tanto con las personas como con los espíritus, se mostraron especialmente competentes para transitar entre el mundo de los hombres y el de los dioses, convirtiéndose en protagonistas de numerosos rituales en los que el hombre anhela esa comunicación, utilizados para la curación de enfermedades y la resolución de otros muchos problemas.

Una de las más antiguas concepciones del universo le considera formado por tres niveles: el mundo celestial, el terrenal y el infernal o subterráneo, con ciertas comunicaciones entre ellos. Es una creencia generalizada que cuando las personas mueren en este mundo, en realidad se trasladan a otros mundos, antiguamente localizados en el interior de la tierra, y posteriormente en las alturas celestiales, mediante un itinerario que en último término conduciría al paraíso donde ya esperan los antepasados. Ese era un largo camino preñado de dificultades que las almas no pueden recorrer sin el mejor de los guías: el perro. Desde tiempos neolíticos el perro guía a las almas en sus andanzas en el otro mundo. La asociación del perro con la muerte toma distintas formas en diversos periodos históricos, que evolucionan desde la gloriosa epifanía del camino al paraíso, al control riguroso de la comunicación entre el mundo de los vivos y el de los muertos, y por último, a señalar con su mera presencia la próxima llegada de la muerte.

Al igual que en la tierra el perro está situado a la puerta de la casa, también está a la del cielo, siendo identificado entonces con la estrella Sirio que, por hacerse visible durante el verano justo antes de la salida del sol, fue considerada la puerta por la que salía. El momento de su aparición, que preludia la llegada de los días más calurosos del año, ha hecho que esos días sean conocidos como "días caniculares". En los tiempos pasados, cuando los conocimientos de higiene y saneamiento eran muy rudimentarios, durante ese periodo eran más frecuentes las diarreas y la propagación de enfermedades, que afectaban principalmente a los niños, los más débiles. De esta forma surgió una relación mítica que aseguraba que el perro celestial bajaba a la tierra a robar niños; y como defensa ante esta agresión imaginaria, la presencia de tres estrellas formando un arco cerca de Sirio hizo surgir la figura del arquero que dispara al perro celestial y protege a los niños. Siendo el sol abrasador especialmente peligroso en los años más secos, también se asoció al perro celestial con las grandes sequías, realizándosele sacrificios para ponerlas fin. La voracidad del perro, caracterizado por comer solo, se transmitió al perro celestial, y tal vez por eso en un buen número de tradiciones populares se consideraba que la causa de los eclipses era que el perro mordía al sol o la luna.

El perro celestial fue visto como una presencia amenazante justo cuando las transformaciones de la sociedad iban relegando su importancia en la tierra, pues con el aumento de la urbanización de la población dejó de ser necesario para una sociedad que confiaba en las instituciones humanas para su protección. Su imagen se va deteriorando. El fiel compañero de miles de años empieza a ser mirado con desprecio. Cualidades, como su lealtad, antes loadas, le convierten ahora en un animal sin carácter moral, capaz de seguir ciegamente a cualquier amo, sea éste sabio o bandido, pues como dice el refrán: "Un hijo no se separa de una madre fea, ni un perro de un amo pobre." Además, se fue enfatizando su peligro potencial, pues podían atacar y morder a la gente, e incluso transmitir la rabia. La degeneración neurológica que acompaña a la rabia, con los cambios en la conducta de la víctima y su actitud agresiva y salvaje, hizo que se la relacionara con la locura y las posesiones diabólicas. Curiosamente, mientras que los perros fantasmas se asocian en occidente con la muerte, en oriente son especialmente interesantes las narraciones en las que, conducidos por un deseo lascivo, se transforman en hombres para convivir con hermosas mujeres.

El matrimonio entre perros y mujeres es un motivo mítico de los más extendidos por nuestro planeta. Numerosos mitos y leyendas muestran al perro dando origen a un clan, una tribu o una nación tras su matrimonio con una madre ancestral. El recuerdo de esas narraciones legendarias y organizaciones familiares originales hizo surgir historias sobre misteriosos reinos femeninos en el norte de China. Se trataba de tribus siberianas en las que las mujeres disfrutaban del poder político y una cierta libertad sexual que, cuando se observaban desde culturas que se esforzaban por controlar hasta el mínimo detalle la sexualidad de sus ciudadanos, fueron interpretadas como compuestas de mujeres humanas y maridos perros, es decir, completamente desordenadas en su vida sexual.

Otros perros son los ancestros de clanes guerreros. De clanes que llevaron a la victoria a los pueblos nómadas que vivían al norte y el oeste de China, y siguiendo su gloria, han sido convertidos en antepasados totémicos de naciones enteras. Durante muchos siglos todos los pueblos que han alcanzado la preeminencia política en el norte de China tenían como ancestro al perro o al lobo. Es difícil saber ya si todos esos mitos caninos son parte de un mismo mito original o si fueron construidos para legitimar la realeza de unas estirpes por su relación con un ancestro perro. Lo que parece evidente es que los clanes del perro fueron considerados clanes de chamanes y guerreros: los clanes reales. En el sur de China varias minorías veneran a un perro ancestral llamado Panhu, un perro que mató a los enemigos del rey y recibió como recompensa a la princesa menor en matrimonio. Tal vez sólo fuera uno más de los jefes bárbaros, de los guerreros perro, que ayudó al poder establecido en una batalla menor. En cualquier caso sus descendientes preservaron su leyenda, que se convirtió en símbolo de esperanza y libertad para las tribus continuamente desplazadas por la expansión de los chinos hacia el sur.

Panhu, como ancestro y héroe civilizador que proporciona a la gente una historia y una cultura está relacionado con los mitos más antiguos en los que la humanidad surge de una calabaza (llamada *hu* como Panhu), y con arcaicas tradiciones filosóficas que hacían surgir al mundo del Caos. Concepciones que popularmente cristalizan en el mito de Pangu, el gigante que separa el cielo y la tierra y crea el mundo a partir de su cuerpo. De este modo el gran perro creador, cuya memoria se ha perdido para siempre, sobrevive en tradiciones que atribuyen el origen de los cereales y la agricultura a un perro celestial. En agradecimiento, muchas minorías todavía dan a comer al perro el primer arroz de cada cosecha.

En tiempos en que la supervivencia de las comunidades humanas podía verse amenazada por un buen número de catástrofes, el perro, siempre junto al hombre, ha sido considerado un último recurso antes del desastre definitivo. El consumo de su carne está comprobado desde Atapuerca a Grecia y Roma, China y todo el mundo conocido. Por los relatos históricos y mitológicos y las evidencias que muestra la arqueología, en muchas ocasiones esa contradicción de comerse al amigo y compañero se resolvió regulando que se viera limitado a determinados acontecimientos sociales o religiosos. Según las tradiciones chinas, los animales sacrificados a espíritus y ancestros eran consumidos por las personas en un banquete ritual. Gran parte de la población sólo comía carne durante la celebración de rituales y ceremonias religiosas.

A lo largo de esta obra veremos que los principales aspectos del simbolismo canino son fenómenos universales. La distribución global de esos motivos míticos hace pensar en una arcaica tradición común, extendida posteriormente hasta el último rincón de nuestro planeta. Mientras que los descubrimientos arqueológicos apuntan a que la domesticación del perro se llevó a cabo en varios lugares del centro de Eurasia, donde las interacciones entre lobos y humanos han sido más prolongadas, los aspectos más universales de su simbolismo los muestran íntimamente ligados a las prácticas chamánicas. Unas prácticas basadas en la comunicación entre dioses y personas con la ayuda de un intermediario, que son especialmente relevantes en Siberia y Asia Central. Un estudio de la intensidad del culto al perro en las diferentes regiones del mundo hace pensar que los principales aspectos del simbolismo canino se extendieron de la mano de las prácticas chamánicas desde ese su hogar ancestral.

En la historia de China el perro se ha mantenido ligado a los hombres por una complejísima serie de vínculos materiales y espirituales; en una relación a veces contradictoria. Ha sido amado y odiado, querido y temido; mimado, despreciado y maltratado. Ha sido el padre ancestral, el dios, el amigo, el amante y el hijo al que se cuida con todos los mimos. Ha acompañado a la gente en la caza, en el viaje y en la guerra, ha arado sus campos, tirado de sus trineos, compartido sus penas y alegrías para acompañarle por fin tras la muerte en el viaje al más allá. Una vez muerto aún ha servido como alimento, talismán y medicina, sus pieles usadas como abrigo y su carne incluso como fertilizante. La historia del perro en China es la historia de China, de su religión, su cultura, su sociedad y su lenguaje. Una historia compleja en la que el simbolismo canino se desarrolló hasta alcanzar un grado asombroso. No debe sorprendernos que esa relación este llena de contradicciones, ni que en el mismo país donde la forma habitual de sacar a un perro a pasear es llevándole en brazos y en el que en las encuestas populares las jóvenes se muestran más proclives a deshacerse de su novio que de su perro, sea a la vez en el que un miope proyecto de promoción turística haya creado el infame Festival de Carne de Perro de Yulin. Todo es parte de una sociedad viva, con una larga historia, un inmenso territorio y una compleja cultura; son los posos de una larga relación entre los perros y las personas que intentaremos desentrañar en este libro.

Muchos lectores estarán acostumbrados a los estudios culturales en los que, tras describir con todo lujo de detalles el desarrollo de un tema en Occidente se muestran algunos aspectos del mismo en Asia, África y América. En este libro seguiremos un enfoque diametralmente opuesto. Dado que se piensa que China es uno de los primeros países donde convivieron humanos y perros y que en este país se ha conservado un rico simbolismo canino, aquí trataremos de los principales aspectos de la cultura y folklore del perro en China, haciendo extensivos esos relatos, cuando proceda, a otras culturas de nuestro planeta. Estamos convencidos de que este enfoque es el más adecuado en un mundo multicultural y, además, contribuirá a enriquecer nuestras ideas sobre el simbolismo canino y a descubrir sus patrones universales.

1. Historia de perros y hombres

Humanos y perros: domesticación o co-evolución
El inicio de la relación entre personas y perros es objeto de viva controversia en los círculos académicos. La imagen tradicional del hombre como domesticador del perro está en entredicho, pues mientras que en los aspectos puramente fisiológicos no cabe duda que los seres humanos están emparentados con los grandes simios, en los aspectos sociales, considerados claves en la evolución cultural de nuestros antepasados, se encuentran mucho más cerca del lobo que de los chimpancés, bonobos o gorilas. Pues los lobos, viviendo en sociedad, la manada, desarrollaron unas estrategias de supervivencia basadas en la cooperación entre los miembros de cada grupo, como la costumbre de trabajar en común, de cuidar incluso de los animales enfermos o cachorros, aunque no estén relacionados con uno mismo, o repartir la comida entre todos los presentes, aunque los más poderosos se apropien de las mejores porciones. Estrategias presentes también en los humanos más primitivos.

El descubrimiento de situaciones naturales en las que monos y lobos viven en simbiosis para provecho de ambas poblaciones, como entre los monos *gelada* de Etiopía, y otras en las que los monos capturan cachorros de perros salvajes para utilizarlos como guardianes de sus comunidades (estudiado en Arabia Saudí), van mostrando un panorama según el cual hombre y perro pudieron haber evolucionado a la par, influyéndose mutuamente en su desarrollo (Schleidt y Shalter 2003). Modernas teorías proponen que los antepasados del perro estuvieron merodeando alrededor de las personas durante un tiempo, adaptándose paulatinamente a esa dieta humana que les diferenciará del lobo, otras sugieren un modelo en el que los primitivos humanos aprendieron de los lobos no sólo el que llaman "algoritmo de la manada", es decir los aspectos fundamentales de la vida en comunidad, sino que copiaron de los perros aspectos en los que ellos estaban evolutivamente más avanzados, como pudo ser la vida en cuevas (desconocida entre otros primates), que los cánidos usan a veces durante cientos de años.

Una confirmación a sus teorías podría venir en la relación tradicional entre lobos y personas en Siberia, donde algunas poblaciones nativas convivían con lobos en sus cercanías, pues consideraban que contribuían al bienestar de sus rebaños de renos, ocupándose de las placentas, despojos, y de los animales enfermos y débiles. La convivencia simbiótica entre lobos y personas también se ha documentado entre los tibetanos, los inuit y los nativos de la bahía de Hudson en Canadá, señalándose que en todos estos casos, los lobos, lejos de constituir un peligro para las personas, suponen un beneficio y mejoran su calidad de vida. Las teorías que sostienen que la domesticación fue el resultado de una asociación ecológica entre personas y lobos son hoy en día las más favorecidas entre los investigadores, tanto es así que uno de los últimos estudios sobre este tema acaba con la pregunta: "¿Quién domesticó a quién?" (Morey 2015: 427).

Esta no es una teoría baladí, y de confirmarse podría cambiar la visión que el hombre tiene de sí mismo y de su puesto en la naturaleza. Pues si durante los últimos 150 años hemos vivido convencidos de que, según la teoría de la evolución de Darwin, el hombre es la cúspide de la creación, y la adaptación de los más fuertes es lo que lleva a la evolución y al progreso, una teoría de la co-evolución entre humanos y perros obligaría a modificar estas ideas, enfatizándose, como ya propuso Piotr Kropotkin (1902), que la colaboración entre los individuos fue tan importante para la evolución humana como las transformaciones fisiológicas. Una teoría que el autor empezó a desarrollar tras sus viajes por la inhóspita Siberia, donde en las más extremas condiciones de supervivencia no encontró la lucha por la subsistencia sino "la ayuda y el apoyo mutuo llevado a tales proporciones que [...] me hizo pensar en la enorme importancia que debe tener [...] para el mantenimiento de la existencia de cada especie, su conservación y su desarrollo futuro".

El análisis del genoma de perros y lobos muestra que las dos especies se diferenciaron hace unos 160.000 años. Algunos autores consideran que fue precisamente en ese momento cuando poblaciones de hombres y lobos empezaron a colaborar en la caza de renos. Descubrimientos de restos caninos en una cueva de Goyet, Bélgica, datados en hace unos 30.000 años, y otros sitios de

Europa y Siberia, podrían avalar estas teorías. Por otra parte los análisis del ADN mitocondrial en cientos de poblaciones de perros y lobos señalan que la mayoría de los perros proceden de los que vivieron en el este de Asia, al oriente de la línea que cruzaría de los Himalayas a los montes Urales (Savolainen 2002).

Con todos los datos en la mano Morey (2015: 420) opina que "la domesticación sostenida que dio lugar a los perros modernos tuvo lugar en Europa hace unos 16.000-17.000 años." Dado que la domesticación de lobeznos de 6-7 semanas de edad es extremadamente fácil, es probable que se hayan domesticado en otras ocasiones, de las que no tenemos descendientes modernos (Bender 1975: 106).

Los descubrimientos arqueológicos muestran una presencia destacada del perro en las tumbas de hace unos 14.000 años. A veces es un perro solo, enterrado con cuidado, con los honores que se merecen los humanos más importantes, otras acompañando a una o más personas. Los descubrimientos van desde China a Anatolia, Oriente Próximo y Alemania hasta América del Norte. El hecho de que los descubrimientos americanos sean un poco más recientes sugiere que esta tradición podría haber llegado desde el Viejo Mundo por el estrecho de Bering. Dado que durante los últimos años se han sucedido los descubrimientos arqueológicos de restos de perros tanto en China como en el Oriente Medio y Europa, no se puede descartar que las relaciones entre perros y humanos se hayan iniciado casi simultáneamente en varias regiones, pues todos ellos, además de probar la antigüedad de su relación, muestran que ya era tremendamente sofisticada hace miles de años.

Se piensa que los hombres primitivos habían concebido una dualidad en la existencia humana en la que vida y muerte se alternaban como la noche y el día, o como las fases de una luna que desaparece para volver a nacer. Por otra parte, siendo el perro considerado capaz de descubrir presencias misteriosas (véase espirituales) que las personas no podían percibir, y de guiar a las personas a sus casas, no parece aventurado pensar que estos perros fueron enterrados en las tumbas antiguas para guiar a los muertos durante sus andanzas en el inframundo.

El descubrimiento de perros enterrados sigue un ritmo paralelo en ambos extremos del continente euroasiático y sugieren un sistema de ideas semejante en lugares separados por miles de kilómetros, compartidos por personas que vivían en culturas muy distintas entre las que no se conoce que haya existido ninguna relación. Por otra parte la antigua palabra para "perro" es semejante en muchos lenguajes de Europa y Asia. Su pronunciación en el chino antiguo es esencialmente la misma que "la palabra común para este animal en la mayoría de los lenguajes indo-europeos" (Mair 1998: 22), lo que sólo se podría deber a que todos los lenguajes que tienen la misma palabra para perro deriven de un lenguaje aún más antiguo, o a que esa palabra se extendiera con la domesticación del perro.

Siendo imposible conocer ya las características del simbolismo canino entre los pueblos primitivos, tal vez nos podremos hacer una idea con las palabras que describen su relación entre los Chuckchi siberianos a fines del siglo XIX: "El perro es el guardián del hombre, una gran ayuda ante cualquier desgracia, un verdadero amigo. Cuando se viaja, el perro es un compañero que ahuyenta a los malos espíritus [...] En tiempos de enfermedades infecciosas se frota un cachorro sobre los visitantes que llegan de zonas lejanas. Esto podrá o bien asustar a los espíritus que lleguen con el viajero, o, si estos son muy poderosos, al menos servirá como víctima expiatoria" (Bogoras 1909: 13).

El perro en las tumbas antiguas de China

En China se han descubierto perros enterrados con sus dueños en yacimientos arqueológicos pertenecientes a las más importantes culturas. Uno de los más antiguos es el de Jiahu, en Wuyang, de hace unos 9.000 años, donde los once perros enterrados en sus residencias y cementerios sugieren ya complejos sistemas simbólicos y evidencias de rituales chamanísticos, caracterizados por la costumbre de enterrar perros en las tumbas y en las fundaciones de las casas. Un ritual que se mantendrá vivo durante miles de años, habiéndose descubierto también en la aldea neolítica de Bampo, habitada hace unos 6.000 años, así como en asentamientos posteriores de la época histórica (Underhill 2013: 224, Yuan 2008).

Perros acompañando a los muertos se han descubierto en los complejos funerarios de otros asentamientos humanos, pues en tumbas que gradualmente van adquiriendo una mayor sofisticación, y que tal vez pertenecieran a la clase dirigente, se incluyen símbolos que señalan la creencia en una nueva vida (marcas de color rojo, el color de la vida), tal vez en otro mundo semejante al de los vivos (enterramientos con objetos rituales y otros de uso cotidiano) y un proceso o camino que el alma debe transitar (con ayuda del perro).

Otros restos antiguos sugieren que el perro era el compañero del hombre, pues el análisis de ciertos isótopos en sus huesos muestra que la alimentación del perro y la del hombre eran semejantes. Además, en los huesos de ciervos y otros animales consumidos por su carne no se han descubierto marcas de dientes de perro, mientras que sí las hay de dientes de ratas y otros carnívoros, lo que señala que los perros no se alimentaban con los desechos, sino que su papel en la economía familiar era suficientemente valioso como para alimentarlos con cuidado. Por otra parte, el patrón general de osamentas caninas, muchas veces enteras y sin marcas de cortes en sus huesos, suele responder más al de las osamentas humanas que al de los animales consumidos por su carne, generalmente descuartizados para ser manejados con más facilidad. Por último, los diferentes tamaños de los perros desenterrados de este largo periodo muestran que en China ya se estaban seleccionando diferentes razas de perros adaptadas a sus distintas labores (Wang 2011).

El perro como elemento funerario alcanza gran exuberancia durante la dinastía Shang (s. XVI-XI a.n.e), cuando las tumbas de los más poderosos se ven amuebladas con una sorprendente cantidad de objetos de bronce, algunos de magnífica factura y aumenta tremendamente la cantidad de víctimas sacrificiales, incluyendo víctimas humanas. En medio del ardor imperial que da lugar a masivos sacrificios de enemigos para su uso en tumbas y la consagración de edificios públicos, el perro sigue jugando un papel estelar. Su presencia acompañando a su amo en el viaje al más allá es una constante. Hasta en enterramientos relativamente humildes sorprende encontrar un perro. Sabemos que no está como guardián porque no está en la puerta, sino al lado del finado, generalmente justo debajo de él, mirando en la misma dirección, algunas veces en su propio ataúd. No está de guardia, es el guía y compañero de viaje. El compañero de los muertos por excelencia.

Un examen de las inscripciones en huesos oraculares, la primera escritura china, ampliamente utilizada durante esta dinastía con fines adivinatorios nos muestra que el perro era uno de los sacrificios de elección para las deidades de los vientos.

Posiblemente por su posición en el límite de los mundos también se sacrificaba en rituales relacionados con las deidades de las direcciones y de las lluvias (Eno 2010). El sacrificio de perros era corriente en la fundación de las ciudades y edificios públicos, así como para rendir culto a las deidades de la tierra, pues aparecen enterrados. Durante esta dinastía había criaderos de perros, donde se seleccionaban ejemplares para la caza y el sacrificio. La caza tenía para los Shang un carácter ritual y militar, pues mostraban al soberano en su doble dominio del mundo natural y humano, como el señor de la naturaleza y propietario de las tierras que habitan los hombres. Durante la caza el rey iba acompañado por numerosos perros criados por funcionarios especializados, estacionados cerca de los terrenos de caza.

El perro como sacrificio y comida
Durante la dinastía Zhou (1046 – 256 a.n.e) el perro siguió teniendo un papel relevante como intermediario entre el mundo de las personas y el de los espíritus. Muchas de las ceremonias más importantes requerían su sacrificio, haciéndole asumir un papel central en las actividades religiosas y rituales. Su presencia en las tumbas se hizo esporádica y durante un tiempo, siguiendo una tendencia a sustituir a las víctimas por sus imágenes, perros de paja bellamente decorados con sedas de colores fueron usados en ceremonias religiosas y funerales, siendo destruidos posteriormente.

Una tradición china estipulaba que los sacrificios a las deidades de la tierra se debían enterrar, los que se dedicaban a las deidades acuáticas se tiraban a las aguas y los que se realizaban a los dioses celestiales, se quemaban para que éstas aprovecharan su aroma, consumiéndose la carne en un banquete ritual. Durante ese periodo se encuentra simultáneamente la tendencia a usar el perro como sacrificio en gran variedad de rituales y la de disfrutar de su carne. Con la popularización de este tipo de ceremonias la carne de perro se convirtió en una de las más consumidas.

Mientras unos perros se criaban para ser utilizados en diferentes ceremonias, los perros de caza eran apreciados por nobles y aristócratas, creándose tal afición que una norma de la época prohibía hablar de ellos durante las recepciones oficiales, pues se temía que distrajeran las conversaciones y se alejaran de los temas de estado. Esta especialización en las funciones del perro queda reflejada en el *Libro de los Ritos,* que considera que hay tres tipos bien diferenciados: los perros de caza, los de compañía y los de cría para alimentación, y para despojarles de alguna forma de su carácter "humano", a éstos últimos no se les daba nombre (ni se los da). Durante la dinastía Han (206 a.n.e - 220) las relaciones entre personas y perros cristalizan de forma sorprendente. Mientras su uso como alimento le hace común en los mercados, el perro vuelve a acompañar a las almas de los muertos con renovado vigor. Esta vez son magníficos perros de cerámica coloreada, con diferentes tamaños, posturas, colores y expresiones. La belleza de estos perros y el cuidado con el que han sido fabricados les capacita por sí mismos para convertirse en una de las ramas del arte chino. Pero una exaltación aún mayor del elemento canino se da en el ámbito de palacio, donde los perros de los emperadores fueron tratados como miembros de su familia. Con el emperador Ling Di, que reinó del año 168 al 189, su importancia alcanzó extremos absurdos. "A un perro al que estaba particularmente aficionado le otorgó el gorro oficial del grado *jinxian*, el rango literario más importante de la época, así como un cinturón oficial [...] Casi todos los perros criados por el emperador recibieron el rango de virrey; otros el de guardián imperial. A las hembras se les otorgó el rango de las esposas de los oficiales correspondientes. Estos perros eran guardados por soldados y alimentados con los mejores arroces y carnes. Para su cama se les dieron las mejores alfombras" (Collier 1921: 18).

Perro mimado, perro odiado

Desde el final de la dinastía Han se ve una bifurcación de la historia del perro, en la que se distingue claramente entre el perro para los ricos y para los pobres. El reflejo de una sociedad donde el amor de los ricos por sus perros les convirtió en una molestia para los pobres. No es casualidad que en estos años su imagen se vaya degradando, como se ve en los caracteres de la escritura, la literatura, en esos cuentos fantásticos que empiezan a estar de moda, y en los rituales, pues los perros dejan de acompañar a los difuntos, que al contrario son proveídos con defensas contra los que pudieran encontrar en su camino. Durante estos años la voz del pueblo nos llega a través de cuentos recogidos entre las tradiciones y leyendas locales, y en ella descubrimos que el perro es un animal misterioso que genera preocupación y temor. El exagerado amor por los perros del emperador Ling Di y la subsiguiente caída de la dinastía Han hizo que el perro también perdiera valor a los ojos de los intelectuales confucianos. Aunque tampoco se puede descartar que el amor por los perros de dicho emperador haya sido exagerado a posteriori, y ese mismo amor se haya convertido, como el sexo desordenado y el abandono de las tareas oficiales, sinónimo del mal gobierno que precede a la caída de una dinastía.

Este proceso no afectó a las élites, que siguieron disfrutando de unas mascotas cada vez más queridas. Durante la dinastía Tang (618-907) los perros de los emperadores eran cuidados y mimados como los propios príncipes, siendo criados a veces en el propio templo ancestral. El emperador Gaozu tenía dos perritos de gran inteligencia, de los que se cuenta que podían llevar a los caballos por sus riendas, estaban entrenados para iluminar el camino de su amo por la noche llevando linternas en la boca, y otras muchas maravillas (Collier 1921: 127). En este tiempo la mayoría de los nobles también criaban perros y algunos tenían unas perreras considerables, habiéndose desarrollado numerosas actividades sociales en torno a la cría, selección, exhibición y valoración de los perros (Yi 2006: 226).

El emperador Taizong de la dinastía Song (960 - 1279) tenía un perrito llamado Flor de Melocotón extremadamente inteligente. "Seguía al emperador a todas partes. Le precedía cuando había una audiencia y sus ladridos anunciaban la llegada de su amo imperial. Cuando el emperador se ponía enfermo, él tampoco comía" y dicen que llegó a llorar a su muerte (Collier 1921: 132). En la misma dinastía Song, el consumo de carne de perro casi había desaparecido, y el emperador Huizong decretó que se dejaran de sacrificar en las ceremonias de estado, pues nadie comía ya su carne.

El papel del perro durante la dinastía Yuan (1279-1368) fundada por los mongoles estuvo, como cabría de esperar en un pueblo de origen nómada, relacionado con la caza. Marco Polo relata que el emperador contaba con dos barones, que eran hermanos, y cada uno tenía 10.000 hombres a sus órdenes vestidos con el mismo uniforme, de los que 2.000 estaban a cargo de uno o más mastines. Cuando el emperador salía de caza uno de los barones se extendía con sus perros y hombres por la derecha y el otro por la izquierda y así se iban moviendo sin que ningún animal pudiera escapar del terreno de caza (Yule 1903: 400).

En la dinastía Qing de los manchúes (1644-1911), una serie de factores se combinaron para crear un nuevo enardecimiento canino en la corte. Por una parte los manchúes, procedentes de los grandes bosques del nordeste de China, eran muy aficionados a la caza y a las actividades al aire libre, lo que les hacía sentir un gran afecto por sus perros. Además, sus leyendas cuentan que un perro salvó la vida de su ancestro Nurhaci. Durante esta dinastía era normal ver a los nobles manchúes, a los que la ley impedía realizar ningún trabajo fuera del ejército y el gobierno, paseando sus perros por Beijing. Los pintores de la corte dibujaron preciosos álbumes en los que los perros imperiales eran protagonistas, convirtiéndolos en el estándar oficial para los aficionados a la cría.

Pero además los emperadores se consideraban hijos espirituales de los Dalai Lama tibetanos, e incluso el nombre manchú dicen que se refiere al Buda Manjusri, que se relaciona en el budismo con el león (símbolo de la capacidad de vencer todas las pasiones) y con el perro (animal en el que según las leyendas se había reencarnado su madre). Los tibetanos ya habían establecido una relación simbólica entre los leones budistas y los perros aleonados que con frecuencia regalaban a los emperadores, tal vez como un recuerdo de su situación de inferioridad espiritual. Pronto no solo los emperadores, sino también los eunucos y cortesanos empezaron a criar perritos pekineses, que asociados en la mente de la gente con los llamados perros-buda, hicieron que su cría pasara de ser un hobby elitista a una actividad piadosa. Regalar a alguien un ejemplar selecto era asegurarse sus favores durante mucho tiempo. Se utilizaron numerosas técnicas para conseguir que los perritos crecieran poco y se parecieran lo más posible a esos leones sagrados, como darles poca comida, acariciarles el morro cuando eran crías, o ejercer una suave presión sobre sus hombros de pequeños. Esa moda alcanzó su plenitud a finales del siglo XIX, con la emperatriz Ci Xi que dirigió los destinos del país durante los últimos 40 años de historia imperial, apodada en sus últimos años "la vieja Buda". Curiosamente, la mujer que en el otro extremo del mundo regía el mayor imperio de la época, la reina Victoria de Inglaterra, era conocida entre sus súbditos como "la Reina perro" por el gran amor que les mostraba (Hausman 1997).

El perro en la China moderna

Después de la caída del régimen imperial la relación de los chinos con los perros estuvo muy influenciada por las ideas occidentales. Los perros de razas más elegantes eran muy apreciados por las clases pudientes, que hicieron de su exhibición un símbolo de riqueza.

Tras la revolución comunista llamar a alguien perro fue el insulto preferido contra los enemigos de clase. El desprecio hacia los perros no se quedó en las palabras. Durante el Gran Salto Adelante, a fines de la década de los 50, cuando el país se vio sumido en un esfuerzo vano por alcanzar un desarrollo fulgurante de la agricultura y la industria, los perros siguieron el camino de los cabellos, las paredes de las casas y cualquier otro elemento que se considerara útil como fertilizante para incrementar las cosechas. No hay un censo sobre el número de perros sacrificados en esa locura, puede que fueran millones los que murieron para dar a la tierra una vitalidad que no consiguió. Como recuerda el campesino Li Zhilin: "Todas las mujeres tuvieron que cortar su pelo para usarlo como fertilizante. Cada persona tenía que matar a sus perros y convertirlos en fertilizante. Teníamos que recoger todos los excrementos de los animales y apilarlos con los pelos y los perros descuartizados en un campo, para que produjera varios miles de veces más de lo normal. Pero no produjo nada" (Lee y Yang 2007: 58). Un hecho sorprendente refrendado por otros testimonios: "las mujeres de menos de cuarenta años cortaron sus largos cabellos y 50.000 hombres se afeitaron la cabeza. Este pelo se mezcló con las carcasas de 3.000 perros y se extendió por los campos como fertilizante" (Notar 2006: 72).

Durante las hambrunas que siguieron al fracasado Gran Salto Adelante, cuando perecieron unos 30 millones de personas por toda China, hubo una nueva campaña para eliminar a los perros, pues competían con la gente por los escasos alimentos. La posesión de perros fue prohibida en las ciudades. Durante la Revolución Cultural llamar perro a alguien era un grave insulto, pues Mao prometía aplastar las cabezas de perro de sus enemigos, a los que llamaba perros lacayos de los imperialistas. Además, el empobrecimiento general de la población y las asociaciones que la cría de perros pudiera tener con ese mundo burgués continuamente atacado, supuso una ruptura de la relación milenaria entre hombres y perros.

Tras el inicio de las políticas de reforma y apertura, los perros se convirtieron de nuevo en la mascota preferida de las familias chinas. La mayoría son perros pequeños, pequineses o de razas semejantes, que no se ven mucho en la calle porque en las ciudades no está permitido sacarlos durante el día. Todavía es costumbre llevar a los perros de paseo en brazos, lo que se facilita por su escaso tamaño. Además, las prohibiciones de criar perros grandes y los fuertes impuestos que se deben pagar en algunas ciudades aconsejan mantenerles en la discreción de los hogares.

El perro en Occidente

La relación entre personas y perros ha evolucionado de forma paralela en el otro extremo de Eurasia. En Europa, como en China, encontramos perros en tumbas neolíticas, veremos cómo su culto alcanza su plenitud con las primeras culturas elevadas, luego actuará como protector entre griegos y romanos, siendo también entre ellos símbolo de riqueza la posesión de perros de caza. Se untarán con su sangre los objetos para ahuyentar a los malos espíritus, se criarán razas minúsculas que causarán la locura entre los nobles y poderosos, e incluso se comerán preferentemente los perros de alrededor de un año de edad. Tras la caída del imperio romano el perro sufrirá un proceso de desprestigio similar al que sufre en China y verá su imagen popular deteriorada. Vamos a observar estos pasos con un poco de detalle.

En Europa y el Cercano Oriente se han descubierto perros de tiempos neolíticos en dos composiciones distintas: acompañando a las personas, y en enterramientos solitarios. Si la primera sugiere una estrecha relación entre perros y personas, y la creencia en la importancia de contar con un perro que guíe al finado por los caminos del otro mundo, la segunda señala que al menos determinados perros habían alcanzado tan gran importancia para algunas personas como para ser enterrados en ataúdes, a veces con ornamentos funerarios.

El perro más antiguo descubierto hasta el momento, en Bonn Oberkassel, Alemania, datado en hace unos 14.000 años, fue enterrado como parte de una doble tumba humana (Ochoa 2016: 45). Otros perros en tumbas muy antiguas se han descubierto en Ein Mallaha, de hace 11-12.000 años, donde un cachorro fue enterrado en las manos de una anciana; en la terraza Hayonin, de las mismas fechas, dos perros fueron enterrados con la gente; en

Lepenski Vir (Serbia) se han descubierto esqueletos caninos completos, que no se habían usado como alimento, datados de entre hace 9.500 a 8.500 años, un tiempo en el que aún no había ganado que cuidar (Gimbutas 2005: 7381). Ejemplos semejantes se han encontrado en Suecia, en Inglaterra y en otros lugares Perros enterrados en ataúdes o con equipamiento funerario que declara su importancia para los hombres se han encontrado desde las islas Británicas al lago Baikal, entre ellos, tal vez el descubrimiento más sorprendente sean los 1.238 perros enterrados en tumbas individuales en el cementerio de perros de Ashkelon, Israel, fechados entre 822-428 a.n.e. (Ochoa 2016). En Europa central y del este se han descubierto numerosos casos de perros enterrados junto a las personas en posiciones que podríamos caracterizar como de especial ternura. Todos estos datos señalan que durante la Europa neolítica el perro era un animal frecuentemente asociado con la muerte (Kolodziej 2011).

Pero el perro vivía entre las personas y su presencia en el arte rupestre describe con detalle algunas de sus actividades cotidianas. En España aparece de forma especial como animal doméstico (a veces sujeto por una cuerda), en escenas de caza (junto a hombres que llevan arcos), e incluso como pastor, como en El Tajo de las Figuras (Casas Viejas, Cádiz) donde varios perros parecen proteger al ganado guiándolo al posible redil, uno de ellos en actitud de carrera, con orejas y rabo hacia atrás, como controlando y esperando la marcha de los más rezagados (Ayala y Jiménez 2006). Además, el perro tenía una gran importancia ritual entre las poblaciones íberas prerromanas, y se han descubierto perros en contextos que los relacionan con la muerte, la protección de las tumbas (y tal vez la guía en el otro mundo), la protección de las casas y murallas de las ciudades y con ritos de iniciación. En algunas ocasiones hay restos de banquetes rituales durante los que se consumían perros en contextos religiosos (Oliver 2014).

El perro en la antigüedad clásica
La imagen del perro en las primeras culturas de Mesopotamia le muestra como animal de compañía, guardián, pastor o soldado en la guerra. En la épica de Gilgamesh siete perros acompañan a la diosa Ishtar. Siendo el animal de guardia y compañía por excelencia, su función protectora también se extendió al plano espiritual, pues se han descubierto amuletos con

imágenes caninas utilizadas para la protección personal o la del hogar. Los más famosos son los llamados perros de Nimrud, figuras de perros en arcilla encontrados en la ciudad de Kalhu, que fueron enterradas en el umbral de los edificios por su poder protector. Las deidades de la medicina, especialmente la diosa Gula, se representaban generalmente acompañadas por perros, cuya saliva se creía que poseía efectos terapéuticos (Mark 2014).

Los perros jugaban un papel importante en la cultura y la religión egipcia. Había numerosas razas que formaban parte de la vida cotidiana de reyes y nobles, que frecuentemente se hacían pintar en las paredes de sus capillas funerarias acompañados por perros que aparecían como guardias, compañeros en la caza y en escenas del otro mundo. El perro era un sujeto de veneración y culto. El dios Anubis, encargado de conducir las almas de los muertos en el otro mundo, tenía forma de perro. Los perros eran frecuentemente enterrados con sus amos, y se han encontrado momias votivas ofrecidas por los peregrinos en los lugares de culto canino. Entre ellos la ciudad de Hardai, Cinópolis para los griegos, era el más importante. Allí había tal demanda para momificar perros como sacrificio que se establecieron criaderos únicamente con ese fin. Según cuenta Herodoto, si el perro de una familia moría, los miembros de la misma se afeitaban sus cabezas y cuerpos en señal de duelo (Edrey 2013: 14). Matar a un perro era un grave delito, y si este tenía collar, señal de que tenía un amo, estaba castigado con la pena capital (Mark 2017).

Al pensar en perros y Grecia lo primero que viene a la memoria es el recuerdo de Argos, el fiel perro de Ulises que reconoce a su amo tras casi 20 años de ausencia. Los poemas homéricos los muestran en su vida cotidiana, ayudando a los hombres en la caza y como guardianes (Menache 1998: 69). De hecho los perros eran los animales de compañía más populares, y tanto ricos como pobres, hombres como mujeres, los paseaban por la calle (Schwartz 2013). En las casas era normal que estuvieran presentes mientras la gente cenaba, que les tiraba sus sobras, y muchas veces también se las traían cuando comían fuera. El perro se relacionaba con la pubertad y la juventud. Entre los nobles atenienses la posesión de un perro de caza era un símbolo de haber abandonado los perros falderos de la infancia y haber ingresado en el mundo de los adultos.

En Grecia y Creta se han descubierto perros en tumbas, posiblemente como compañeros en el viaje del alma al otro mundo, aunque el perro más famoso relacionado con la muerte es el mítico Cerbero, que con sus tres cabezas guarda las puertas del infierno para que ningún alma pueda regresar al mundo de los vivos. Es el personaje infernal que ha penetrado con más fuerza en nuestra cultura, siendo protagonista de numerosas obras de arte, especialmente relacionado con Hércules, el último de cuyos trabajos fue vencerle. El nombre incluso se ha colado en el lenguaje convirtiendo a un "can-cerbero" en un guardián riguroso. Bandas de perros aullando se decía acompañaban a Hécate, la diosa de la muerte y la brujería, durante sus correrías nocturnas, y eran considerados una encarnación de las almas de los muertos. El mito de Acteón, devorado por sus propios perros de caza tras ser convertido en un ciervo como castigo por ver a la diosa Diana bañándose en un río, es un ejemplo de que se creía que la naturaleza salvaje de los perros seguía latente, que su lealtad era solo personal, y que el fin de la misma incluía la posibilidad de ser devorado por ellos.

Los perros son un símbolo importante en la filosofía de Platón, que compara la educación de una persona con las transformaciones del alma previas a la reencarnación y el proceso de entrenar a un perro como un modelo para los estudiantes. Su lealtad, su coraje y su capacidad de cambiar y adaptarse a las condiciones les convirtió en un símbolo de los perfectos defensores del estado (McCraken 2014). Tanto Sócrates como Platón alaban la sabiduría de los perros y su capacidad de alcanzar conclusiones certeras sin dejarse engañar por las apariencias. Había templos dedicados al Apolo Licio o Lobo. La palabra Liceo tiene su origen en la famosa escuela de Aristóteles situada en los terrenos de uno de esos templos. La escuela de los filósofos cínicos se inspiraba en el perro para abogar por una vuelta a la simplicidad de la naturaleza y un rechazo a la sofisticación de la vida civilizada. Los estoicos también eran representados a veces como perros, una referencia a su amor por la verdad (Menache 1998). La relación del perro con la medicina y la curación de las enfermedades se simboliza en el dios Asclepios, siempre acompañado por su perro.

Entre los Celtas y otros pueblos que habitaban el centro y oeste de Europa el perro presenta una simbología que podríamos llamar estándar para esa época. Pues eran compañeros en la caza, protectores espirituales de tumbas y edificios, y a veces acompañaban a los difuntos en el camino al más allá. Entre ellos se asociaba al perro con el dios Nodens y las diosas Nehalennia, adorada por su capacidad de proporcionar salud y prosperidad, siempre representada con un perro; y Aveta, venerada con imágenes de perros en arcilla.

La figura del perro en Roma adquiere una gran variedad de usos y significados, siendo un símbolo de estatus elevado, lo que no impidió que entre las clases populares fuera comido con cierta frecuencia. Hay muchos testimonios de la afición de los romanos por sus perros de caza y su amor por los de compañía. Plinio el Viejo les alababa por su lealtad y naturaleza protectora, afirmando: "Los perros son los únicos animales que están seguros de reconocer a su amo, y si de repente le encuentran como si fuera un extraño, le van a reconocer al instante". En Sybaris mucha gente tenía perritos falderos que llevaban a todas partes e incluso dormían con ellos. Teofrasto enterró a su perro maltés escribiéndole un epitafio y el emperador Adriano construyó magníficas tumbas para sus perros favoritos (de Sandes-Moyer 2013).

Las deidades protectoras de cada casa, los lares, eran imaginadas con forma de perro. Había dos *lares praestites* que llevaban unas pieles de perro sobre su cabeza e iban acompañados de perros que eran considerados los protectores de Roma. Su festival se celebraba en mayo (Mastrocinque 2005). Al igual que en la China de la época, su papel protector se extendió hasta convertirse en el protector universal, habiéndose encontrado perros sacrificados en las murallas de las ciudades, en las puertas de los templos y edificios, y especialmente en dos ámbitos no mencionados en China: En los rituales de terminación, es decir cuando se deja de utilizar un edificio, y en los pozos. El primero de estos aspectos sugiere una relación con ese carácter dual del perro, que se sacrifica para proteger un lugar al iniciar y al acabar una actividad. Los perros en los pozos sugieren más bien una relación con el chamanismo, pues los pozos son vías de comunicación con el mundo subterráneo, poblado de espíritus desconocidos, que el perro de esa forma podrá controlar.

La Decadencia del perro en Occidente

Los años oscuros que siguieron a la caída del Imperio Romano acabaron con los significados místicos atribuidos a los perros. Mientras la cristiandad se iba extendiendo por Europa, y luego la religión musulmana por el resto de occidente, lo fue haciendo con ellas un desdén por los perros, posiblemente herencia de la cultura judía. Las menciones de perros en la Biblia nos muestran un animal despreciado, sólo valorado por su utilidad al hombre (Schwartz 2013).

En la Edad Media la pasión por la caza de los nobles de Europa impulsó una selección de distintas razas, valoradas cada una de ellas por sus cualidades cinegéticas. De estos años nos han quedado magníficas imágenes en libros bellamente ilustrados. La gente común no solía tener perros, aunque es posible que en cada aldea hubiera algunos, que alimentándose de los desechos humanos, alertarían con sus ladridos de la presencia de extraños. A partir del siglo XIII, la Iglesia fue aceptando gradualmente a los perros, lo que les fue convirtiendo de nuevo en la mascota preferida y hay noticias de la gran cantidad de canes que se veían en esa época en ciudades como Londres o Paris (Menache 1998).

Al igual que en China, la historia de Europa también está salpicada de reyes que manifestaron un amor exagerado por sus perros. Entre ellos tenemos a Enrique VIII de Inglaterra, a Luis II de Hungría, que se despidió de camino a su última batalla pidiendo que cuidaran a sus perros, a Carlos II de Inglaterra, cuyos perros estaban presentes durante las reuniones del gobierno, y que según las quejas de Samuel Pepys estaba jugando con ellos todo el tiempo sin preocuparse de los asuntos que se trataban; a Enrique III de Francia, que gastaba una fortuna en sus perros, y cuando viajó a Lyon en 1586 se llevó consigo a 200 de sus perritos falderos; y a Federico el Grande de Prusia, a quien se atribuye la frase: "Cuánto más conozco a los hombres, más amo a mi perro." En algunos casos los soberanos dormían con varios perros en sus camas en medio de gran suciedad (Walker-Meikle 2014).

En otras ocasiones el propio perro fue elevado al rango real. En la saga noruega de Hakon el Bueno se encuentra la historia de Saurr, el Rey Perro. Cuando el rey Eysteinn de Oppland conquistó Trondheim envió a su hijo Onund como rey. Los locales le mataron y les dio a elegir entre un esclavo y su perro como el próximo rey. Eligieron al perro, llamado Saurr, que gobernó durante tres años. No es el único rey perro de la literatura medieval escandinava. Gunnar, un guerrero sueco que invadió Noruega, también nombró a un perro como rey para avergonzar a los vencidos (Walker-Meikle 2014).

Leyendas medievales cuentan que en Etiopía fueron sus propios habitantes quienes mostrando gran respeto por los perros habían elegido a uno como rey. "Esta honorable criatura vivía con gran boato en un palacio rodeado de sus asistentes, oficiales y guardias. Su alegría o desagrado eran tomadas como indicaciones para gobernar el país, y los asuntos de estado eran decididos según gruñera o moviera la cola. Si lamía las manos de un hombre se consideraba que le confería un rango, mientras que si gruñía ante él, le condenaba a prisión o a muerte (Trew 1939: 44).

Curiosamente un proceso paralelo al del mundo chino y greco-romano se descubre en otras de las dos grandes culturas del Viejo Mundo, en Irán y en la India. En las tradiciones clásicas de ambos lugares el perro es guardián de las puertas del paraíso, y en sus textos sagrados aparece como la encarnación de diferentes divinidades, sufriendo su imagen una continua degradación en los primeros siglos de nuestra era.

En la religión zoroastriana de la antigua Persia (Irán) el perro era altamente valorado. Como todas las cosas buenas fue una creación del dios Ormaz. En sus libros sagrados se dice: "El perro es un vigilante diligente, que tiene un mordisco afilado, y obtiene alimento para guardar sus propiedades [...] mientras el perro pueda ladrar no habrá ladrón ni lobo que pueda llevarse nada de una granja" (Gershevitch, 1985: 661). Sus libros sagrados, los *Avestas*, contienen muchísimas referencias a los perros, a los que dan una importancia similar a la de las personas. Hay tal énfasis en la necesidad de cuidarlos, que sus leyes establecían severos castigos para aquellos que maltrataran a un perro, ya sea matándole, golpeándole o simplemente dándole de comer alimentos de mala calidad.

Con la llegada del islam, la reacción contra el perro fue si cabe más virulenta que en otras partes del mundo musulmán, como una respuesta normal en las sociedades humanas, el animal más venerado se convirtió en el más odiado. El perro fue considerado un animal satánico, impuro, capaz de contaminar cualquier cosa a la que se acercara. Una idea común al mundo musulmán, cuya intensidad varía de un lugar a otro, basada en un *hadit* (breve relato que recoge palabras del profeta) que "cita la necesidad de lavar varias veces una vasija que haya lamido un perro [...] otro relato dice que si un perro toca la ropa de uno, debe ser frotado con fuerza si está seco, y lavado con agua clara si ha quedado húmedo" (Mikhail 2014: 69). Eso hizo que en algunas partes la mera vista de un perro durante la oración anulara su efecto, en otras a la persona que había matado un perro se la consideraba polucionada y no podía realizar determinados sacrificios, y en Palestina se consideraba al perro un animal tan impuro que bastaba que uno se sacudiera a 40 pasos de distancia del lugar donde se realizaba la plegaria, para que ésta se detuviera y se realizaran nuevas abluciones antes de iniciar los rezos de nuevo (Simmons 1994: 205). Pero ese desprecio no fue uniforme siendo a veces valorado como compañero y por su contribución a la sociedad. De hecho, algunas de las más bellas páginas ensalzando a los perros surgieron de la pluma de escritores musulmanes.

En la India, ni el perro alcanzó la importancia que llegó a tener en el antiguo Irán, ni su posición cambió tan radicalmente. El estudio de sus textos sagrados muestra que el perro era valorado positivamente como acompañante o encarnación de diferentes deidades. Dharma se transforma en perro en algunos episodios míticos; Bhairava, relacionado con las dinastías reales, es representado con forma de perro o montado en vehículo perro. Tiene a la vez un papel importante en la mitología de la muerte, actuando como guía en el más allá y protector de las puertas del paraíso. Posteriormente su imagen también se fue deteriorando. Convirtiéndose en un símbolo de los valores negativos del sistema de castas, era considerado sucio, promiscuo en su forma de comer y de aparearse. Un animal impuro, asociado a los intocables y a las castas más bajas, capaz de ensuciar con su mera presencia los más importantes lugares rituales.

Monstruos y perros diabólicos

Cuando la mitología canina cayó en el olvido en las culturas más avanzadas, y se extinguió en la memoria el recuerdo de dioses y ancestros con forma de perro, surgió la creencia en la existencia de estirpes humanas con cabeza de perro, llamados cinocéfalos, habitando en las fronteras salvajes de mundos cada vez más civilizados. Estos cinocéfalos fueron invariablemente caracterizados con los atributos de los bárbaros y sus leyendas abundaban en detalles que enfatizaban actividades sexuales desordenadas, con representaciones pictóricas en las que destaca un pene enorme y una actitud claramente lasciva. En realidad eran solo los pueblos en los que las antiguas tradiciones sobre perros ancestrales se habían conservado, siendo su presencia especialmente mencionada en las fronteras culturales de Asia (al gran área del Asia Central y Siberia) y África (la zona del Sahara). La permanencia entre ellos de esos atributos caninos fue utilizada por los habitantes de imperios más desarrollados para discriminarles, despojándoles de su carácter humano. Estando ese su carácter canino estrechamente ligado a sus mitologías ancestrales, en ocasiones fue usado por ellos mismos como una vía para alcanzar el poder militar y político.

Mientras que los cinocéfalos se mantuvieron como parte de esa geografía fantástica que caracterizó la Edad Media, al final del primer milenio surgió en Europa una mitología mucho más terrible que asociaba a los perros, especialmente a los perros negros, con brujas y diablos. Es posible que esas creencias no fueran más una recuperación de las tradiciones que antaño relacionaban al perro con la muerte, contempladas entonces bajo el prisma de una religión cristiana que ya se había apropiado de todos los elementos rituales necesarios para dirigir las vidas de las personas, y que condenaba a todo lo que quedara fuera de su manto al mundo de lo demoniaco. Pues a los perros negros fantasmales se les creía capaces de causar la muerte por su mera presencia y de señalar con su sombra a los que pronto morirían. Hay toda una genealogía de perros fantasmales que se extiende a lo largo del viejo mundo cuya creación posiblemente haya seguido un patrón semejante. Tal vez los más famosos sean los perros negros de Inglaterra, que conoceremos más adelante.

Estas líneas nos han mostrado que la historia de las relaciones entre perros y personas siguió un patrón semejante en las grandes culturas del continente euroasiático y que se puede establecer un ciclo que a grandes rasgos incluiría una primera aparición del perro doméstico, su uso en la caza, como protector de la casa y compañero tras la muerte. Con la victoria definitiva de las grandes religiones que relegan a una posición marginal a los restos del culto al perro, su posición se deteriora. Al final su carácter sagrado desaparece y es sustituido por otro satánico, en el que se recalcan sus peores cualidades. Una decadencia que solo se va revirtiendo a partir del siglo XX. Y no debe de ser casual que la rabia se erradicara de Inglaterra justo en el año 1902.

2. El perro al servicio del hombre

Tanto si personas y perros evolucionaron juntos como si las primeras domesticaron a los segundos, el hombre pronto alcanzó un papel de superioridad y empezó a utilizar al perro en su provecho. En un principio para avisarle de la presencia de extraños y limpiar sus asentamientos de detritus y restos de animales, siendo luego adiestrado para realizar nuevas tareas, y por penosas que se hayan mostrado a primera vista, los perros han sido capaces de adaptarse a duros trabajos y extremas condiciones ambientales para mantener esa relación milenaria con su compañero humano. Un reflejo de esta adaptación es la gran variedad de razas creadas a lo largo de siglos de selección para su empleo en tareas determinadas. Sería casi imposible encontrar una especie animal con la variedad de tamaños que tienen los perros, pues un pequeño Yorkshire o un Chihuahua pertenecen a la misma especie que un imponente Gran Danés o un San Bernardo, y un cruce entre ellos proporcionaría una descendencia viable.

Entre las tareas que los perros han realizado al servicio del hombre se encuentran algunas relacionadas con sus capacidades físicas o sus instintos naturales, y otras en las que las personas han puesto toda su imaginación en juego para obtener de ellos el máximo rendimiento posible. Algunas han adquirido tal relevancia espiritual que las estudiaremos en los capítulos siguientes, otras, más relacionadas con los aspectos materiales de la vida, las describimos a continuación.

El perro en la guerra

Uno de los más antiguos usos del perro fue combatiendo en las guerras. Si bien la defensa fue posiblemente su primera función, protegiendo a las personas contra los ataques de lobos y bandidos, y tal vez por esa razón se haya promovido en la antigüedad una selección de perros violentos, su uso para la guerra está documentado en una pintura egipcia datada del año 4.000 a.n.e., en la que se ven perros en servicio militar. Los Asirios también usaron perros de guerra y un mural del antiguo palacio de Nínive muestra a soldados con un perro fiero marchando a la batalla, listos para enfrentarse al enemigo. Los bajorrelieves conservados en el Museo Británico muestran los perros usados por los ejércitos babilonios (Cummins 2013). Se sabe que en el ejército de Ciro había mastines y que los habitantes de algunas ciudades babilonias estaban encargados de criarlos y entrenarlos para la guerra (Hausman 1997). El rey Alyattes de Lydia, en la actual Turquía, contaba con cientos de perros adiestrados para la guerra. Según las crónicas romanas, los cimerios fueron expulsados de Asia Menor en el siglo IV a.n.e. gracias a los ataques de estos perros. En el siglo III a.n.e. el comandante corintio Aratos utilizó 50 perros en la defensa de la ciudadela de Acrocorinto (Mayor 2014). En China el filósofo y estratega Mozi documenta en sus textos el uso de perros en el ejército, que patrullaban las murallas y avisaban con ladridos o campanillas de la presencia de enemigos (Qin y Li 2005: 20).

Cada persona tiene un olor distinto que los perros pueden identificar. Dado que ese olor refleja, su alimentación y lugar de residencia, hay también un olor común que comparten los habitantes de una misma comunidad. Desde antiguo se ha comprobado la capacidad de los perros para distinguir a los enemigos y de detectar así a espías o individuos que intentan infiltrarse en el propio territorio. Una habilidad semejante se ve en los perros de raza Appenzell, famosos por su capacidad de reconocer su propio ganado en medio de otro rebaño, pues son capaces de distinguir su olor diferente (Dale Green 1966: 29).

En Grecia también se usaron perros en la guerra; su presencia está confirmada en la Batalla de Maratón y en las campañas de Filipo de Macedonia, siendo especialmente útiles en las regiones escabrosas donde los aborígenes se podían esconder con facilidad y sus tropas no podían combatir (Menache 1998, Tenorio 1904). La ventaja de los perros sobre los humanos a veces era el resultado de su lealtad incondicional, como en el sitio de Mantenea en el año 385 a.n.e. Cuando el rey espartano descubrió que algunos de sus aliados permitían la entrada de alimentos para los sitiados, lo solucionó sustituyendo a los soldados que mantenían el cerco por un cordón de perros. Plinio informa que los habitantes de Colofón, en Grecia, tenían perros entrenados para la guerra, a los que organizaban en escuadras y formaban en primera línea de batalla por su bravura. El rey de Garamantes, en Libia, consiguió recuperar su trono gracias a la ayuda de sus 200 perros de caza (Richardson 1920).

Entre las tribus germánicas, a los guerreros feroces se les llamaba perros o lobos, y durante las ceremonias de iniciación a sus sociedades secretas, éstos se transformaban simbólicamente en perros, adiestrándose para combatir con ferocidad. Los sacrificios de perros tenían un carácter catártico en los rituales de purificación celebrados antes de las batallas, culminando en muchos casos con los soldados desfilando entre las dos mitades de un perro abierto en dos (Sergis 2010: 70).

Los romanos no confiaban mucho en la capacidad de centinela de los perros, pues siendo originalmente los guardianes del Capitolio, no dieron la voz de alarma ante un ataque de los galos y Roma sólo se pudo salvar gracias a los chillidos de los gansos. Según las crónicas los romanos se vieron sorprendidos por el uso de perros por los Teutones en la batalla de Versella (101 a.n.e.), que estaban controlados por rubias guerreras (Cummins 2013). Julio Cesar narra que durante la invasión de Britannia en el año 55 a.n.e. grandes perros luchaban al lado de sus dueños (Hausman 1997). Estrabón nos dice que los jefes Galos tenían guardaespaldas caninos, protegidos con sus cotas de mallas.

Tras la batalla de Versella los romanos también incorporaron perros a sus ejércitos, adiestrándolos para defender a sus amos ante los ataques con espadas y pertrechándoles con armaduras de pinchos, muy eficaces para herir a los caballos de los enemigos sembrando el pánico en sus filas. En la columna de Marco Aurelio, en Roma, se ven perros luchando con los soldados. Los perros eran especialmente efectivos en guardar los campamentos durante la noche. El emperador Andrónico de Constantinopla, dormía con un gran dogo a la puerta de su cuarto, pues no se fiaba ni de la guardia imperial. Esta protección era a la vez física y espiritual, pues los reyes Hititas dejaban un cachorro en su dormitorio para que les protegiera de todo mal (Collins 1992: 3).

Durante la Edad Media también se usaron perros de guerra para defender convoyes y tropas adiestrándoles para atacar. Los Caballeros de Rodas tenían sus perros de guerra. Más adelante, en el tiempo de las guerras hispano-francesas, Enrique VIII de Inglaterra envió como ayuda al ejército de Carlos V, 400 mastines ingleses. Ataviados con sus cotas de mallas, estaban especialmente entrenados para saltar sobre los caballos del enemigo, y engancharse de su nariz, que vencidos por el dolor caían a tierra (Sloane 1955: 386).

Durante la Conquista de América los españoles los utilizaron continuamente, causando terror a unos indios que solo conocían perros de razas más pequeñas. Los grandes perros de los conquistadores jugaron un papel decisivo en innumerables batallas, convirtiéndose en un símbolo del guerrero español ideal (Beusterien 2013). El padre Bartolomé de las Casas denunció que en algunos casos se utilizaron con una violencia cercana al sadismo, en situaciones no relacionadas con actividades propiamente bélicas. Los grandes perros de presa se asociaron al terror y a la muerte, y a nadie debe de sorprender que hasta hoy en día, en toda América Latina haya tradiciones de perros fantasmales que se cree son capaces de causar la muerte de aquel al que se acercan. Perros ingleses también aterrorizaron a los indios de Norte América en el siglo XVII, aunque su uso no se extendió tanto como en las colonias españolas (Beusterien 2013).

Los perros fueron utilizados para ejecutar a los condenados a muerte por aperreamiento. En la Cuba del siglo XVIII se les adiestró para la capturar a los esclavos y en general a malhechores y fugitivos de la justicia. Debieron de realizar tan bien su cometido que en 1795 cien de ellos fueron llevados a la vecina Jamaica para sofocar una revuelta de esclavos. Es posible que esta misma raza se exportara a los Estados Unidos con el mismo fin, pues entre los más feroces perros utilizados para capturar a los esclavos escapados y escarmentar a los poco sumisos estaban los llamados "perros negros". En los estados esclavistas el perro se convirtió en el brazo ejecutor de amos crueles. Eran perros entrenados específicamente para considerar a los esclavos negros como sus enemigos y para seguir la pista de cualquiera que hubiera huido. Un papel semejante realizaron en Brasil los de raza Fira brasileña, que sembraron el terror entre las poblaciones indígenas y africanas (Richardson 1920).

También se usaron perros con fines militares en el imperio Otomano, y las bien detalladas crónicas de sus guerras contra los reinos cristianos están llenas de episodios en los que los perros jugaron un papel decisivo. Contaban con un grupo de mercenarios especialmente encargados de los perros, que habitualmente avanzaban a la vanguardia de las tropas durante los ataques, dando un primer golpe que pretendía asustar y desbandar a los enemigos. Los perros callejeros de El Cairo también fueron utilizados ocasionalmente como soldados. En el año 1771 se preparó un regimiento de perros callejeros para realizar un ataque en las cercanías del castillo del Cairo. Se ató una mecha a la cola de cada perro, que se encendió en el momento del ataque, soltándoles en dirección al enemigo, mientras disparos de cañón y mosquetes en el propio bando les asustaban para que corrieran más deprisa (Mikhail 2014: 85).

Napoleón promovió la utilización de perros como centinelas, Federico II de Prusia también era firme partidario de su uso. Los franceses utilizaron perros de guerra durante sus aventuras coloniales del siglo XIX, y tanto los franceses en Argelia como los españoles en el Rif, hubieron de enfrentarse a unos nativos que utilizaban a sus perros con gran imaginación para descubrir y disparar a los centinelas europeos.

Al final del siglo XIX se descubrió la capacidad de los perros para encontrar a los heridos dejados atrás en el campo de batalla, pronto la mayoría de los ejércitos europeos contaron con un cuerpo de perros enfermeros. En el siglo XX, durante la Primera Guerra Mundial, los alemanes los usaron como guardianes, mensajeros, animales de tiro y rastreadores de heridos. Su actuación fue tan destacada que al comienzo de la Segunda Guerra Mundial contaban con más de 200.000 perros adiestrados en su ejército, una parte de ellos cedidos a Japón al inicio de las hostilidades. Los rusos utilizaron más perros de tiro, como los samoyedos, cuya acción fue decisiva para salvar la vida a miles de soldados heridos, y algunos de ellos fueron entrenados para colocarse debajo de los tanques alemanes, momento en el que sus cuidadores hacían explotar por control remoto los explosivos que llevaban colgados (Lorén Garay 2015). Su uso por parte de los americanos, aunque tardío, supuso una gran ayuda en la lenta reconquista de las islas del Pacífico que habían caído en manos japonesas (Peon 2016).

Hoy en día los perros son adiestrados en numerosas tareas específicas relacionadas con la guerra y la policía. Detectando drogas, explosivos e incluso jamones y otros alimentos prohibidos en algunos países, persiguiendo a fugitivos, rastreando a personas perdidas, ayudando en desastres naturales, etc. Su presencia es tan común que forman parte de la actuación de estos grupos.

El perro en la caza

La utilización del perro en la caza tal vez sea, después de su uso como guardián, la segunda más popular. Aunque no todos los ambientes ni todas las técnicas de caza son adecuadas para el perro, en determinadas regiones es una ayuda muy importante, pues por su fino olfato puede rastrear a las presas, recuperar animales abatidos, espantar a los que están escondidos, no duda en proteger a su amo del ataque de las fieras salvajes, acorraladas o heridas, y es capaz de conocer el camino de vuelta a casa tras largas jornadas lejos del hogar. Desde las más primitivas representaciones artísticas del perro en la caza, encontradas en Catal Huyuk, su presencia en el arte se ha perpetuado hasta convertirse en una tradición por sí misma. En China le vemos en escenas grabadas en bronces de antes de nuestra era, en los bajorrelieves de las tumbas de la dinastía Han, en los magníficos frescos que decoraban las tumbas del primer milenio descubiertos en los últimos años, y en los naturalistas retratos de los emperadores de la dinastía Qing. En Occidente hay tal abundancia de imágenes del perro y el cazador, que bastarían como para escribir un libro por sí mismo.

La caza primitiva era una actividad considerada casi sagrada. El cazador, tras someterse a una serie de tabúes para purificarse, abandonaba el mundo conocido de su aldea para adentrarse en el territorio de los dioses del bosque o la montaña. Los animales del bosque eran propiedad de estas deidades naturales, y si el cazador conseguía una pieza era solo porque ellas se la entregaban. Entonces debía de agradecerlo realizando determinados rituales y ofrendas. La caza es en cierta forma una persecución de los espíritus animales, por lo que se asocia a veces a la persecución de los espíritus en general. Es, por tanto, una actividad espiritual. Entre los Iroqueses se dice que "las almas de los hombres van de caza con sus herramientas y armas" (Thomas 1908: 493). Los Beng de Costa de Marfil consideran que los animales silvestres son muy estúpidos, y que si no los capturan más fácilmente es porque los espíritus del bosque les protegen. Para ellos la función del perro en la caza es asustar a esos espíritus para dejar sin protección a los animales (Gottlieb 1992).

La caza es una aventura en territorio salvaje y un intento de controlar uno nuevo que aun no pertenece al hombre. El dominio de territorios salvajes es una prerrogativa del rey, que legitima su acción gobernante llevando el orden al caos de la naturaleza. Por eso en el antigua China la caza real, que se dirigía de forma regular hacia los cuatro puntos cardinales, era un ritual político que representaba la dominación del rey sobre todas las tierras del país.

La presencia del perro no es solo necesaria por su acoso a los animales, sino también por proporcionar seguridad frente a los espíritus naturales que serán molestados durante la caza. Los animales cazados a veces son considerados mensajeros de los dioses, un don con el que las deidades del bosque señalan al cazador como amigo, como alguien de importancia. Claro que también hay relatos del cazador solitario, que acompañado por su perro se adentra en territorio desconocido. Pues durante la caza hay dos momentos culminantes: la persecución del animal, que es en realidad un camino espiritual de purificación para ser digno de recibir los animales de los dioses del bosque, y su destrucción, que en cierta medida es una destrucción del caos. La caza también convierte al cazador en un demiurgo, pues las actividades agrícolas sólo pueden comenzar después de que la caza deje un territorio libre de animales salvajes.

La caza es un símbolo de riqueza. Uno primitivo en el que el cazador carga de vuelta con las riquezas del bosque, que ya hemos dicho se consideran en cierta forma adquiridas mágicamente, conseguidas de los dioses. Y uno más moderno señalando la propia riqueza de los reyes y señores que la practicaban.

La enorme variedad de métodos de caza y la adaptación del perro a las distintas funciones que cada una de ellas requería de él, ha contribuido a crear las múltiples razas de perros que conocemos hoy en día, pues mientras que la caza de osos, jabalíes y grandes animales demandaba perros de gran fuerza y tamaño, tipo mastín; la de ciervos hacía necesario el uso de perros con buena vista, rápidos y veloces como los galgos; la caza de pájaros, la de perros con un olfato fino que señalaran la ubicación de la presa, como los pointers, o de otros que fueran capaces de recuperarla entre los ramajes y cañaverales, llamados retreivers; y la de los animales que se ocultan en madrigueras en la tierra, de pequeños perros capaces de excavar y penetrar en ellas, como los carismáticos terrier.

Los aspectos más espirituales de la caza se ponen de manifiesto en dos antiguos mitos: la caza salvaje y las escenas de la caza en la montaña.

La caza salvaje es una tradición común en el norte de Europa y las Islas Británicas. Se creía que manadas de perros negros volaban por los cielos en las noches de tormenta a la caza de las almas de los pecadores (especialmente sacrílegos) o paganos, o molestando a las de los niños aun no bautizados. Originalmente era liderada por Wotan, el dios teutón de la tormenta, al que se veía cruzar los cielos cada noche seguido por cazadores gritando y una reala de perros, aunque algunos autores trazan su origen a las bandas de perros que recorrían la noche con la diosa Hécate. A veces aparecen solo los perros, amenazadores en la noche, y otras veces forman parte de un grupo formado por perros y hombres, vestidos de negro. El cazador puede ser un solo hombre, identificado con un dragón en algunos sitios y con el Diablo en otros y la víctima no era raro que fuera una mujer (Dale-Green 1966: 2).

En Gales Cwn Annwn (los perros del infierno) eran una manada de perros espectrales que volaban sobre las casas de la gente enferma de gravedad, y ladraban varias veces cuando morían. Como perros funerarios eran llamados los perros de la madre (Dale-Green 1966: 58). Estos perros muestran un vínculo entre los perros de la tradición hindú que señalan los que van a morir, y los perros negros del folklore que veremos más adelante.

El "cazador maldito" es una variación de este tema en la mitología vasca, donde se cuenta que:

"un abad o sacerdote, grandemente aficionado a la caza, se hallaba celebrando misa a la sazón que una liebre acierta a pasar inmediata a aquellos sitios. Los perros del abad, al sentirla, salen tras ella dando grandes ladridos, y éste, dejando el Santo y Altísimo Sacrificio, abandona el templo y se apresura a seguir a sus perros y la caza. Desde entonces, y en castigo, quedó condenado a una incesante carrera en pos de sus perros, que atraviesan las selvas como torbellino, dando grandes ladridos, sin alcanzar jamás la caza que persigue inútilmente" (Cirlot 1992: 123).

Las pinturas de la Caza en la Montaña, un género de moda en China durante un tiempo, nos muestran a un cazador enfrentándose a una serie de animales salvajes. El cazador es en las versiones más modernas el dios Erlang. Este género de pinturas se interpreta como alegorías de expulsión de los malos espíritus por un héroe religioso (Hinton 2016). Que la caza tiene un componente espiritual queda reflejado asimismo por la continuidad de las escenas de caza encontradas en las tumbas, desde China a Egipto y la Península Ibérica, en las que las transformaciones que la caza lleva consigo quedarían patentes.

Los humanistas de la Edad Moderna en Europa caracterizaron su labor como la del perro de caza. La habilidad del perro para encontrar la presa fue un símil utilizado para describir la labor creativa de encontrar los significados ocultos en el lenguaje, y así el autor de *La Celestina*, una de las primeras novelas españolas, implica que los perros le trajeron su presa, esto es, su obra, y en el prólogo a la segunda parte de *El Quijote* se compara el trabajo de hinchar un perro con el de escribir un libro. "Explicando el simbolismo del perro humanista, Ticho Brahe escribió que el perro que yacía a sus pies era un símbolo de la búsqueda inteligente y leal de la labor intelectual" (Beusterien 2013: 81). Justo Lipsio por su parte, explicaba a sus alumnos que el perro es el símbolo ideal del trabajo humanístico pues el autor estudia días y noches como un perro guardián, y debe concentrarse en su labor con el "vigor, inteligencia y lealtad de un perro" (Beusterien 2013: 79). Gran parte del trabajo intelectual que lleva a la creación de un libro sigue en detalle el comportamiento de un perro cazando. El autor cae de repente sobre un rastro, una idea que llama su atención entre las miríadas que le rodean, y sigue su rastro a través de los escritos conservados en libros y bibliotecas. Persiguiéndolo con tenacidad acabará por crear su propia obra: una obra que se hincha como un globo hasta formar un universo completo.

El perro como limpiador

Uno de los más sorprendentes hábitos de los perros es su capacidad de comerse sus heces y las de otros animales. Aunque esta costumbre ha contribuido a considerarle un animal impuro entre las sociedades avanzadas, en el pasado fue una de sus principales contribuciones a las comunidades humanas. "Algunos investigadores creen que la domesticación del perro ha podido estar parcialmente motivada por los útiles servicios sanitarios que proporciona" (Collins 1992:19). Los restos de perros en culturas neolíticas reflejan claramente su función en el control de los desperdicios, y entre los pueblos indígenas contemporáneos se enfatiza su importancia en la limpieza de restos animales (Horard-Herbin 2014: 27).

Entre los Miao y los Akha del norte de Tailandia no hay letrinas en las aldeas, sino que se buscan sitios al azar fuera de ellas. Los perros y los cerdos enseguida descubren esos sitios y devoran los excrementos con delicia, realizando una importante labor sanitaria. Los perros comen con tanto gusto las heces humanas que la gente piensa que son un manjar para ellos. Entre los Miao, los mitos que justifican este comportamiento aseguran que el propio perro se ofreció para comer heces, tras sólo conseguir traer a la humanidad un grano tan pequeño como el del arroz (Bernatzik 1970).

Entre los Dong de China, que no son particularmente aficionados a los perros, muchas familias tienen uno justo cuando tienen un niño pequeño, pues el perro, comiéndose las heces, ayuda a mantener la casa limpia. Una vez criados los niños la gente pierde interés por los perros (Geary 2003). En algunas zonas de Nigeria los perros lamen y limpian los culos de los niños después de defecar (Franco 2014).

Esa labor del perro también se atestigua en la España neolítica, donde los perros se alimentaban con los desperdicios de la comunidad, contribuyendo así al mantenimiento de la higiene (Oliver 2014). Y en la Grecia clásica su actividad limpiadora se daba por sentado, incluyendo deshacerse de los cadáveres de las víctimas de las epidemias. Así llama la atención de Tucídides que, durante la gran peste de Atenas del año 430 a.n.e. los perros no se lanzaran a comerse los cadáveres de los afectados, que él atribuye a su propio instinto de conservación. Además, se daba por hecho que los perros devorarían los cadáveres de los enemigos, un miedo constante entre los protagonistas de la *Ilíada* (Petrilli 2009).

La costumbre continuó en las villas y ciudades de todo el mundo. Los viajeros se vieron sorprendidos por el gran número de perros que vivían en metrópolis como El Cairo o Constantinopla, donde grandes grupos de perros vagabundos vivían comiendo la basura y ayudaban a mantener limpia la ciudad. En El Cairo esos perros eran cuidados por las autoridades para mantener las calles limpias, existiendo varias instituciones para protegerlos y alimentarlos, colocándose en las calles bidones con comida y cubas con agua. "También eran alimentados regularmente en mezquitas, muchas de las cuales tenían pilas de agua a su entrada para ser usadas por perros y otros animales" (Mikhail 2014: 80). En el Paris del siglo XIX se alababa la labor de limpieza que realizaban los perros callejeros, pues se alimentaban de deshechos y carcasas casi podridas potencialmente peligrosas para las personas (Pearson 2015).

El perro como pastor

La utilización del perro como pastor fue una de sus más antiguas ocupaciones. Desde que los hombres domesticaron otros animales, la función del perro como protector se extendió a los mismos, y con el inicio del pastoreo le hizo alejarse de la casa y especializarse en la protección y conducción de grandes cantidades de animales en un ambiente silvestre. La transformación de un perro de guardia en un perro pastor ha debido ser un proceso natural llevado a cabo donde la necesidad lo requería. Actividad que ya es alabada en los libros sagrados de Persia y que se identifica sin ningún género de dudas en las pinturas rupestres de la España neolítica. En la antigua Grecia matar a un perro pastor estaba castigado con la misma pena que matar a un pastor (Menache 1998).

Según los perros se fueron especializando y sus cuerpos se adaptaron a soportar las duras condiciones climáticas de una vida al exterior, su labor se fue haciendo más precisa, comprendiendo una variada gama de órdenes transmitidas por el pastor: buscar un animal perdido, guiar al rebaño, reunirlo en un lugar determinado, evitar que se disperse, etc.

Por su carácter dócil y su carencia de defensas las ovejas fueron el principal objeto de cuidado de los perros. Además de proporcionar leche y carne, por su producción de lana para hacer tejidos fueron muy importantes en el desarrollo económico europeo durante la Edad Media y la Edad Moderna. Así surgieron numerosas razas de perros adaptadas a las condiciones de la ganadería de los distintos países. Una de las más exitosas como pastoras fue el mastín español. Su importancia fue determinante en el desarrollo de la industria textil en la Península Ibérica. A su vez la producción de lana y tejidos creó la riqueza que permitiría financiar posteriormente sus empresas imperiales. Prueba de ello es que se asignaban a los perros las mismas raciones de comida que a los pastores y que había fuertes multas para aquellos que herían a uno (Beusterien 2013: 87). Ese primer crecimiento económico creado en torno a la industria textil, permitió su posterior desarrollo como imperio universal durante los siglos XVI y XVII, un imperio que a los ojos de las autoridades multiplicaría la riqueza del país al dedicar sus amplios territorios a la cría del apreciado ganado merino de fina lana. El perro mastín se convirtió en el símbolo de este imperio, un perro cuyo rostro cada vez semejaba más al de los propios humanos (Beusterien 2013: 87). La industria textil también fue uno de los primeros impulsores del crecimiento económico de Inglaterra, ocupando durante los siglos XV y XVI un papel predominante en sus exportaciones. Los intentos por trasladar esa producción al exterior también contribuyeron a la creación del Imperio Británico, pues "imitando el modelo español Jorge III de Inglaterra envió ovejas merinas españolas a Norte América y Australia" (Beusterien 2013: 87).

El perro como espectáculo

La utilización del perro como protagonista en espectáculos ha estado dividida desde tiempos remotos entre los que se admiraba su fuerza física y los que se valoraba su ternura e ingenio. Los primeros se han manifestado fundamentalmente en las peleas entre perros o de perros contra otros animales, y los segundos en su presencia en circos, teatros y espectáculos de variedades.

Las luchas entre perros y de perros contra otros animales son muy antiguas. Desde el mismo momento en que los perros se usan para la guerra han servido para mostrar la fuerza y ferocidad de los ejemplares más valorados. En China hay noticias de luchas entre animales organizadas para divertir a los nobles, y pruebas de luchas entre perros en el año 260 de nuestra era. En Occidente las menciones a las luchas de perros se enmarcan principalmente en los espectáculos del circo romano (Yilmaz 2015).

Durante toda la Edad Media las luchas entre perros o de perros con otros animales fueron muy comunes en Europa. Herederas de estas luchas son dos tradiciones modernas que se hicieron famosas cada una a su manera, ambas posiblemente originadas a partir de las actividades de carniceros y matarifes. La muerte de un toro en el matadero era una lucha en la que el hombre debía de imponerse sobre un animal mucho más fuerte y voluminoso. En su ayuda pronto se utilizaron perros que atacaban y debilitaban al toro, desviando al mismo tiempo su atención del hombre que pondría fin a sus días. Las razas de perros alanos se diseñaron para ayudar al carnicero en el sacrificio del toro. Se caracterizaban por morderle la oreja con tanta fuerza que no le soltaban hasta rendirle, y eran alimentados con la sangre y la carne del toro para estimular su ferocidad contra ellos (Beusterien 2013).

Hay documentos que muestran que en la Sevilla del siglo XVI la gente se reunía para ver cómo el carnicero abatía al toro con ayuda de sus perros, algunos veces en los corrales del matadero. Algunos autores sugieren que el toreo moderno surge de la fusión de los juegos de equitación que practicaba la aristocracia y las luchas por abatir al toro del carnicero y sus perros. Los primeros toreros populares fueron matarifes con sus perros luchando contra los toros, alcanzando algunos de ellos gran popularidad. Según se estandarizaron las normas del toreo los perros fueron realizando labores más especializadas. En la *Tauromaquia* de Goya aparecen perros en el papel de los modernos picadores y banderilleros, reduciendo la fuerza del toro. Desde la segunda mitad del siglo XIX el uso de perros en el toreo empezó a ser considerado una salvajada, prohibiéndose su presencia a finales del siglo (Beusterien 2013: 45).

En Inglaterra las luchas entre perros y toros tuvieron un origen semejante, pues en los mataderos cada carnicero tenía un bulldog capaz de hacer postrarse a un toro, y se pensaba que la carne de los animales así tratados era más tierna (Dale-Green 1966: 43). Pronto la lucha se alejó de su sentido práctico primitivo, se hizo muy popular, los nobles se aficionaron a ella y cada aldea tenía su propio ruedo, surgiendo razas especializadas en la lucha contra los toros. También fueron populares en Inglaterra las luchas entre perros y osos (a los que se cortaban las garras y los dientes) e incluso entre perros y ratas, en las que se ponía en valor la capacidad de destruir a numerosos roedores de los más famosos terrier.

Este tipo de espectáculos, populares en la Inglaterra Moderna y luego prohibidos, han persistido en Europa, América, China y otros países, a pesar de las prohibiciones, calculándose en miles el número de perros que todavía hoy en día participan en los crueles torneos. En ellos el perro se convierte de nuevo en el doble de su propietario, que adiestrándole en el comportamiento salvaje y animándole a pelear a muerte con otros perros, le sustituye en la expresión de una violencia que de otra forma estaría penada por la ley. Mención aparte merece Japón, donde las peleas de perros, ritualizadas en su cultura hasta los mínimos detalles, son legales y atraen a una amplia concurrencia de público. Las únicas competiciones donde el perro hace alarde de su fuerza física aceptables para el mundo moderno son las carreras de galgos. Aunque se han realizado carreras de perros en diferentes lugares a lo largo de la historia, las carreras de galgos como se conocen hoy en día tienen un origen bastante reciente, pues surgen a finales del siglo XIX en Inglaterra y su popularización parte del invento del conejo mecánico en 1919. Aún así en algunos países están prohibidas por considerarse que promueven la violencia contra los animales, ya que el proceso de profesionalización de un entretenimiento aparentemente inocente implica horrendos sufrimientos a miles de animales, pues es costumbre utilizar conejos u otros pequeños mamíferos para entrenar a los galgos, animales que muchas veces son mutilados para que exciten con sus gritos su furia y velocidad. Los mismos galgos dejan de ser comercialmente interesantes a partir de los cinco años de edad, siendo luego desechados, es decir, los que tienen suerte muertos mediante una inyección letal y los que no, abandonados o víctimas de muertes crueles (Asay 2003).

La inteligencia y vivacidad de los perros les ha convertido en protagonistas de números de circo y espectáculos de entretenimiento. Algunas crónicas mencionan del uso de perros amaestrados en circos y comedias durante la dinastía Tang (Qin y Li 2005). Hoy en día, esta actividad se ha visto desbordada por su actuación en películas y series de televisión, y su presencia en otros medios de comunicación de masas. A los ya clásicos Rin-tin-tin y Lassie, no han dejado de añadirse con regularidad nuevas estrellas caninas, de forma que no son pocas las películas protagonizadas por un amo (o una familia) y su perro, siendo el can un actor más del reparto. Fuera del cine hay muchos otros ejemplos en los que la personalidad del amo y su perro son ya inseparables, como Tintin y Milú, o Carlitos y Snoopy.

El perro como animal de tiro
Perros de gran tamaño han sido usados desde tiempos primitivos para ayudar a la gente a transportar sus pertenecías. Degeneraciones óseas detectadas en perros prehistóricos en Suecia, Siberia y Cataluña prueban que el hombre utilizaba perros como animales de carga desde tiempos prehistóricos (Albizuri 2011).

Especialmente conocida es su labor tirando de los trineos de los pueblos de Siberia y el norte de Europa, cuando los viajeros, en medio de la monotonía de un paisaje uniformemente nevado, dependen completamente de la capacidad de orientación de sus perros para llegar a su destino. Estos perros, generalmente dirigidos por un líder, son capaces de recorrer enormes distancias y de orientarse en medio de un paisaje uniforme. Su posesión ha hecho posible la supervivencia de poblaciones en las heladas tierras de Siberia y Alaska.

También era una imagen común la del perro acarreando las posesiones de los Indios de Norteamérica. Mientras que en las zonas más septentrionales tiraban de trineos, más al sur lo hacían de los *travois*, más primitivos, que consistían en dos palos uncidos al lomo del perro sobre los que se colgaba la carga a llevar, o de alforjas situadas a su espalda. Para ello se seleccionaban los perros más robustos, que eran entrenados durante su juventud, generalmente por las mujeres, a ir tirando de *travois* de juguete, no siendo usados de forma cotidiana para traer leña y otros productos hasta que alcanzaban la madurez (Albizuri 2011).

El perro también tiraba de los carritos de juguete de los niños griegos. En la Inglaterra del siglo XIX a veces se uncían a los coches de los niños, y en Londres los vendedores ambulantes acostumbraban sacar a sus mujeres de paseo los domingos por la tarde en un carro tirado por perros. Todavía hoy se pueden ver perros tirando de carros en China, generalmente como atracciones de feria o juegos para los niños.

Agricola, en su tratado sobre la minería centroeuropea durante el siglo XVI, describe el uso del perro como elemento básico en el trasporte del mineral en terrenos abruptos donde no se podían utilizar caballos, mulas o asnos (Albizuri 2011: 142). Hasta la Primera Guerra Mundial el perro fue ampliamente utilizado como animal de tiro en Europa, especialmente en Bélgica, donde era común ver a perros tirando del carrito del lechero e incluso juegos de postales recuerdan esos días. El perro era una solución económica para los que no podían permitirse la posesión de un caballo, pues vivía en la propia casa y se alimentaba con las sobras de las comidas familiares. En este país había leyes que regulaban la carga y tamaño de los perros para garantizar su buen trato, y según los observadores de la época se les veía contentos realizando esta tarea. Se calcula que a primeros del siglo XX había unos 200.000 perros de tiro en Bélgica (Trew 1939).

Carros tirados por perros también se usaron en Francia, Alemania, Holanda y Suiza, no sólo para vender leche sino también pan, verduras y otros productos. En Canadá eran comunes a fines del siglo XIX entre los vendedores de periódicos o de agua. También fueron usados con frecuencia en Inglaterra como medio de transporte por panaderos, lecheros y albañiles. Los perros Terranova fueron usados a principios del siglo XIX para transportar pescado desde la costa hasta Londres (Dale-Green 1966: 38).

Algunos investigadores piensan que durante la dinastía Shang de China los arados primitivos no eran arrastrados por bueyes, sino por perros. Tan Buyun, basándose en el estudio de los pictogramas oraculares, sugiere que el arado más primitivo utilizado en China era arrastrado por perros. Aunque no hay pruebas concluyentes, su recuerdo ha sobrevivido en el folklore, pues narraciones como *El perro que ara los campos* muestran a un campesino que utiliza un gran perro con ese propósito, al que incita a moverse lanzando bolas de arroz delante de él.

Entre los Salish de la costa del Pacífico se criaba una raza de perros de pelo largo que era periódicamente esquilado tejiéndose con sus pelos unas bellas mantas. Esos perros fueron altamente valorados y algunas veces enterrados con sus dueños. Sus tejidos alcanzaron precios elevados en el comercio intertribal, pero desaparecieron rápidamente con la llegada a la zona de mantas más baratas fabricadas industrialmente (Barsh et al 2002).

En distintas culturas se han dado otra serie de usos particulares de los perros, que nos muestran su impresionante capacidad de adaptación y las imaginativas formas con las que los seres humanos los han usado. Estas actividades han generado un interesante corpus de creencias y tradiciones que ligan al perro simbólica e intelectualmente con el hombre. De eso vamos a ocuparnos durante el resto de esta obra.

3. El perro, amigo del hombre.

El perro como hombre

Miles de años de convivencia entre humanos y perros han creado una relación única, en la que las dificultades impuestas por la ausencia de una comunicación verbal han sido superadas de mil formas imaginativas. El hombre se ha identificado con su perro. Al hacer humano su comportamiento le convierte en un doble de la persona, uno, que al mantener su animalidad, se puede utilizar como sustituto en determinadas ceremonias y sacrificios. De esta forma los perros permitieron a los hombres sacrificarse ellos mismos, sin necesidad de morir realmente. Como el perro es animal y también humano, no debe extrañarnos que a los humanos marginales se les haya denominado perros, destacando a la vez su naturaleza humana y animal, así como el derecho a ponerlos al servicio propio. Las numerosas historias de perros que hablan o que caminan erguidos no son sino el recuerdo de esas situaciones, difuminándose o enfatizándose los atributos caninos de los humanos según los intereses del narrador.

El perro no es solo el mejor amigo del hombre, es el propio hombre, su reflejo, su doble o su sombra. En algunas ocasiones la identificación del perro y el amo es tan asombrosa que parecen haber nacido y crecido juntos, como los perros de la guerra que encarnan los ideales de fuerza y valentía del guerrero o los perros de lucha, que muestran una violencia animal, desinhibida que admira su propietario. Otros son como la sombra de la persona. Esa parte del yo prescindible, la que se entrega a los dioses en el sacrificio o a los huéspedes más distinguidos como símbolo de suprema hospitalidad. Pero en la mayoría de los casos el perro es el hermano pequeño, el casi hombre, el hombre débil, el inferior del que nos burlamos y aprovechamos.

Y en esa condición el hombre no ha dejado de proporcionar atributos caninos a los pueblos que consideraba lejanos, inferiores, débiles, misteriosos, o que conservaban costumbres consideradas menos que humanas. Los ingleses de la

Edad Media identificaban a los españoles con perros, y cuando sostenían entre sus brazos los de raza spaniel adorados en la época soñaban que dominaban a los habitantes de ese mundo lejano, salvaje y potencialmente hostil. El nombre de España viene dado, de hecho, por el de estos perros en idioma provenzal, posiblemente reflejando un sentimiento semejante por parte de los provenzales. Los españoles a su vez relacionaban a los franceses con los perros, de ahí el nombre galgos que dieron a algunas razas, y especialmente, durante la conquista de América, a los aborígenes de aquellas tierras. Y la presencia entre ellos de perritos de escaso tamaño, muchos de ellos sin pelo o que no ladraban, les convirtió a sus ojos, con sus grandes perros de guerra, en los representantes perfectos de una raza débil, destinada a doblegarse como una mujer ante sus poderosos ejércitos.

Los musulmanes llamaban perros a los cristianos infieles, y éstos a los musulmanes y a los judíos, a quienes hasta época reciente atribuían conductas demoníacas, les imaginaban criaturas sedientas de sangre, que vomitaban la eucaristía, chupaban la sangre a la sociedad e incluso ladraban como perros durante sus plegarias (Ackerman-Lieberman 2013: 7). Todos ellos continuaban con una tradición milenaria extendida por el Próximo Oriente, en la que los elementos pasivos, sometidos al poder de los fuertes, eran identificados con perros. En las iconografías antiguas de Mesopotamia y Egipto se ve que la actitud servil de los esclavos es claramente una postura de sumisión canina (Burns 2000). La misma actitud adopta el vasallo leal, que se presenta ante su señor en actitud de servicio, en la actitud más humilde, como un perro, a veces enfatizando de esta forma su lealtad sin límite o su disposición guerrera a luchar hasta la muerte.

También fueron asociados con los perros los pueblos fronterizos de la China antigua, y aunque allí hay una serie de motivos mitológicos caninos, los chinos, obviando esas relaciones míticas, nombraron a todos los pueblos que no participaban plenamente de su cultura con palabras que contaban con el radical de perro. Todos los extranjeros, todos los bárbaros fueron asociados con los perros, y solo en 1858 Lord Elgin consiguió que se eliminaran los rastros caninos de la denominación de los ingleses (Dale-Green 1966).

La identificación del perro con el amo hizo que en algunas épocas, los mismos fisionomistas que se dedicaban a predecir el futuro de una persona observando los rasgos de su cara, se dijeran capaces de hacer lo mismo con los perros (Raphals 2013: 97). Curiosamente se consideraba que las personas que tenían nariz de perro, pues los tipos de narices se dividían según su semejanza con las de los animales, tenían garantizada una larga vida (Douglas 1887: 310). De forma semejante, entre los primeros fisionomistas de Occidente, se establecieron relaciones entre las características de los perros y sus dueños, e incluso con los países que representaban (Beusterien 2013).

El perro es un hombre y también es una mujer. El perro sustituye al hombre en los mitos de origen de los clanes, y a la mujer en una serie de ideas que le relacionan con la tierra, la luna, la vida y la muerte. El perro es el esclavo y a la vez es el maestro, el señor y el sacerdote. En numerosos textos religiosos se considera al sacerdote como un perro que cuida de su rebaño, los fieles que deben de seguir sin mayor reflexión sus enseñanzas, y le protege de la amenaza del lobo, un símbolo en este contexto de los misterios de la naturaleza que los sacerdotes dominan. Esta idea está a un paso de las creencias de los gnósticos, entre quienes el supremo sacerdote, el mismo dios, era representado como un gran perro.

El perro amigo del hombre

La evolución de las sociedades humanas ha dejado al perro en una posición de inferioridad. Una relación asimétrica en la que animales y personas han manifestado su afecto con grados variables de intensidad y que aboliendo las barreras naturales entre el mundo animal y el humano, situaban en muchos casos al amigo animal por encima de los semejantes. Una gran amistad debida a que tanto personas como perros encontraban en el otro una sorprendente capacidad de entendimiento, de empatizar con el sentimiento ajeno, así como de encontrar consuelo a sus miedos y preocupaciones en individuos de otras especies. Si las grandes manifestaciones de amor de los amos hacia los perros quedan patente en las tumbas bellamente arregladas y las narraciones míticas, otras historias no menos conmovedoras señalan la lealtad sin límites de los perros hacia sus amos.

En China hay muchos ejemplos de esta amistad. La llegada de un perro anunciaba prosperidad, pues se creía que si un perro extraño seguía a una persona hasta su casa era un presagio de que la familia sería rica. Explicaban este fenómeno porque el perro podría conocer con anticipación dónde encontrará suficiente comida para vivir bien (Doolittle 1875-2: 327). De hecho, un refrán dice: "La llegada de un cerdo anuncia pobreza, la de un perro riqueza." Pues el cerdo solo come y duerme mientras que el perro protege la casa y la familia. La presencia de perros en las familias era tan común que una expresión china para describir la destrucción total de una casa o una aldea dice: "Ni los perros ni los pollos se salvaron."

En algunas zonas se consideraba que el perro era un antepasado que volvía en una nueva reencarnación y que observando con cuidado su vientre, hasta se podía leer su nombre. Eso se debe a una leyenda que cuenta que "un moribundo debía a otra familia 500 monedas, que prometió que pagaría al volver. Poco después de su muerte llegó una camada de cachorros a la casa y en el vientre de uno estaba escrito el nombre de la persona a la que se debía el dinero. El cachorro se entregó a esa persona y su familia se hizo rica" (Hutson 1921: 193).

Entre los pastores mongoles la identificación entre perros y personas es muy intensa. Ambos mantienen una relación de colegas en la vida cotidiana, en la que el perro comparte con el cabeza de familia la responsabilidad de la protección de la casa y el cuidado del ganado, tarea para la que se pasan a veces los dos días enteros en soledad. Ellos consideran que hay una analogía espiritual muy potente entre ambas especies, que personas y perros son parientes y comparten un antepasado ancestral común, por lo que están hechos de los "mismos huesos". Piensan que las personas se pueden reencarnar en perros, y los perros en personas. Por lo que tienen la costumbre cortar el rabo a los perros muertos, para que no se tengan que avergonzar de llevarlo cuando renazcan como personas (Bamana 2014). La humanización del perro hace que su incorporación a la familia, lejos de ser un acto de compra venta o de pura donación, vaya rodeada de una ceremonia semejante a la realizada para incorporar a una nueva esposa, eligiéndose un día auspicioso para su entrada, presentándose regalos al anterior propietario, que escoltará al perro hasta la tienda de la nueva familia; donde se le proporcionará un nombre de forma semejante a como se da un nombre a los niños tras su nacimiento. Por otra parte, cuando es la mujer la que se incorpora a la familia en el matrimonio, deberá saludar a todos los miembros de la familia, incluido el perro (Bamana 2014).

La idea de que la cola es el principal elemento diferenciador entre humanos y cánidos encuentra su eco en otras latitudes. Así, entre los indios de Brasil, tras el matrimonio de una pareja, el suegro cortaba un palo de un machetazo, imaginando que de esta forma cortaba la cola de sus futuros nietos (Tylor 1920 I: 389). Los hombres perro del folklore hawaiano semejan en todo a las personas, excepto en que conservan su cola (Varner 2007). Entre los Yao del sur de China, en cambio, que veneran a un ancestro perro, los hombres llevan unos cinturones que forman una especie de cola para recalcar su identidad con los perros (Eberhard 1965: 49).

En las leyendas, cuentos populares e historias dinásticas de China hay un buen número de personajes caninos popularmente conocidos por su especial lealtad hacia el amo. Uno de los cuentos más famosos es *El perro fiel*.

"Durante la época Tai-Ho (366-371) de la dinastía Qin, un hombre llamado Yang, de Guangling tenía un perro con el que se sentía profundamente ligado (modificaciones del cuento señalan que el perro había sido recogido de la calle cuando estaba en los huesos). El señor Yang llevaba a su perro a cualquier lugar donde fuera. Sucedió un día que habiendo bebido el señor Yang demasiado vino, se quedó dormido en medio del campo. Entonces unos campesinos empezaron a quemar las pajas del campo, y como era invierno, había un viento muy fuerte. El perro, asustado porque las llamas pudieran alcanzar a su amo, empezó a ladrar y aullar para despertarle, pero el amo estaba demasiado borracho para darse cuenta de su peligro. Viendo que de esa forma no podría salvarle el perro se acercó a un estanque cercano, y lanzándose a él, volvió junto a su amo sacudiéndose el agua sobre la hierba que le rodeaba. Hizo así cuantas veces vio necesario, de tal forma que creó un círculo de hierba mojada alrededor del lugar donde su amo dormía, y cuando el fuego llegó hasta él no le causó ningún daño.

Yang no se dio cuenta de lo que sucedía hasta que se despertó.

En otra ocasión, cuando estaba caminando en la oscuridad, Yang cayó en un pozo vacío. Su perro estuvo ladrando toda la noche tratando de llamar la atención de cualquier viajero que pudiera ayudarles, pero la ayuda no llegó hasta la mañana, cuando uno de los primeros caminantes que se puso en marcha, se quedó sorprendido al encontrar a un perro ladrando a la vera del camino. Siguiendo las señas del perro se acercó a la orilla del pozo, donde descubrió a Yang.

"Por favor, ayúdeme a salir, y prometo recompensarle con generosidad."

El paseante le contestó. "Deme ese perro y le ayudaré a salir."

"Este perro ha salvado mi vida. No puedo deshacerme de él. Pídame cualquier otra cosa."

"Si no me puede dar el perro, mejor será que se quede en el pozo."

El perro, entendiendo el cariz que tomaba la conversación, hizo una seña al señor Yang para que aceptara las exigencias del paseante.

"Muy bien," dio entonces Yang "le entregaré el perro."

Entonces el forastero le ayudó a salir del pozo, ató una cuerda al cuello del perro y se marchó con él.

Cinco días después el perro regresó a la casa de Yang" (Yang y Yang 1990: 86).

En otra versión el fuego es provocado por el gobernador durante una batida de caza. El perro fiel queda muerto junto a su amo, agotado por el esfuerzo de correr al río una y otra vez para salvarle, y el gobernador, asombrado por su lealtad ordena que se erija un templo para recordarle, templo que se sitúa en la provincia de Shandong.

Cuentos de perros fieles existen allá donde hay perros, pues son un reflejo de esa fidelidad que invariablemente muestran hacia sus amos. Uno de los más populares, utilizado para educar a los jóvenes en la necesidad de pensar antes de actuar, también se llama *El perro fiel*, aunque su desarrollo es distinto. Traemos aquí la versión que circula entre los mongoles, en la que el protagonista esta vez es un zorro en vez de un perro.

"Había un cazador y su mujer que vivían muy felices. Tuvieron un hijo, y poco después el cazador encontró un cachorro de zorro que se llevó a casa como regalo para su hijo. El niño se aficionó mucho al zorrito y su madre muchas veces les dejaba a los dos solos y salía a ayudar a su marido. Cuando regresaba, el zorrito siempre salía a recibirla dando saltos de contento.

Un día, cuando la madre regresó a casa se sintió sorprendida al ver que el zorrito no salía a recibirla, sino que sentado en el umbral de la yurta gemía tristemente. Y al acercarse notó que además estaba cubierto de sangre.

"Dios mío. Este animal ha matado a mi niño." Gritó la mujer. Y tomando una gran piedra mató de un golpe al zorrito, corriendo después al interior de su yurta. Allí descubrió a su pequeño riendo feliz. Y junto a él una gran serpiente hecha pedazos. Entonces se dio cuenta de lo que había pasado, y

se maldijo a sí misma por haber matado al zorrito" (Luvsanjav y Travers 1987: 160).

Una historia semejante fue la responsable del surgimiento del culto a San Guinefort, el único santo perro, en el sur de Francia. Pues su dueño, al darse cuenta de que había matado a su perro fiel por su falta de reflexión, le enterró en una tumba cuidada que pronto empezó ser venerada por la gente. Durante muchos siglos los peregrinos acudían a visitar su tumba para rogar por la curación de sus hijos enfermos. San Guinefort no desapareció definitivamente del santoral hasta primeros del siglo XX.

Los perros como símbolo de virtudes y pasiones humanas

Los perros han sido ampliamente utilizados en el folklore para educar a niños y mayores, ilustrando con sus acciones comportamientos heroicos o estúpidos. Todos los niños estudian la fábula del perro que, llevando en su boca un trozo de carne, vio su imagen reflejada en el agua de un lago, y pensando que era otro perro con otro trozo de carne, deseando arrebatárselo, abrió su boca y solo consiguió perder la suya.

Bastante interesantes son los cuentos en los que los perros muestran tal amor por los miembros de su familia que se convierten en un ejemplo para los seres humanos. El gran amor de las perras por sus cachorros no ha pasado inadvertido en la cultura china. Un refrán dice: "Perra con cachorros se enfrenta a un tigre, gallina con pollitos pelea con un zorro." Un amor correspondido por los cachorros, como cuenta el relato de un cachorro y su madre que, separados poco después del destete, se encuentran años después en una gran partida de caza. Enseguida muestran su alegría, y a partir de entonces el hijo, cada vez que se celebra una fiesta en casa, roba un trozo de carne para llevárselo a su madre (Qin y Li 2005). Otro ejemplo es el perro hijo de una madre coja que cada día le lleva la comida. La perra del señor Shi manifiesta su amor con gran resignación, pues Shi un día cocinó y se comió a uno de los cachorros, y la perra fue tomando cada uno de los huesos que tiraba, llevándolos luego a enterrar junto a una morera. A partir de entonces cada día se acercaba a la morera para llorar por su cachorro.

Que nadie tache al señor Shi de crueldad, pues en España, hasta hace muy poco, cuando la amada perra de casa tenía una camada, se calculaban los cachorros que podía alimentar bien, o los que se podrían regalar a las amistades, matándose a los otros.

La benevolencia es la protagonista del siguiente relato, pues en la dinastía Ming un tal Tong Yong tenía dos perros hijos de la misma madre, uno blanco y otro moteado. Cuando el perro blanco se quedó ciego, el moteado le llevaba la comida con amor fraterno (Wu 1993).

Su capacidad de orientarse destaca en "Alma de perro", cuyo protagonista, Huang Er la combina con su viva inteligencia. En una ocasión en que su amo lo prestó a unos amigos que vivían a 300 *li* de distancia, el perro volvió solo a casa para estar con él. En otra ocasión su amo tuvo que alejarse de casa por asuntos de negocios, y como llevaba mucho tiempo sin comunicarse con su familia pidió al perro que llevara un mensaje a los suyos. Entonces escribió una carta que le ató al cuello y Huang Er se puso en camino. Corriendo día y noche, cruzaba los ríos donde cruzaban las personas, hasta que llegó a su casa. Allí recibió la respuesta de su ama trayéndola de vuelta. En total tardó 25 días, la mitad de lo que habría tardado una persona. Perro y amo mantuvieron una relación tan estrecha que a la muerte del primero, el segundo le construyó una tumba para enterrarle (Wu 1983: 359).

La generosidad y el valor son los atributos del perro de un tal Zhang Hua de la dinastía Tang, que un día que salió a la montaña con su perro a cortar leña, se encontró con un tigre. Entonces su perro se lanzó a luchar con él y mordiéndole la nariz le salvó la vida. El perro todavía tuvo tiempo de reanimar a su dueño antes de morir agotado. El perro del señor Hua Long no dudó en atacar a la gran serpiente que se había enroscado en el cuerpo de su amo y amenazaba devorarlo, salvándole de la muerte.

Un entendimiento que supera el instinto animal se halla patente en la historia del monje Zhao Sou de la dinastía Tang, que siempre se ocupaba de los perros que le acompañaban, y que evitó perecer de frío en la noche de invierno mientras rezaba gracias a que sus perros se tumbaron a su alrededor dándole calor (Qin y Li 2005: 25). Hay otros relatos semejantes y en realidad una de las utilidades de los perros pequeños que continuamente se llevaban en brazos era dar calor a sus propietarios durante el frío invierno (Qin y Li 2005: 75).

En Occidente también hay algunas historias de perros que cuidan a santos. Una de las más conocidas es la de San Roque, el patrón de los perros y de las plagas. Sus hagiografías cuentan que cuando cayó enfermo por cuidar a los enfermos de Piacenza, fue expulsado de la ciudad y estuvo vagando hambriento por un bosque cercano, donde encontró a un perro con una hogaza de pan. El perro le regaló el pan y estuvo lamiendo sus pústulas. El carmelita San Simón Stock, cuando vivía en un bosque de Kent, fue alimentado por un perrito que le llevaba trozos de pan de su amo (Walker-Meikle 2014). Otros santos relacionados con los perros son San Bernardo, cuya madre según las tradiciones medievales había parido un perro, y Santo Domingo, cuya orden (los monjes dominicanos) tenía "un perro con una antorcha en la boca como escudo de armas, un símbolo de su predicación, representando la más pura doctrina con su vida ejemplar" (Beusterien 2013: 49). En la etimología popular su nombre significaba los perros (canes) del señor (domine), y durante la época de la Inquisición eran considerados los Perros de Dios en la persecución de los herejes.

San Guinefort es directamente un perro santo, que en una versión francesa de *El perrillo fiel*, es muerto por su amo al verle ensangrentado, sin saber que la causa es haber defendido al niño del ataque de una serpiente.

La contradicción que se vive en el presente, entre los que adoran a los perros y los que quieren comérselos también se refleja en los cuentos antiguos: En tiempos de los Tang vivía un hombre llamado Tianzhao que quería comer carne de perro, y se lo dijo a su primo que tenía un buen perro. Pero el primo le dijo que no podía pensar en matar a su mascota. Tianzhao entonces empezó a pensar en hacerlo por sí mismo. Al saber la noticia el perro desapareció y durante un tiempo no le vieron. Cuando Tianzhao volvía para su casa le encontró por el camino, le llamó y éste se acercó moviendo la cola, pero cuando al llegar la noche Tianzhao se dispuso a dormir, el perro le atacó, le mordió en la cabeza y se volvió a casa (Wu 1993: 359).

El perro justiciero

Otras veces los perros tienen un conocimiento más complejo de la sociedad humana y son capaces de acudir en nombre de sus amos ante la justicia, a veces mediante procesos un tanto enrevesados o que denotan su conocimiento del futuro, como vemos en estos cuentos:

"Sucedió una vez que un comerciante llegó con su perro a un distrito lejano. Un joven bandido, dándose cuenta que nadie le conocía, decidió matarle y quedarse con sus riquezas, y en cuanto vio una ocasión favorable puso en marcha sus malvados designios. Tras la muerte de su amo, el perro siguió al asesino hasta su casa. Esperó a que se hiciera de día y entonces se dirigió al yamen. Empezó a ladrar y aullar de forma lastimera a las puertas del yamen hasta que llamó la atención de algunos oficiales. Entonces consiguió convencerles que tenía algo importante que mostrarles, y haciendo que le siguieran les llevó hasta el lugar donde permanecía el cadáver de su amo. Los funcionarios enseguida descubrieron que había sido asesinado. Entonces el perro les condujo a la casa del asesino, donde se encontraron los bienes robados. El perro así consiguió justicia por la muerte de su amo" (Yi 2006: 227).

La mujer de Yang Bao tuvo una mala idea, y planeó con su amante matar a su marido. Una noche, cuando éste estaba tumbado borracho se preparaban para llevar a cabo su negro designio, pero antes de darles oportunidad de entrar a su cuarto el perro se lanzó a morderles. Su conocimiento del desarrollo de situaciones complejas se muestra en el siguiente relato.

En el periodo Zhongzong de la dinastía Tang había un funcionario llamado Chao Yi que, tras revelar algunos delitos de miembros del gobierno, fue desterrado más allá de las montañas. Sintiéndose sin culpa se dirigió a Jingzhou llevándose solo a dos servidores Zhang Ge y Zhang Shu y a su perro. Al llegar a Jingzhou, Chao Yi se puso enfermo de tristeza e ira. Sus dos sirvientes, que codiciaban sus riquezas, pensaron en matarle. Siguiendo su plan un día en que el censor se encontraba especialmente deprimido, Zhang Ge le dijo que había oído rumores sobre la llegada de un edicto secreto que demandaba su vida. "Si es ajusticiado ¿Qué será de su familia?" Continuó fingiendo preocupación, pues en aquel tiempo la familia de los condenados por algunos delitos de traición generalmente seguía su misma suerte. Entonces Chao Yi, pensando en librar a su familia de mayores sufrimientos, le dijo: "Cuando acabes de hacer esa torta, ponle veneno y así al menos podré morir tranquilo." Así que Zhang Ge preparó una torta, la puso veneno y se quedó en la cocina mientras Zhang Shu se la llevaba. Antes de que Chao Yi empezara a comerla su perro se fue a la cocina y mordió a Zhang Ge en la garganta, luego volvió al salón y mordió a Zhang Shu. De esta forma los dos sirvientes quedaron heridos sin que el amo supiera el motivo. Pasados varios días llegó un edicto imperial, por el que se levantaban todos los cargos contra él y se le ordenaba volver a la capital para retomar su puesto. El perro fue muy alabado, pues no solo había descubierto los malos designios de los servidores sino el feliz rumbo que tomarían los acontecimientos (Qin y Li 2005: 55).

Los registros históricos cuentan que un perro se vengó de las maldades de la emperatriz viuda Lu, de la dinastía Han.

"Durante el tercer mes, cuando la emperatriz viuda iba paseando por la calle volviendo de hacer unos sacrificios, algo que parecía un perro azul apareció y la mordió en el brazo, desapareciendo enseguida. Se convocó a un adivino para que interpretara el suceso, y éste anunció que era Liu Juyi, príncipe de Chao, asesinado por la emperatriz viuda, que se había convertido en un espíritu maligno. La emperatriz pronto se puso enferma de esa herida" (DeWoskin 1983).

En Grecia una leyenda habla de un perro que no olvida las caras de los asesinos de su amo, y tiempo después consigue llevarlos ante la justicia. Lo mismo se dice que del perro del poeta Hesíodo (Franco 2014). Por su parte, el rey Pirro de Epirus, se encontró a un perro guardando un cadáver. Enterró al muerto y se llevó al perro. Pasado un tiempo, cuando el rey pasaba revista éste se lanzó sobre dos hombres, que confesaron ser los asesinos (Dale-Green 1966: 104). Una leyenda medieval francesa también habla de un perro justiciero, pues cuenta que un tal Aubry de Montdidier fue asesinado por otro hombre. El perro de la víctima primero llevó a su mejor amigo a descubrir el cadáver. Adoptado por éste mostró tal odio cuando volvió a encontrarse con el asesino que consiguió que se organizara un curioso duelo entre ellos. El asesino armado con una estaca y el perro provisto de un barril para refugiarse de los golpes. El perro venció obligando al asesino a confesar su crimen (Coren 2016).

El perro proporciona longevidad
Pero si hay un perro al que todos deberíamos estar agradecido es al que según las leyendas de la minoría Moso de China, cambió la duración de su vida con la gente.

"En los tiempos antiguos, ni la gente ni ningún tipo de animal tenían asignados los años que duraría su vida. El Dios del Cielo quería dar a cada

especie de animal un número de años de vida, así que les recomendó que por la noche estuvieran pendientes de su llamada, para conseguir una vida más larga.

Al llegar la medianoche llamó primero: "Mil años." En ese momento todos los animales estaban dormidos, sólo la siempre vigilante gran oca escuchó su llamada y respondió con un sonido. De esa forma consiguió una vida de mil años. El Dios del Cielo llamo a continuación: "Cien años." El pato salvaje al escucharle respondió con un sonido consiguiendo una vida de cien años. Cuando llamó: "Sesenta años." El perro ladró una vez, por lo que los sesenta años se le adjudicaron. Solo cuando llamó: "Trece años." El hombre se despertó de su sueño respondiendo con un sonido nervioso.

La gente pensaba que una vida de trece años era demasiado corta y fueron a rogar al Dios del Cielo que incrementara la duración de su vida. Este les dijo que lo negociaran con los animales. Al final las personas y los perros acordaron que la gente cuidaría a los perros y a cambio los perros les cambiarían la duración de la vida. Es por eso que los niños Moso, al llegar a los trece años de edad deben realizar la ceremonia de vestir la falda o de vestir el pantalón, simbolizando el inicio de una nueva vida. Además, tanto durante la vida cotidiana como en las fiestas, si la gente come algo, tiene que dividir una parte con el perro, y tampoco pueden comer carne de perro" (Camelia, 1981-4).

En Occidente en cambio, son varios los animales que proporcionan al hombre su longevidad, como vemos en la fabula, *El caballo, el buey, el perro y el hombre,* recogida por Esopo:

"Cuando Zeus creó al hombre, sólo le concedió unos pocos años de vida. Pero el hombre, poniendo a funcionar su inteligencia, al llegar el invierno edificó una casa y habitó en ella.

Cierto día en que el frío era muy crudo, y la lluvia empezó a caer, no pudiendo el caballo aguantarse más, llegó corriendo a donde el hombre y le pidió que le diera abrigo. El hombre le dijo que sólo lo haría a condición de que le cediera una parte de los años que le correspondían de vida. El caballo aceptó.

Poco después se presentó el buey que tampoco podía sufrir el mal tiempo. Le contestó el hombre lo mismo: que lo admitiría si le daba cierto número de sus años. El buey cedió una parte y quedó admitido. Por fin, llegó el perro, también muriéndose de frío, y cediendo una parte de su tiempo de vida, obtuvo su refugio.

Y he aquí el resultado: cuando los hombres cumplen el tiempo que Zeus les dio, son puros y buenos; cuando llegan a los años pedidos al caballo, son intrépidos y orgullosos; cuando están en los del buey, se dedican a mandar; y cuando llegan a usar el tiempo del perro, al final de su existencia, se vuelven irascibles y malhumorados."

Perro seguro, lobo libre

Otros dos relatos nos muestran que un tema tan candente hoy en día como la relación entre la libertad y la seguridad es un debate ya viejo en la historia de la humanidad. Primero veremos una explicación de por qué el perro está con el hombre, a continuación otra de por qué el lobo no lo está. "La razón por la que los perros y la gente están juntos" es una leyenda popular en el norte de China.

"Hace mucho tiempo antes de que el perro se convirtiera en el mejor amigo del hombre, un perro, mientras paseaba por el bosque, empezó a pensar. "Está claro que tengo mis limitaciones. No soy un animal poderoso, por lo que sería mejor que viviera con otro y así nos podríamos defender mejor". Dispuesto a poner en práctica sus ideas no tardó mucho en encontrarse con un conejo, al que saludó amistoso y le propuso que fueran amigos. El conejo aceptó encantado y durante todo el día estuvieron juntos como dos amigos. Al llegar la noche, mientras dormían, el perro escuchó un ruido y se puso a ladrar. El conejo le dijo asustado: "Amigo perro. ¡Por favor, no ladres! Si nos oye el lobo podremos tener graves problemas." Entonces el perro se dio cuenta de que ser amigo del conejo no le reportaría ningún beneficio y a la mañana siguiente se fue en busca del lobo.

No tardó mucho en encontrar a un lobo, al que también hizo su propuesta de amistad, siendo igualmente bien recibida. Durante todo el día el lobo y el perro recorrieron el bosque como amigos. Por la noche cuando se disponían a dormir el perro oyó un ruido y empezó a ladrar. "¡Chiss, chiss, amigo perro", le dijo el lobo, "deja de ladrar ¿o es que quieres que nos oiga el leopardo?" El perro se dio cuenta que el animal que necesitaba como amigo no era el lobo, sino el leopardo, por lo que a la mañana siguiente se marchó en su busca.

Pronto encontró al leopardo y de nuevo pasaron un gran día correteando por el bosque como dos buenos amigos. Al llegar la noche de nuevo empezaron los problemas, pues siguiendo su costumbre, cuando escuchó un ruido extraño el perro empezó a ladrar. Para su sorpresa el leopardo también le chistó: "Eh, amigo perro, por favor, deja de ladrar, o ¿acaso quieres que nos descubra el tigre?" En vista de que el leopardo aún temía al tigre, el perro le abandonó a la mañana siguiente y se hizo amigo del mismísimo tigre, el rey de la selva. El tigre también le recibió amistoso y de nuevo pasaron el día juntos.

Por la noche, cuando el perro ladró, el tigre le dijo: "Cállate por favor, ¿o es que quieres llamar la atención de los cazadores?"

"¿De qué?" Pregunto el perro.

"De los cazadores. De los hombres que suben a la montaña a cazarnos. Si nos oyen estamos muertos." Entonces el perro se dio cuenta que el tigre tampoco era el amigo que le convenía y al día siguiente se fue a buscar al cazador. Siguiendo su rastro, al anochecer llegó a una aldea. Estaba llena de gente, por lo que sin saber qué hacer se acercó a una persona y le preguntó si quería ser su amigo. El hombre le dio una palmada y le aceptó en su hogar. Le preparó un poco de comida y una sencilla cama de paja a la entrada de la casa.

Esa noche, cuando el perro oyó ruidos extraños y se puso a ladrar, su amo se levantó, se acercó, observó la situación y no viendo nada extraño, pensó que el perro se había asustado sin razón, por lo que dándole una palmada amistosa se acostó de nuevo.

Y desde entonces el perro y el hombre compartieron sus destinos" (Liu 2004: 170).

Presentamos ahora la fábula *Un perro y un lobo,* de Fedro (1823).

"Un lobo transido de hambre se encontró casualmente con un perro bien cebado. Saludándose mutuamente, luego que se pararon, comenzó el lobo:

"Dime por tu vida ¿cómo estás tan lúcido, ó con qué alimento has echado tanto cuerpo, cuando yo, que soy más valiente, perezco de hambre?"

El perro respondió llanamente: "Tú puedes lograr la misma fortuna, si te atreves a servir a mi amo como yo."

"¿En qué?" Replica el lobo.

"En ser guarda de la puerta, y defender la casa por la noche de los ladrones."

"Pues estoy pronto: ahora ando expuesto a las nieves y lluvias, pasando una vida trabajosa en las selvas: ¿cuanta más cuenta me tiene vivir a sombra de tejado y hartarme de comida, sin tener que hacer?"

"Pues vente conmigo," dijo el perro. Yendo los dos juntos, reparó el lobo, que el cuello del perro estaba pelado del peso de la cadena, y díjole:

"¿De qué es esto, amigo?"

"No es nada. No importa."

"Dímelo, por tu vida."

"Como me tienen por inquieto, me atan entre día para que descanse y vele cuando llegáre la noche: suelto al anochecer; ando por donde se me antoja. Tráenme pan sin pedirlo: el amo desde su mesa me alarga los huesos, la familia

me arroja sus mendrugos, y cada cual el guisado de que no gusta. Y así sin fatiga se llena la panza."

"Bien: ¿pero si quieres salir de casa, te dan licencia?"

"Eso no", respondió el perro.

"Pues si no," concluyó el lobo, "disfruta tú esos bienes que tanto alabas, que yo ni reinar quiero, si me ha de faltar la libertad."

Otros muchos mitos intentan explicar la razón de que el perro viva con el hombre y el lobo no. Entre los Indios Cree de Norteamérica se debe a que los perros vencieron en una carrera, entre los Cheyenne los perros descienden de los cachorros de lobos domesticados para guardar los campamentos. Uno de los mitos más populares en Occidente cuenta que cuando los hombres y los animales se separaban por una profunda sima que se abrió entre ellos los perros saltaron en el último momento para permanecer con la gente.

Pero además los perros han acompañado a las personas en actividades lúdicas que reflejaban los sentimientos y costumbres de cada época. La cría y exposición de perros fue uno de los pasatiempos que mantuvo unidos a perros y amos. La afición de la corte por los perros fue el motor que impulsó esa cría en China, que a veces iba revestida de connotaciones religiosas, pues durante la dinastía Han "se atribuía considerable importancia, por motivos supersticiosos, al color y marcas que tenían los perros. Las marcas consideradas afortunadas podían llevar honor a una familia [...] un pelaje negro o amarillo en conjunción con una cabeza blanca, o dos patas blancas en un perro negro, eran consideradas como presagios seguros de un nombramiento oficial". El simbolismo relacionado con los colores de un perro se desarrolló extensamente en el antiguo *Libro de los Cinco Elementos*, que aseguraba que si una persona criaba un perro negro con orejas blancas sería rico y noble; uno blanco con cabeza amarilla haría próspera a su familia; uno amarillo con cola blanca profezitaba funcionarios durante varias generaciones, etc. (Collier, 1921).

Un simbolismo semejante se descubre en los perros-Buda tan famosos a fines de la dinastía Qing, cuya cría, por ese parecido buscado mediante la selección con los leones que guardaban las puertas de los templos llegó a ser considerada como un acto de devoción. La más famosa de las aficionadas fue la emperatriz Ci Xi, que se esforzó en asociar a sus perros con los espíritus leones del budismo, posiblemente como un intento de reforzar los lazos espirituales entre su familia y los lamas del Tíbet (Williams 1994: 141).

Literalmente pegados al cuerpo de sus nobles propietarios estaban los llamados "perros de mangas", pequeños perros que eran llevados en las anchas mangas de los trajes tradicionales chinos. Eran usados para calentarse durante los duros inviernos del norte de China, e incluso hay relatos de perros saltando enfurecidos desde las mangas, atacando por sorpresa a los enemigos de sus amos.

Estos perros con forma de león, que acabaron siendo la protección más extendida en todo tipo de edificios en China, nos llevan a otro de los aspectos fundamentales de la simbología canina, el del perro como guardián, que en sus aspectos materiales ha sido una constante a lo largo de la civilización humana. Los aspectos simbólicos y espirituales de esa guardia han adquirido tal riqueza que les dedicaremos por entero el capítulo siguiente.

Fuera de China continuamente aparecen en los medios de comunicación relatos de perros heroicos, leales e inteligentes, que renuevan esa imagen de ser el mejor amigo del hombre. A su lado también aparecen las noticias en las que perros feroces causan heridas a propios y extraños. No obstante vamos a acabar este capítulo mostrando dos casos en los que la relación entre perros y personas ha sido realmente especial. Un episodio del *Mahabaratta*, el gran poema épico hindú, en el que el protagonista, Yudhishthira, se niega a abandonar a su perro para entrar al paraíso, y otro protagonizado por el conquistador Pérez de Villagrá, en el que su perro, incluso acuchillado por el dueño para saciar su hambre, vuelve a su llamada.

Cuando Yudhishthira, habiendo renunciado a su reino, inició su viaje final hacia las montañas fue perdiendo en el camino a sus seres más queridos. El dios Indra descendió con su carro e invitó al héroe a ascender al paraíso, animándole a que dejara a su perro.

"Tú que has alcanzado la completa gloria y gran fama, y toda la felicidad del cielo. Abandona este perro, no hay crueldad en ello."

"Noble señor, dios de los mil ojos", dijo Yudhishthira, "es duro para alguien que es noble cometer un acto innoble como este. No quiero alcanzar gloria si debe hacerse abandonando a alguien que me ha sido fiel."

"Pero no hay lugar en el cielo para propietarios de perros", dijo Indra, "así que, rey del dharma, deberías pensar antes de actuar; abandona este perro, no hay crueldad en ello."

Yudhishthira dijo: "La gente dice que abandonar a alguien que te es fiel es una maldad sin fondo igual a asesinar a un Brahmin. Por lo tanto, gran Indra, nunca, de ninguna forma, le abandonaré para conseguir mi propia felicidad."

Indra le contestó: "Al abandonar a este perro ganarás el mundo de los dioses. Si abandonando a tus hermanos e incluso a tu amada Draupadi alcanzaste este mundo por tus propias acciones heroicas ¿Cómo es entonces que no quieres abandonar a este perro? Tal vez habiendo abandonado todo, ahora has perdido tu mente."

Yudhishthira dijo: "No hay nada que se pueda llamar unión o separación entre los mortales cuando están muertos, eso es un conocimiento común. Yo no los podía mantener con vida y por eso los abandoné —pero no abandonaré a los que están vivos. Entregar a alguien que llegó a ti buscando refugio, matar a una mujer, confiscar la propiedad de un Brahmin y traicionar a un amigo; esos cuatro actos, Indra, se igualan al de abandonar a alguien que te ha sido fiel. Eso es lo que pienso."

Cuando escuchó esas palabras el propio dios Dharma, que estaba presente bajo la forma de un perro, recuperó su forma original (Doniger 1988: 55).

Pérez de Villagrá escribió la siguiente suceso:

"Llevaba, pues, un perro que a mi lado anduvo mucho tiempo y que velaba cuando de noche acaso me dormía; y porque ya el hambre me afligía por suerte que la vida me acababa, determiné matarle y dos heridas le di mortales con que luego el pobre de mí se fue apartando un largo trecho. Llaméle con enojo y olvidado del vergonzoso hecho, inadvertido, gimiendo mansamente y agachado, a mí volvió el amigo mal herido, lamiéndose la sangre que vertía. Y así, con desconsuelo y lastimado, por agradarme en algo si pudiese, lamió también mis manos, que teñidas me puso, de su sangre bien bañadas [...] Con tan crasa ignorancia que no vía que fuego para asarlo me faltaba, bajé los ojos tristes y volviendo, del hecho arrepentido, a acariciarlo, muerto quedó a mis pies. Con cuyo susto, dejándolo tendido y desangrado, pasé aquel trago amargo y fui siguiendo el golpe de fortuna que acababa la miserable vida que vivía" (Beusterien 2013:1).

4. El perro como guardián

El perro es el guardián por excelencia. Es una imagen común la del perro protegiendo la casa, atento a todo lo que sucede en el exterior, ladrando o gruñendo ante la presencia de un extraño. Esta fue una de sus primeras tareas, adaptada en cada momento a las necesidades humanas, y así le vemos protegiendo a las personas y sus rebaños, casas y palacios, las murallas de las ciudades, y en algunos casos incluso encargados de identificar las intenciones de los que pasan por la puerta. Han protegido a reyes y emperadores que dudaban de la lealtad de su propia gente, a los niños mientras sus padres trabajan, a los enfermos que nadie se atreve a cuidar y a los monjes solitarios aislados de todo contacto humano.

Con el tiempo ese papel de guardián se fue desarrollando hasta incluir aspectos espirituales. La creencia de que podía detectar la presencia de espíritus y demonios extendió su papel protector de forma desmesurada, de tal forma que acabó garantizando la tranquilidad integral de su dueño, no sólo contra las posibles amenazas de otros seres humanos, sino contra las procedentes de ese mundo terrible e insondable de espíritus y fantasmas. De esta forma, en la literatura y el folklore de China, se piensa que puede mantener alejados a los malos espíritus. Esa capacidad también puede estar relacionada con su carácter *yang*, asociado al sol y a la claridad, y opuesto por tanto a la oscuridad y las sombras (*yin*) con las que se identifican las presencias diabólicas. Muchas de las ceremonias en las que se convoca al espíritu del perro incluyen su sacrificio, y se pueden encuadrar en dos modelos: la creación de un espíritu protector y su uso como chivo expiatorio, aunque su capacidad de verificar la sinceridad del oficiante les hace estar presentes en juramentos y sacrificios.

Durante la dinastía Shang el perro era el protector universal, por lo que eran sacrificados y enterrados durante la construcción de tumbas, palacios y casas privadas, extendiéndose su protección a toda la ciudad y la zona salvaje que dependía de ella, pues durante la antigua ceremonia llamada *ning* un perro era descuartizado y sus restos enterrados en cada una de las cuatro direcciones. Con ello se buscaba apaciguar a las deidades de los cuatro puntos cardinales y a las de los cuatro vientos, de las más poderosas para ellos (Morgan 1983: 184).

Posteriormente el perro se convirtió en el principal protector de los viajes y los caminos, y muchas de las actividades relacionadas con el espacio, tanto su protección como el viaje a través de él, requerían el sacrificio de un perro. Como la ceremonia *lei* que el rey realizaba antes de los circuitos de inspección visitando las cuatro montañas sagradas, durante la que ofrecía carne de perro a los dioses (Schindler 1924: 625), o la ceremonia *ba* dedicada a los vientos, también llamada "romper en piezas", pues "un perro era descuartizado en mitad del camino, se dice que para aplacar la furia del viento" (Schindler 1924: 631). En el carácter que describe este sacrificio se ve un carro junto a un perro con la pata atada. Un autor de la época explica que: "cuando se salía en una misión oficial, los caballos y el carro deberían parar en la puerta de la capital, y el viajero entonces ofrecería vino y carne seca a *ba*. Esto marca el inicio del viaje. Se amontona tierra para hacer un pequeño montículo, y el animal sacrificial (generalmente un perro o una cabra) se coloca encima de ella; tras beber el vino el viajero montará en su carro y rodará sobre ella. El significado implícito es que la tierra, que se opondrá a la realización del viaje, es atravesada" (Lai 2005: 40). En otras ocasiones se viajaba en el carro sobre una mantita hecha con piel de perro con el mismo propósito.

La ceremonia *fu* era bastante parecida, pues consistía en ofrecer un perro como sacrificio haciendo que el carruaje del rey rodara sobre él (Schindler 1924). La ceremonia de purificación *nuo*, la más popular en la época clásica y la única que se ha seguido realizando hasta nuestros días: "Debería de realizarse dentro de la ciudad para detener las enfermedades epidémicas. Perros eran descuartizados en las nueve puertas de la ciudad y se dejaban colgados en ellas para desterrar los peligros y traer las brisas de primavera" (Schindler 1924: 655). Posteriormente las puertas de la ciudad y de las casas eran untadas con la sangre del perro para evitar la mala fortuna. En esa época existían funcionarios encargados de los perros, "cuyo deber era asegurarse que se utilizaba uno del color adecuado y que durante el sacrificio se seguía el procedimiento oportuno" (Tuan 1969: 70).

El uso del perro en estos rituales era debido a su capacidad de transcender los límites espaciales y geográficos, de estar a la vez en el mundo de las personas y de los animales, en el de la gente y el de los espíritus, en las tierras conocidas de las que se parte durante el viaje y las desconocidas que se deberán atravesar (Sterckx 2002). El animal sacrificado no solo protegía, sino que su espíritu guiaba y acompañaba al viajero, pues todo viaje es un viaje a lo desconocido y tiene sus paralelismos con el último viaje tras la muerte, por lo que el perro es necesario para abrir el camino a través de tierras, concebidas como pobladas por espíritus potencialmente peligrosos. El carruaje debe pasar por encima del perro porque las ruedas del carro deben quedar manchadas con su sangre, que protegerá al viajero durante el resto del viaje. En algunas ocasiones, la sangre era untada en las ruedas (Sterckx 2002: 232).

Entre los Mayas, el perro estaba relacionado con el patrón de los comerciantes, pues la actividad comercial más básica es comprar productos en un lugar para llevarlos a otro, y en Egipto, Wepwawet, dios de los viajes, también estaba relacionado con el perro.

El perro proporcionaba protección contra los malos espíritus en templos, palacios y casas, como demuestra el sacrificio de perros blancos, y la aplicación de su sangre sobre puertas y ventanas, para contrarrestar los siniestros efectos causados por el envenenamiento por *gu* (Sterckx 2002). El concepto de *gu* es uno de los más complejos entre las supersticiones chinas. Su escritura es descriptiva de su elaboración, mediante el cocido de insectos para conseguir un potente encanto que se va trasmitiendo luego de unas víctimas a otras, causando epidemias y otras desgracias. Para combatirle: "El Duque Teh de Qin instituyó el sacrificio *fu*, matando perros en las cuatro puertas de la ciudad" (Feng y Shryock, 1935: 3). La misma capacidad del perro de controlar a los malos espíritus le convierte en protector contra la magia que los puede generar, y durante mucho tiempo se les consideró (especialmente a los negros) un antídoto efectivo contra la magia (Feng y Shryock 1935). De hecho, los que se dedicaban a la magia negra eran castigados lanzándolos a un abismo con un perro en sus brazos y una cabra a sus espaldas (Lin 2010).

Los sacrificios de perros no pueden verse como una señal de su desprecio. Hugo Bernatzik, que los ha estudiado entre los Miao de Tailandia, nos dice que los perros son los mejores amigos del hombre y que los niños pequeños juegan continuamente con ellos, que son sus animales favoritos con los que se entienden a la perfección, "a veces los niños juegan cambiando papeles con los perros. El niño juega a ser un perro, y el perro, cuyo pelo se peina para que se parezca al del niño, le representa. Los niños hablan continuamente con los perros, y hasta los 7-8 años creen que entienden todas sus palabras, etc." (1970: 113). Eso no impide que cuando una aldea sufre una plaga "erijan una puerta simbólica con tres vigas a unos 40-50 metros en el camino que lleva a la aldea, donde cuelgan a un perro que a partir de entonces actuará como espíritu guardián, evitando que entren los espíritus malvados" (Bernatzik 1970: 230). Pausanias asegura que se sacrifican porque "es el más valiente de los animales domésticos y por tanto una víctima aceptable para los más valientes de los dioses" (de Sandes-Moyer 2013: 20).

El perro como garantía de sinceridad

La capacidad del perro de discernir a las personas le convirtió en la ofrenda favorita en numerosos rituales. Una lectura del *Libro de las Ceremonias* (Yi Li), muestra que su sacrificio ritual era preceptivo cuando se recibía a funcionarios, nobles o incluso al rey, pues se le ponía como testigo de la sinceridad del anfitrión. En las competiciones de arquería, una actividad social fundamental entre los nobles de la época, también era necesario su sacrificio, como señala Pope-Hennessy (1923: 72): "se elegía a los perros porque eran capaces de "discernir lo que son los hombres", y el discernimiento es necesario al juzgar una competición. Podemos suponer que el proceso se iniciaba con el sacrificio de un perro, pues hasta que la sopa de perro no estaba lista el maestro de ceremonias no convocaba al invitado principal." Gang Xiangdao comenta: "El perro es una criatura que se mantiene en guardia, y es muy hábil en la selección de los hombres; mantendrá alejado a cualquiera que no sea lo que debe ser. Es por esta razón que en todas las ocasiones festivas en las que se coma y se beba se le utilice" (Williams 1976: 443).

De la misma forma el perro participaba como testigo de la sinceridad de los acusados en las ordalías o juicios de dios celebrados entre los Solón de Manchuria y el sur de Siberia, donde el acusado "toma un perro vivo, le coloca en el suelo y le clava el cuchillo justo bajo su pata izquierda, e inmediatamente le carga a sus hombros y pone su boca en la herida para chupar toda la sangre que pueda" (Collier 1921: 22). Otros pueblos de Siberia y del este de Europa realizaban juicios semejantes. Los Cumanos, que acabaron establecidos en Hungría, también juraban sobre un perro cortado en dos con una espada (Khazanov 2001: 108). Durante el tiempo de las cruzadas, cuando establecieron una alianza con los bizantinos, hicieron pasar a un perro entre los dos ejércitos, cortándole con las espadas, con la idea de que las dos partes de la alianza serían igualmente cortadas si fallaban al otro (Baldick 2012). Ceremonias semejantes se han descrito entre los Nagas de India, donde cada una de las partes que hace un juramento pone sus manos en un perro partido en dos (Scheper 2005). En Tahití en cambio, no hace falta derramar sangre, y las dos personas que hacen un juramento simplemente se intercambian dos perros jóvenes, que actuarán como testigos en la casa del otro (MacCullogh 1912). Cortar a un perro en dos mitades y hacer que la gente pase entre ellas era un antiguo ritual utilizado para absorber impurezas, siendo usado entre los Hititas para curar a los enfermos y para purificar a un ejército derrotado (Collins 1992: 5).

No siempre era necesario sacrificar un perro para obtener su protección. Durante un tiempo fue muy popular el uso de perros de paja. "Estas figuras estaban decoradas de verde y amarillo, envueltas en seda bordada y vestidas con seda escarlata" (Loewe 1994: 149). Iban a la cabeza en los funerales y otras ceremonias, pues debían tomar a su paso todos los influjos nefastos, y se les destruía al acabar, pues entonces estaban plagadas de influencias nocivas (Wieger 1913). Esta breve descripción es importante porque ayuda a entender las referencias a los perros de paja en los textos filosóficos, pues por muy bellos que se muestren antes de la ceremonia, tras cumplir su función son abandonados sin ningún miramiento.

Su destrucción era necesaria porque se creía que los espíritus malignos habían pasado a la imagen del perro, y al destruir la segunda se acababa con los primeros. Lo mismo se hace en algunos rituales de la minoría Wa, que dan a comer a los perros las tripas de los gallos utilizados en los sacrificios, donde se considera que están los espíritus malignos, con el convencimiento de que el perro los eliminará.

El perro como chivo expiatorio

Una de las más extendidas protecciones contra los efectos de los malos espíritus es trasladar el espíritu a otro animal o persona y expulsarle de la comunidad, para que el espíritu se vaya con él. El chivo fue uno de los animales más utilizados con ese fin, de ahí su nombre, pero el perro también lo ha sido en numerosas culturas.

En China, le vemos en la ceremonia taoísta celebrada para expulsar a los espíritus que inducen al suicidio: "Después de que el sacerdote haya realizado muchos signos y se haya postrado ritualmente, recibe de los pacientes un pequeño perro negro, junto con una cuchilla y un bloque de madera, y cuando ha separado su rabo del cuerpo de un corte fuerte, el desdichado animal es llevado por el cabeza de familia, con una cuerda atada al cuello, aullando penosamente, a lo largo de todos los rincones de la casa. Luego es llevado a la puerta principal y soltado en mitad de la calle. Se supone que ese animal sangrando y chillando es capaz de asustar y expulsar a los malos espíritus, y perseguirlos mientras huyen por las calles" (Gray 1878: 336).

Una ceremonia casi idéntica se celebra entre los Hani de China. Tras pasar a través de todas las casas de la aldea, el sacerdote tomará el perro y lo llevará al exterior de la puerta principal, donde fingirá golpearle tres veces gritando: "¡Expulsamos a todos los espíritus malvados de nuestra aldea! ¡Que los espíritus malvados no entren en la aldea! Pues es para los seres humanos y no los espíritus." Entonces matan al perro y cocinan su carne para un banquete. Parte de la sangre es frotada en espadas y escopetas de madera que luego serán colgadas en la puerta de la aldea para mantener lejos a los malos espíritus (Lewis y Bai 2002: 51).

El perro es el purificador general entre los Hani. Antes de construir una aldea un forastero debe llevar un perro a lo largo del área seleccionada. Luego solo se levantarán casas en las zonas atravesadas por ellos. En las ceremonias de curación, cuando se piensa que un espíritu ha atrapado el alma del enfermo, el chamán amenazará a los espíritus con el ataque de los perros en caso de que no suelten el alma y permitan sanar al enfermo. La importancia del perro en los asuntos religiosos se debe a que puede ver a los espíritus, mientras que la gente no (Lewis y Bai 2002: 80). Tal vez por ser símbolo del sexo sin ataduras, también se utiliza para purificar la aldea cuando una mujer soltera se queda embarazada. En esos casos el hombre culpable debe de llevar uno alrededor de la aldea, sacrificándole luego mientras se hacen votos por restaurar la pureza. Curiosamente en algunos rituales matrimoniales de

Tailandia, los novios comen arroz de un cuenco como los perros y son llamados perros, con la idea de mostrar que abandonan la promiscuidad que caracteriza la juventud e inician el orden de la vida matrimonial (Franco 2014).

Entre los Miao de China la ceremonia para evitar la continua mala suerte requiere llevar a un perro atado tres veces alrededor de la casa, conducido por un niño y seguido por el enfermo, mientras el chamán va delante cantando en voz alta y su ayudante le sigue tocando el gong y lanzando al aire anillos de fuego de una rama ardiendo que lleva en la mano. Al final el perro es sacrificado para que su alma pueda "bloquear el camino" a los espíritus malvados que están atacando a ese hogar. La cabeza del perro es enterrada debajo de una puerta a la entrada de la aldea para reforzar el bloqueo, mientras que sus dos zarpas delanteras se cuelgan como advertencia de los intrusos espirituales" (Tapp 1989: 71).

Ellos creen que la sangre de perro tiene el poder de exorcizar a los demonios, cuando temen coger fiebre también frotan su sangre en la puerta y en cuchillos de madera que cuelgan fuera de la casa (Graham 1954). Lo de colgar amuletos caninos en la puerta ya sucedía en la dinastía Han. A veces estaban hechos con hierbas y se dejaban todo el año como protección (Goldin 2002: 149). Hay rituales parecidos entre otras minorías de China. Entre los Naxi, en las ceremonias contra los suicidios se ata un perro vivo a un poste colocado al borde de un hoyo en la tierra, en el que se han escrito los nombres de los demonios que se quieren sofocar. "Al intentar liberarse, el perro salta a un lado y otro pisoteando los nombres de los demonios, que se cree son suprimidos de esta forma" (Rock 1972: 385). Entre los Lahu se piensa que "los perros son capaces de comunicarse con los espíritus […] si un perro ladra sin parar, se dice que está expulsando a los malos espíritus" (Walker 1995: 70). Entre los Pumi el perro es apreciado como gran defensor contra los espíritus malignos, por lo que le tratan con gran respeto, le dan de comer el primer arroz cosechado, y cuando muere el padre o la madre de alguien, realizan una postración ante la primera persona o perro con la que se encuentran (Qi y Xiao 1992: 556). Entre los Zhuang, se rocía con su sangre algunas construcciones para ahuyentar a los fantasmas. Cuando construyen un horno, primero dan cuatro vueltas con el perro vivo a su alrededor y luego le sacrifican untando su sangre en las paredes (Eroc 528). Aquí al poder del perro para expulsar los fantasmas se une la creencia en la necesidad de ofrecer una víctima para que los metales acaben por fundirse. Entre los Naga de Birmania se sacrifica un perro en el lugar donde se va a construir una casa en la creencia de que sus ladridos expulsarán a los malos espíritus (Saul 2005: 85).

Un bello mito de los indios Arikara de Estados Unidos cuenta que en tiempos míticos el perro se ofreció para ser sacrificado en las ceremonias más importantes.

"Tras la gran migración, justo cuando la Madre del Maíz estaba instruyendo a la gente como debían ofrecer humo a los diferentes dioses del cielo y a los dioses animales, llegó un perro corriendo. Postrado ante la Madre del Maíz se quejó de que le hubieran dejado atrás, pues ella se había acordado de todos los animales menos de él. Ahora que había alcanzado a la gente les hizo saber que también habían dejado atrás al Tornado, que se estaba volviendo loco y venía furioso para hacerles daño. Dijo que el sol le había dado poderes curativos, con los que iba a ayudarles. Si el Tornado llegaba a destruirles él les avisaría, pues el Tornado es una enfermedad y donde quiera que tocara a la gente, quedaría enfermedad. Si cuando fuera a llegar el Tornado, ellos mataban un perro y ofrecían su carne a los dioses del cielo, éstos enviarían una tormenta que barrería la enfermedad de sus aldeas."

Entonces el Tornado llegó y la gente gritó al perro: "Que sea como tú dices. Serás la primera carne que ofreceremos en todas nuestras ceremonias y serás la carne que comeremos cuando haya alguna enfermedad en nuestras aldeas, pero detén al Tornado." El Tornado dejó de soplar. Entonces el perro tranquilizó a los dioses y dijo: "Permaneceré para siempre con la gente. Seré el guardián de todas sus pertenencias" (Dorsey 1904: 16).

Un mito de los Cherokee, también conocidos como la Tribu Perro, cuenta que durante la Gran Inundación el perro saltó de la barca, sacrificándose para salvar a la gente, instituyendo de esta forma el sacrificio de perros para salvar a las personas (James 2006). Los Iroqueses también sacrificaban un perro blanco cada año como chivo expiatorio. Ese día la gente, vestida con ropas de colores, iba a lo largo de la aldea recogiendo los pecados de cada uno. En la mañana del último día del festival, dos perros blancos decorados con pintura roja, plumas y otras cosas eran conducidos fuera, estrangulados y colgados de una escalera. Luego se les llevaba a una casa en la que se les transferían los pecados de la gente, y más tarde eran quemados en una pira de madera [...] cuyas cenizas se llevaban a lo largo de la aldea y se rociaban en la puerta de cada casa (Frazer 1981). Este rito complejo era la culminación de una tradición en la que se sacrificaban perros como protectores, en ceremonias de purificación y para garantizar la sinceridad de las personas (Blau 1964).

Todos estos sacrificios se ajustan a un mismo modelo, explicado con cierta claridad por Marjorie Balzer (2016): Tras haber buscado la causa de la enfermedad de un niño enfermo, "el chamán dijo: "La gente de la montaña (los espíritus) desea su perro. Si mata a su perro para la gente de la montaña, el enfermo se recuperará. Eso es lo que han dicho." En cuanto se mató al perro el niño empezó a sentirse mejor ya desde el día siguiente, y después se recuperó por completo".

Encantos y talismanes

El perro también puede proporcionar protección y salvación individual. Su sangre se pensaba que era especialmente eficaz para curar enfermedades producidas por los malos espíritus. Si un doctor-brujo chino desea expulsar a un espíritu particularmente malvado, matará a un perro negro que no tenga ni un pelo blanco, recogerá su sangre en un cuenco y la rociará hacia el espíritu con una espada de madera, acompañando el ceremonial con sus plegarias, encantos y maldiciones para exorcizar al demonio (Collier 1921: 41).

Ese poder protector se extendió a cualquiera de sus representaciones, incluso colocar una bandera con un dibujo de un perro era considerado efectivo para proteger un lugar. También se transmiten del todo a las partes, y en determinadas circunstancias la sangre, las vísceras, los pelos y hasta los excrementos de perro, fueron considerados elementos protectores. En la antigua China se consideraba que las enfermedades eran causadas por espíritus malignos, por lo que la mejor protección contra ellas era evitar que esos espíritus dañaran a la persona, eso era especialmente importante entre los niños, que por su debilidad y las condiciones de higiene imperante, eran más propensos a enfermar y de forma más grave. Para evitarlos se utilizaban distintos encantos, algunos de ellos con imágenes o símbolos de perro.

El llamado encanto de pelo de perro consistía en juntar un mechón de los cabellos del niño con un pelo de un perro y guardarlo en un saquito que se cosía de sus ropas. El niño protegido de esta forma podía ir a cualquier lado sin nada que temer (Doré 1926: 14). Algunas veces, tras nacer, los niños no salían de su casa hasta que no se les hubiera colocado este amuleto. Otras veces se juntaban pelos de perro con otros objetos auspiciosos o se le ponía al niño un collar para los perros, con el deseo implícito de que fuera tan fácil de criar como un cachorro, o de engañar a los malos espíritus, que al ver el collar le confundirían con un perro sin valor. Esa misma idea de confundir a los demonios, haciéndoles creer que son una cosa mucho menos valiosa, se aplicaba cuando se llamaba a los niños cachorros o cuando se les daban nombres de niñas, pues siendo consideradas poco valiosas, los demonios no tendrían interés en apoderarse de una (Doré 1926; Buckhart 2006: 180).

En la dinastía Han se recomendaba el uso de excrementos de perro para ahuyentar a los demonios lascivos que intentaban cohabitar con la hija de uno. Bañarse con sus excrementos y golpear al fantasma con unos juncos bastaría para acabar con los problemas (Goldin 2002: 132). Ese mismo tratamiento se aplicaba a los lunáticos para expulsar a los demonios que les poseían, y cuando se sospechaba que alguien pudiera ser un espíritu, bastaba con rociarle con sangre de perro para revelar su verdadera identidad (Eberhard 2006: 94). Por su olor repulsivo también era efectiva contra los tigres que comían personas, cuyas víctimas se convertían en demonios tigre, que a su vez acechaban a los mortales para comérselos. (Buckhart 2006: 39).

El uso ritual de encantos con figuras de perros se ha concentrado en algunas fechas. En el norte de China, se solían tirar al agua perros de papel el día 5 del quinto mes, cuando "los niños llevaban figuritas de perros en una bolsa durante todo el día, y al llegar la noche las tiraban al agua para que se llevaran a los malos espíritus" (Eberhard 2006: 158). Una receta antigua para acabar con los fantasmas que habitan en una casa es rodearla con figuritas de barro de perros y amos, a los que hay que chillar cuando se sienta que se acerca el fantasma (Poo 2009: 306).

Entre los Kazakos de China la ropa que visten los niños se llama "la ropa del perro". Cuando un niño cumple cuarenta días envuelven carne con esa ropa y la tiran a los perros para que la coman, lo que se cree proporcionará al niño longevidad. En Japón se entregaba a los recién nacidos una caja con forma de perro para protegerlos de los malos espíritus. Generalmente se les daban dos cajitas durante la ceremonia de ponerle nombre en el momento de su primera visita al templo. Una, con forma de perro mirando a la izquierda, tenía los talismanes del niño; otra, con la de una perra mirando a la derecha, contenía sus juguetes y algunos artículos de aseo. Ambas le protegían y si sufría un resfriado se hacían unos agujeros en las fosas nasales de los perros para que respirara mejor (Sun 1996).

La creencia en la efectividad de talismanes con la figura de un perro también fue común en Occidente. En las ciudades de la Antigua Mesopotamia se han desenterrado numerosos talismanes protectores con forma de perro. Generalmente se colocaban cinco figuras de diferentes colores a cada lado de la puerta para mantener a raya a los fantasmas malvados. También se han desenterrado amuletos con forma de perro en Egipto, en algunos lugares de la Europa neolítica y celta, y en el mundo romano.

El perro que se transforma en león.

Por otra de esas carambolas a las que nos acostumbra el estudio de la simbología del perro en China, tras siglos de desprecio, convertido en un extraño león, acabará por estar presente en la puerta de todos los edificios importantes y casas nobles.

El león es uno de los animales más queridos en el budismo. Simboliza el sometimiento de las más fieras pasiones a las enseñanzas de Buda. Pero además hay leyendas en las que el propio Buda se defiende del ataque de animales salvajes haciendo surgir de su mano cinco leones, por lo que es también símbolo de la protección que proporciona a todos los creyentes. En esta calidad llegó a China. Pero como en este país la mayoría de los artistas nunca había visto un león de verdad, sus primeras imágenes mostraban un monstruo que tenía no pocas cualidades del perro. Como pasa muchas veces en estas situaciones, los artistas posteriores siguieron imitando el motivo sin querer cambiar una representación ya consagrada por la tradición.

Mientras esa imagen seguía con el inmovilismo que caracteriza a las manifestaciones religiosas, el perro y el león se fueron asociando cada vez más en la religión budista. Uno de los personajes claves en esa identificación es el bodhisattva Manjusri, al que se representa tanto sobre un león (como dominador de las pasiones), como acompañado por un perro (una reencarnación de su madre). Incluso hay un cuento que narra como un perro se transforma en león para justificar esta asimilación cultural.

"En el oeste había un buda llamado Manjusri que siempre iba acompañado por un pequeño perro y que viajaba por los cuatro continentes como un simple monje. Una vez se encontró con un taoísta que le pidió le consiguiera una audiencia con Manjusri. El Buda invitó al taoísta a acompañarle a su casa. Cuando hubieron tomado té y arroz, el taoísta insistió que le preparara una visión de Manjusri. El Buda le dijo que si observaba sus votos con celo Manjusri se le aparecería. Entonces el taoísta, muy enfadado gritó vehemente: "Claro que he mantenido mis votos, si no ¿Cómo es que desearía tanto ver a Buda?" Tranquilo le contestó el monje: "Si es así, mira arriba." Miró al cielo y vio que de unas nubes de cinco colores surgía un extraño resplandor, y allí vio al perro transformado en un poderoso león sobre cuya espalda iba montado el Buda" (Collier 1921: 101).

La identificación de perros y leones se intensificó durante la dinastía Qing entre los budistas tibetanos, que además fueron seleccionando en sus perros las características que les hacían parecerse más a los leones, y de su mano en la corte de los manchúes y en el resto de China. En realidad vemos que es un proceso de lo más natural, pues el perro siempre ha sido el guardián, y luego, con ese maquillaje de león, tal vez producto del desprecio que sufrió en la época en que el budismo se hizo más popular, vuelve protegiendo la entrada de cada uno de los edificios importantes de China. Así reconocen investigadores como Claire Huot (2015: 589) que afirma "La pareja de leones que vemos a la entrada de los templos chinos y de las casas más ricas no son más que perros disfrazados" o Hean-Tatt (1997: 176): "El león budista es un perro de palacio con características leoninas."

Sus esculturas en piedra, por ser poderosos protectores de la verdad y defensores contra todos los males, se colocaban delante del Palacio Imperial, las tumbas imperiales, y las oficinas del gobierno. La utilización del león en el arte y la arquitectura se fue extendiendo, y hoy en día se encuentran leones a la puerta de todos los edificios de importancia, como sedes de bancos o compañías de seguros. Usándose también en la decoración interior de las construcciones tradicionales. Perros semejantes a los que protegían los templos fueron seleccionados para crear la raza pekinesa, y llevar un símbolo de la fe budista y una protección continua contra los espíritus malignos a los hogares de los nobles y de los ciudadanos más pudientes.

El perro en el Budismo

Para los budistas todos los seres vivos son parte de la interminable cadena de muertes y renacimientos que se experimentan hasta eventualmente alcanzar el Nirvana. En las narraciones budistas los perros se encuentran frecuentemente en un estado *satori* o de vigilancia, y a veces son llamados "seres que se dan cuenta" (Hausman 1997). Además, en muchas ocasiones el perro es un ejemplo para el aprendiz, pues sus finos sentidos le permiten permanecer siempre alerta.

Sakyamuni utiliza un perro para hacer ver su mal comportamiento a un tirano, es la "Parábola del perro hambriento".

Cuenta que había una vez un rey tirano. El dios Indra, asumiendo la forma de un cazador, y el demonio Matali, la de un perro enorme, llegaron a sus tierras. Ambos entraron al palacio y el perro se puso a aullar con tanta pena que hasta las paredes parecían temblar bajo sus aullidos. El tirano pidió que llevaran al distinguido cazador ante su presencia y le preguntó la causa de los terribles ladridos. "El perro está hambriento", contestó el cazador. Entonces el rey asustado ordenó que le sirvieran comida. Toda la comida preparada para el banquete desapareció rápidamente bajo sus fauces, y aún seguía aullando. Se envió a por más comida, hasta dejar vacíos los almacenes reales, pero no hubo forma de saciarle. Desesperado el tirano preguntó al cazador: "¿No hay nada que pueda satisfacer a esta bestia terrible?". "Nada" respondió el cazador "excepto tal vez la carne de todos sus enemigos."

"¿Y quiénes son sus enemigos?" Preguntó el rey ansioso. El cazador le contestó: "El perro aullará mientras haya gente hambrienta en este reino y sus enemigos son aquellos que practican la injusticia y oprimen a los pobres." El rey entonces, recordando todas sus malas acciones, empezó a sentir remordimientos, y por primera vez empezó a escuchar las enseñanzas de la bondad."

Algunas narraciones budistas muestran casos en los que siguiendo la ley de la transmigración de las almas, los pecadores se reencarnan como perros, pero aún tienen algunos recuerdos de su vida humana. Un famoso carnicero tras morir se convirtió en perro. Luego su hijo le compró por 3.000 monedas y cuando le iba a matar le dijo: "No puedes matarme, soy tu padre." El hijo se quedó sorprendido, entonces el padre añadió: "No puedes matarme y será mejor que cambies de oficio, si no en la siguiente vida no podrás ser persona."

En la época dinástica se practicaba el infanticidio sobre las niñas no deseadas, que eran abandonadas para que se murieran o ahogadas nada más nacer. Una práctica repugnante para gran parte de la población, como cuenta el siguiente relato:

"En el distrito de Dianbai de la provincial de Guangdong, Zhang Da y su mujer quemaban incienso sin cesar y dirigían sus oraciones a Buda. Tras su muerte, el juez del purgatorio, el rey Yanluo, condenó a Zhang a reencarnarse en un cerdo y a su mujer en un perro. Zhang lloriqueó: "Durante nuestras vidas mi mujer y yo amamos y honramos a Buda ¿cómo podemos ser ahora transformados en bestias?" El rey Yanlou le respondió: "¿Qué uso había en ese continuo homenaje a Buda? Pues si a tus tres hijas que yo había enviado a la tierra tuviste la crueldad de ahogarlas. Aunque tienes la cara de un hombre tu corazón es el de una bestia. Te tengo que transformar en un animal, para que al volver a la tierra te corten el cuello. Y al acabar de hablar Zhang fue transformado en un cerdo y su mujer en un perro" (Mungello 2008: 21-22).

Narraciones budistas del infierno nos hablan de monjes que una vez muertos se aparecen a otros compañeros para comunicarles su estancia en el purgatorio de perros hambrientos por haber comido carne, exhortándoles a que abandonen esos hábitos. Una narración especialmente emotiva es la del fantasma del monje Huichi.

"Se cuenta que el monje Zhu Huichi, que residía en el monasterio de los Cuatro Pisos de la localidad de Jiangling, murió en el año 421. Tras su muerte sus discípulos le organizaron un funeral de siete días. Al atardecer del primer día, poco después de haber encendido el incienso, el monje Daoxian se acercó a ver a los discípulos de Huichi. Cuando llegó a la puerta de la sala donde éstos rezaban de repente vio una sombra que parecía un ser humano. Cuando observó con más atención descubrió que era Huichi. Su aspecto y vestido era semejante a los que tenía cuando estaba vivo. Huichi le preguntó: "¿Estaba rica la carne que has tomado por la mañana?" Daoxian le contestó que sí. Huichi continuó: "Yo también soy culpable de haber comido carne. Ahora he renacido en la purgatorio de los perros hambrientos." Daoxian se

quedó mudo de terror, pero antes de que pudiera contestar Huichi continuó: "Si no me crees, echa un vistazo a mi espalda." Entonces se dio la vuelta y se le mostró, donde Doaxian vio tres perros amarillos, cuyos lomos semejaban a los de los burros y sus fieros ojos brillaban rojos, iluminando la sala. Los perros hicieron como si fueran a morder a Huichi, y luego pararon" (Campany 2012: 60).

El perro guardián en Occidente

Fuera de China el perro es usado como guardián en rituales que cuentan con una sorprendente semejanza. Su papel como curador apotropaico y purificador está bien documentado en Israel, Anatolia, Egipto, Chipre, Creta, Grecia y Mesopotamia. En Grecia se usaba en rituales de purificación sacrificándose con frecuencia. Los efebos espartanos ofrecían un cachorro al dios de la guerra para asegurarse la victoria en la batalla. En el Ágora ateniense se han descubierto más cien perros entre cientos de cadáveres humanos, la mayoría de niños muertos por causas naturales poco después de nacer. Se piensa que los perros eran parte de un ritual de purificación tras el nacimiento (Lobell y Powell 2010). Cuando una persona se sentía amenazada por los malos espíritus, le bastaba con llevar un perro siempre a su lado para considerarse seguro, pues el perro actuaba como un talismán capaz de librar al propietario de todo mal (Hausman 1997).

En los países situados en la ribera oriental del Mediterráneo era muy común colocar imágenes de terracota de perros a la entrada de casas, palacios y tumbas, pues se consideraba que podían actuar contra los malos espíritus. Una costumbre que aún se puede ver en las casas de campo de nuestros días (Franco 2014). Entre los romanos la defensa de la casa era tarea del perro, que era asociado a los lares o dioses de la casa. En Roma se denominaban "catenarius" a los perros de guarda que se mantenían encadenados a la puerta de casa. Plinio el Viejo menciona el uso de los perros en los rituales de aversión, pues aquí también se creía que la sangre de un perro mantendría alejados a los espíritus malignos, y se usó además en la curación de enfermedades.

En los rituales agrícolas se utilizaban perros para proteger las cosechas de Robigus, el dios de las enfermedades agrícolas. Asimismo se sacrificaban en la fundación de edificios, murallas y fortalezas. En algunos edificios importantes se sacrificaban tanto al inicio de su uso como al final, como si se inaugurara y clausurara su protección con el sacrificio del perro (de Sandes-Moyer 2013: 21).

En la Inglaterra Romana se han encontrado numerosos esqueletos de perros en pozos, posiblemente ofrendas a deidades del otro mundo, imaginado bajo tierra. Este número tan elevado de perros encontrados en contextos relacionados con los pozos y el agua sugiere que podrían haber sido consideradas criaturas acuáticas o subterráneas (Green 2002). El sacrificio de perros en la clausura de los pozos puede haberse realizado porque en el pensamiento chamánico tradicional, pozos, cuevas y otros agujeros en la tierra comunican con la morada de los espíritus, son lugares donde el chamán abandona el mundo de los mortales para empezar su viaje por otras dimensiones de la realidad. Los pozos son por tanto una puerta abierta a un mundo desconocido, por lo que tras finalizar su uso se sacrifican perros para guardar esa puerta y controlar la comunicación.

Otras costumbres muestran su utilización como protector espiritual. En Inglaterra era normal dar latigazos al perro durante el Carnaval. En el sur de Dinamarca se creía que para evitar la llegada de fantasmas era necesario enterrar un perro vivo por el lugar donde podían pasar (Feilberg 1898). En Hungría el sacrificio de perros en la construcción de edificios era normal en la Edad Media, costumbre que ha sobrevivido en algunos lugares hasta el siglo XX (Lobell y Powell 2010). En España se utilizaban cabezas de perro talladas en madera para sujetar las vigas principales de los edificios, elemento arquitectónico precisamente llamado "can" (Beusterien 2013).

Cuando se preparaban para cazar ballenas los Aleutianos realizaban un festival que incluía el sacrificio de varios perros. En la región de Anam, en la India, cuando una mujer había tenido uno o más embarazos sin llegar a término, se pensaba que era por causa de los malos espíritus, por lo que se sacrificaba un perro y se cortaba en tres trozos, que se enterraban bajo su cama, mientras con su sangre se hacían amuletos que también la protegerían. En Dahomey también colgaban a un perro como protección contra la magia, y entre los Ibibo del sur de Nigeria, cuando un asesino piensa que está siendo embrujado por el fantasma de su víctima, ofrece un perro como sacrificio para el espíritu ofendido (Poyil 2006).

El perro como medicina

En un tiempo en el que las enfermedades se creía que eran causadas por la acción de espíritus malignos y el perro era considerado como la mejor protección contra ellos, se desarrolló una terapéutica y farmacología del perro. Así, en las *Recetas de 52 enfermedades* se incluye una detallada prescripción de cómo tratar los accesos epilépticos con excrementos de perro y un pollo. "Cuando sucede un ataque hay que usar un cuchillo para dar un corte en la cabeza del paciente desde la coronilla hasta la nuca. Entonces hay que humedecer ese corte con las heces de perro y la mitad del pollo y cubrirla. Quitar el emplasto a los tres días, cuando habrá que cocinar el pollo usado para cubrir la herida" (Sterckx 2006: 265). En las historias oficiales la utilización terapéutica de la sangre u otras partes de un perro efectúa una curación, considerándose que sus dientes, su bilis e incluso su pene, tenían propiedades medicinales. Se consideraba un tratamiento efectivo para los enfermos mentales bañarlos en excrementos de perro para exorcizarles. Por cierto que cuando la religión lamaísta se extendió por Mongolia, se aplicó este tratamiento a los chamanes recalcitrantes que se negaban a abandonar su religión tradicional. Creencias semejantes existen en otros países del mundo, forman parte de antiguas doctrinas homeopáticas que aseguran que lo que hiere también puede curar (Tylor 1920 1: 84).

Mucho más científica nos parece la prescripción para el tratamiento de mordeduras causadas por perros rabiosos de Guo Hong, que indicaba que se utilizará su encéfalo, lo que mostraría nociones de inmunidad muy anteriores a que se descubrieran Occidente (Lu 2015: 446). Entre los Hakka había una costumbre parecida, pues si se sospechaba que la indisposición de un niño se debía a alergia canina, se procuraba una mata de pelo del animal y se ataba con una cuerdecita al cuello del paciente (Buckhart 2006: 75).

Las imágenes de perros de barro que se venden en los templos del norte de China se consideran eficaces para combatir muchas enfermedades, debido a que cuando Fuxi y Nuwa crearon con barro al género humano, utilizaron la tierra que sobró para hacer perros y pollos, por lo que se cree que los perros comprados en el festival de Fuxi comparten su poder curativo (Overmyer 2009: 117).

Medicina en Occidente

En el diccionario de Oxford de la lengua inglesa aparece "Cynotherapy", como la práctica de curar por medio de perros. Esa curación se efectúa de cuatro formas distintas, algunas ya familiares para nuestros lectores: Por medio del médico divino, pues el perro es el animal que acompaña a numerosas deidades de la medicina; por el perro que lame las heridas; por las mil y una tradiciones de la medicina popular en las que la ingestión de carne o partes del cuerpo canino se consideran capaces de curar a los enfermos, y por el uso de su sangre para exorcizar a los demonios de la enfermedad (Dale-Green 1966: 133).

Ejemplos de enfermedades transferidas a perros, de perros que protegen de enfermedades o que curan con todo o parte de su cuerpo, se han conservado en las obras de los clásicos de Occidente. La diosa Gula de los asirios, deidad de la medicina, estaba acompañada por perros, que eran usados en algunos rituales terapéuticos realizados en sus templos. "Los egipcios aprendieron observando a los perros qué plantas tenían acción purgante para provocar el vómito" (Mikhail 2014: 83). Asclepios, el dios griego de la medicina, también se representa acompañado de un perro, y en sus templos los perros sagrados lamían las llagas o heridas para curar a los enfermos o los ojos de los ciegos para curar su ceguera (de Sandes-Moyer 2013: 21). En el culto a Eileithyia, la diosa griega de los nacimientos, se decía que el sacrificio de un perro facilitaba el parto (Collins 1992: 2). "Entre los griegos también se usaban perros para diagnosticar enfermedades. Se ponía al animal en contacto con la persona enferma y luego se le mataba y examinaba, pues se pensaba que había tomado la enfermedad" (Collins 1992: 2).

Entre los romanos se creía que el diente más largo de un perro negro podía curar las fiebres cuartanas. Una receta para el dolor de oído exigía que se mezclaran las cenizas de la cabeza de un perro que hubiera tenido rabia con aceite de ciprés. Otra de las prácticas que cita Plinio es frotarse con cachorros sacrificados sobre la parte enferma del cuerpo para conseguir que la enfermedad se transfiera a los perros. La idea de que el perro podía curar heridas lamiéndolas, como hace con las suyas propias, estaba bastante extendida en Occidente. En algunos rituales curativos de Esparta se sacrificaban perros a Hécate, tal vez con la esperanza de que al ofrecerle un sustituto del enfermo, la diosa se diera por satisfecha y le dejara sanar.

En Asia Menor se pensaba que al perro se le podía transferir el mal que causaba la enfermedad, lo que se hacía mediante diferentes técnicas, como colocar al perro frente a la persona, agitarle ante el enfermo, hacerle que lamiera las heridas o los órganos enfermos o escupiendo en su boca (Edrey 2013). "Los antiguos armenios creían en la existencia de criaturas como perros con poderes sobrenaturales. Su función específica era lamer las heridas de aquellos heridos o muertos en la batalla, que de esta forma se recuperaban o renacían de nuevo" (Lurker 1987: 17).

En algunas zonas de Inglaterra el pelo de un niño con tos ferina se colocaba entre dos trozos de pan y se le daba al perro, cuando éste tosía era señal de que la enfermedad había sido transferida con éxito (Hallpike 1987). En el siglo XIX una mujer demandó al propietario de un perro que la había mordido, asegurando que se veía obligada a hacerlo por la negativa del amo a proporcionarla algunos pelos del perro, necesarios según ella para protegerse de las malas consecuencias del mordisco (Kelly 1863: 153). En Francia también se creía que los perros eran buenos sanadores, y la costumbre de usar calaveras de perro para frotar las medicinas sobre las piernas hinchadas de caballos y vacas continuó hasta el siglo XVII. Incluso se pensaba que el método era más efectivo si el párroco había bendecido la calavera previamente (Varner 2007: 150). En Hejaz (Arabia Saudí) cuando el niño estaba muy malo la madre ponía siete panes planos y los colocaba debajo de la almohada, dándoselos a los perros a la mañana siguiente (Thomsom 1912: 743).

Inscripciones encontradas en Epidauro y Roma aseguran que los perros realizaron curas milagrosas. Esas creencias pasaron con la cultura romana a la Galia y Germania, donde se fundieron con antiguas tradiciones que ya señalaban al perro como sanador (Jenkins 1957: 65). Muchas deidades de la medicina también iban acompañadas de perros. Sus imágenes servían como protección mágica, y a veces se depositaban grupos de cinco colores a la entrada de las casas (Werness 2006: 136). En la cultura celta el perro estaba estrechamente relacionado con las curaciones. Especialmente interesante es su relación con la diosa Nehalennia, que se ocupa de la prosperidad y la medicina, generalmente representada con un perro y un cesto de frutas. Esas ideas se han preservado en las costumbres populares de ciertos países.

Entre los Indios Cherokee de Norteamérica, para curar el reumatismo, el chamán invocaba al perro que vive en las tierras del sol. Ese Perro Rojo que se llevaba una parte de la enfermedad, y luego se invocaba al Perro Azul de las tierras frías, que se llevaba otra parte, y de la misma forma actuaban el Perro Blanco y el Perro Negro hasta que la cura se realizaba (Spence 1910: 505). Los perros sin pelo, típicos de los Andes y de Centroamérica, debido a su elevada temperatura corporal, han sido utilizados para curar una variedad de enfermedades relacionadas con el frío de la montaña, como el reuma, para el que se sigue utilizando en el Perú moderno, así como para la cicatrización de heridas, contra la rotura de huesos, la parálisis, la gangrena, y las afecciones oculares y del sistema digestivo (Schwartz 1997). En las ceremonias de curación en la Península de Kamchatka se formaba con las entrañas de un perro una especie de puerta por la que debía pasar la persona enferma (Werness 2006: 137).

La multitud de remedios que el perro o parte de su cuerpo proporcionaba para curar una variedad de enfermedades era debido a su poder mágico y sagrado. Tocar, frotarse o comer medicinas perro era lo mismo que hacerlo con un espíritu poderoso, un poder proporcionado por la Gran Madre. El perro tenía el poder que la madre le otorgaba, actuaba como su mensajero y las numerosas esculturas de diosas célticas con un perro en su regazo usadas con fines medicinales en la Europa celta así lo confirman (Gourevitch 1968).

Esta protección del perro se hace especialmente patente en las tumbas. La presencia de perros acompañando y protegiendo a los muertos es el simbolismo canino más antiguo y universal. A él dedicaremos el siguiente capítulo.

5. El perro como psicopompo

Una de las más antiguas creencias humanas fue pensar que tras la muerte había una parte inmaterial de la persona, posteriormente llamada alma o espíritu, que no desaparecía con el cuerpo. Su origen podría deberse a la "presencia" de los muertos en los sueños, a veces en episodios que compiten en realismo con el estado de vigilia, y en algunas experiencias espirituales. Como Lewis Spence señaló en su obra seminal sobre la mitología, la mayoría de las culturas simples creen que esos espíritus se trasladan a otra dimensión de la realidad, generalmente imaginada como un paraíso, situada en islas o montañas de difícil acceso, o en regiones subterráneas o celestiales. Para alcanzar los cuales el alma deberá realizar un viaje generalmente complejo, pues su conclusión señala la llegada a territorios de los que ya no podrá volver. El concepto de la existencia de un juicio sobre las acciones realizadas durante la vida y los premios o castigos inherentes al paraíso y el infierno, es mucho más moderno.

Una vez que surgió la creencia de que tras la muerte el alma realizaba un penoso viaje y que era preciso contar con un guía, el perro, acostumbrado a acompañar a los cazadores en sus expediciones, resultó el animal de elección. Pero además el perro tiene ciertas características que necesariamente le habrían convertido en el animal adecuado. Es experto en la tierra, que excava y olfatea sin descanso, está habituado a tratar con la muerte, pues en un mundo con guerras frecuentes, en las que los cadáveres de los enemigos generalmente quedaban expuestos a la intemperie, los perros eran unos de los animales que se alimentaban de ellos. También está familiarizado con el mundo de los espíritus, es capaz de ver en la oscuridad, y por su buena orientación, a actuar como guía en ambientes desconocidos.

Ese otro mundo era imaginado semejante al terrestre, pero con una incompatibilidad fundamental que hace casi imposible la comunicación entre ambos, como describe un antiguo mito de los Tuva de Mongolia.

"Hubo una vez en que un cazador se refugió de una fuerte tormenta en una cueva. Dentro se encontró un mundo como el nuestro, con gente, vacas, perros, etc., pero él causaba problemas en ese mundo como un fantasma los causaría en el nuestro: era invisible, solo los perros podían ver a su perro, tenía que comerse la comida de los otros, los niños se ponían enfermos cuando los tocaba, y la gente trataba de expulsarle por medio de la magia, como hace la gente en este mundo" (Tátar 1996: 270).

Estas cualidades que hicieron al perro el animal ideal para acompañar al alma en sus viajes tras la vida, fueron "visualizadas" durante las experiencias chamánicas. Los antiguos enterramientos de perros junto a una o varias personas, parecen señalar que ya era usado como guía de las almas tras la muerte. Tras esa identificación del perro con la muerte y con la tierra, lo hace con la muerte y el cielo, conduciendo igualmente a las esferas celestes al alma de los muertos. Una aventura inicialmente feliz, que concluirá con la reunión en el paraíso con los antepasados, transformada más tarde en la gran tragedia de la muerte.

Cuando los conceptos de la otra vida se desarrollaron en las culturas más avanzadas, el perro siguió siendo el símbolo de la muerte, actuando entonces como psicopompo, como el primer juez de las almas, a la puerta de un paraíso al que sólo permitirá acceder a los que cumplan una serie de requisitos morales, o apostado en pasos estratégicos del camino de las almas, señalando la irreversibilidad de la muerte y la imposibilidad de volver atrás. Pues las almas de los muertos no pueden volver; deben de permanecer en su mundo y no mezclase más con los vivos, excepto en determinadas fiestas en las que se abren las puertas de los infiernos. Al final aún le veremos en roles aparentemente dispares, como atacando a las almas, causando la muerte con su mera presencia, o tomando posesión del cuerpo abandonado, visualizados en las experiencias cercanas a la muerte de los tibetanos. En estos ambientes funerarios también se encontrarán perros en las representaciones de la vida imaginadas en el otro mundo, acompañando a sus dueños en el hogar o en sus expediciones de caza.

Del rico simbolismo del perro con la muerte, la arqueología, la mitología y el folklore nos han dejado abundantes testimonios. Con ellos intentaremos proporcionar al lector una visión global y coherente de conceptos aparentemente lejanos. Y así veremos que al igual que el perro es el compañero universal de los seres humanos en este mundo, lo será en el otro. Miremos donde miremos, aparecen los perros como guías en el viaje del alma tras la muerte al paraíso, siendo el animal que se sacrificaba con más frecuencia en los rituales funerarios.

El perro como psicopompo en China

En China, la presencia de perros enterrados con fines rituales hace 9.000 años forma parte de un proceso continuo de simbolismo funerario: tinte rojo en algunas tumbas, enterramiento con riquezas o con objetos de uso cotidiano, preparación del cadáver para realizar un largo camino, etc., que nos dicen que desde la más remota antigüedad los habitantes de China no consideraban la muerte como el final de la existencia, sino como un cambio de dimensión en el que el alma de la persona se dirigía a otro mundo, a reunirse con las almas de los antepasados. Ese viaje claramente implicaba un camino, para el que se hizo necesario proporcionar al difunto un perro que le guiara.

Enterrar a alguien con un perro se convirtió en el ritual estándar durante la temprana Edad de Bronce, y especialmente durante la dinastía Shang, cuando era una de las características más comunes de las tumbas. Los nobles eran enterrados con sus mascotas, sus mujeres, sirvientes, ministros y esclavos, para seguir disfrutando de su compañía en la nueva vida. Los perros actuaban como guardias o como compañeros de caza, pues en sus tumbas se han descubierto dos tipos de perros, unos jóvenes, de un año de edad, criados para ser sacrificados, y otros más viejos, a veces incluso con campanillas en sus collares, que hace pensar les acompañaron en vida, para seguirles luego en la muerte. La relación ha debido de ser tan estrecha que a veces se colocaban sobre el propio ataúd, en una referencia clara al perro casero que duerme al pie de la cama del amo, a su lado, en una pequeña fosa cintura situada debajo del muerto o en su misma fosa, generalmente con la cabeza de ambos apuntando en la misma dirección.

Aunque con la caída de la dinastía Shang la presencia de perros en las tumbas fue disminuyendo, éstos regresan con fuerza durante la dinastía Han; esta vez son perros de cerámica bellamente acabados. Uno de los mejores ejemplares, denominado *el Perro de Shandong* está hecho de cerámica verde, tiene un tamaño de unos 30 cm de altura, con sus orejas alerta, su boca entreabierta mostrando dos temibles colmillos, su mirada franca y dispuesta hacia el frente, y los músculos del cuerpo en tensión, es sin lugar a dudas un perro de defensa, colocado en la tumba para proteger a su ocupante. La variedad de tipos y tamaños encontrados hace pensar que fueran esculturas de los perros domésticos, que seguían actuando como compañeros tras la muerte de su amo. Algunos llevan unos arneses semejantes a los de los perros lazarillos que guiarán a los ciegos en épocas posteriores, lo que señala su papel de guía, pues el difunto es como un ciego en el oscuro mundo de los espíritus (Collier 1921: 77).

Con la implantación del budismo llegó a China una concepción de la vida tras la muerte de corte claramente hindú. Yama es el Rey de los Infiernos, ante cuyo tribunal el alma será juzgada tras la muerte, con ayuda de una abultada burocracia infernal, y destinada a reencarnarse según el comportamiento en la vida. El perro dejó de ser un protector y guía del finado para convertirse en un peligro del que había que protegerle. "Cuando el difunto es puesto en el ataúd una vieja costumbre es colocar un palo de sauce en su mano derecha y un pan o un poco de arroz en la izquierda para ahuyentar a los espíritus de los perros", pues si es atacado podrá alimentarlos con ese pan, llamado "comida para apaciguar a los perros", y si es necesario, espantarles con la estaca (Graham 1961: 39). En Shandong se entregaba a los muertos una galleta en la que se habían puesto pelos, de tal forma que los perros estuvieran mucho tiempo ocupados comiéndola y permitieran pasar a los muertos sin sufrir ningún daño (White 1991: 288). Cuando una persona moría la familia tomaba cuidado de que ningún perro ni gato entrara en la cámara mortuoria, pues estos animales harían saltar al cadáver (Johnston 1910: 292). En algunos rituales funerarios se ofrecía a un perro un cuenco de arroz con la cabeza, las patas y las alas de un pollo. En cuanto tenía en su boca la cabeza del pollo se le golpeaba con unas ramas para que se alejara, pues aquí el perro representaba al difunto y se le golpeaba para que se fuera y no volviera a molestar a los vivos (Watson y Rawski 1988: 82).

En el budismo tibetano, en los relatos de los que dicen que han vuelto de la muerte, experiencias llamadas *delok* en su idioma, el propio cadáver generalmente se visualiza como un perro o un cerdo, aunque también puede ser otro animal. En los testimonios recogidos por Brian J. Cuevas (2008) la mayoría de las veces el cadáver tomaba la forma de un perro. Uno de sus informantes exclama extrañado: "Ese cadáver de perro es mi propio cuerpo." No se puede descartar que experiencias semejantes hayan estado en el origen de algunas de las creencias que hemos estudiado.

Entre la minoría Jinuo cuando muere una persona es enterrada con un perro para guiarla en el mundo de las sombras. En los cementerios la pequeña valla que rodea la tumba es frotada con sangre de perro (Ceinos 2013). Entre la minoría Yi las almas son guiadas por perros, en su camino al paraíso Guluguru, donde comen en una vasija de plata y beben en un cubo de oro. Si una persona toma comida o bebida del mundo de los muertos, ya no puede volver a éste (Miyamoto 2012). Los Miao de Tonkín sacrifican a un perro para que acompañe al alma al otro mundo, que es atado a la muñeca del muerto por medio de una tira de papel (Vannicelli 1944).

El perro como psicopompo en Occidente

En Egipto se consideraba que la vida tras la muerte era una réplica de la vida en la tierra (Reisner 1938: 182). Anubis era a la vez el psicopompo y el embalsamador divino. Presidía los funerales y procedía al peso de las almas. Era representado como un perro o como una deidad con cabeza de perro o chacal, de color negro, que simbolizaba el renacimiento (Petrilli 2009). Su papel en ese viaje último y definitivo queda claro por su sobrenombre "el perro que traga millones" (Maark 2017). También se han encontrado perros sacrificados sobre la tumba de sus amos, a veces momificados, que les acompañarían y guiarían en sus viajes por el inframundo. En tiempos posteriores surgió otra deidad, Hermanubis (de Hermes y Anubis), que ocupó el mismo papel. Era una deidad funeraria y juez de las almas, descrita con una cabeza de perro y conocida popularmente como "el ladrador", cuyo deber principal era guiar a las almas de los muertos a través del inframundo. En el apogeo de su culto miles de personas peregrinaban a su templo, el Anoubeion en Alexandria, uno de los más prósperos del mundo antiguo, en el que sus sacerdotes llevaban máscaras de perros (Dale-Green 1966: 111). Las tradiciones de Hermanubis perduraron en Egipto, y en la religión de los gnósticos es representado con los brazos extendidos en forma de cruz. Un dibujo encontrado en una casa romana mostraba un hombre con cabeza de perro llevando una cruz, y una persona adorándole de pie frente a él. Como Cristo, Hermanubis era el juez de la muerte, el psicopompo que sacaba a las almas del purgatorio (Dale-Green 1966: 113).

En Grecia se enterraron perros en los ritos funerarios desde la Edad de Bronce, que se cree actuaban como compañeros o guardianes en el viaje al otro mundo, aunque también podrían formar parte de rituales de purificación (Day 1984). También se han visto perros de piedra en los cementerios, como guardianes de las tumbas, así como figuritas con forma de perro para acompañar al finado al otro mundo (Franco 2014).

El perro más famoso por su relación con la muerte es Cerbero. Un perro grande, fiero y monstruoso, representado con dos o tres cabezas. Era el guardián de la puerta de los infiernos, que permitía entrar en el mundo de los muertos a los que habían fallecido pero no dejaba salir a nadie. Es descrito como un animal terrorífico, pues simbolizaba el abandono total y definitivo de este mundo. Algunos autores le describen como un perro con dos caras, una mirando al mundo de los muertos y la otra al de los vivos, y esta podría ser su forma original, pues es la más común en otras tradiciones indo-europeas relacionadas con la griega.

La visión de Cerbero como un feroz guardián sustituye a una idea más antigua que le mostraba como un perro amable y bien domado, seguramente un compañero en el camino (Muller 1897). Cuando Cerbero es solo guardián, Caronte le sustituye como psicopompo, ayudando a las almas a cruzar la laguna (o río) Estigia con su barca. Caronte actúa como un chamán, lo que sugiere que la labor del chamán y la del perro eran semejantes en los funerales (Ripinski-Naxon 1993: 129). También relacionada con la muerte está la diosa Hécate, que merodea en la noche con sus perros salvajes buscando a los que van a morir.

Dos perros acompañando a los difuntos y situados a las puertas del infierno, son dos tradiciones comunes a toda Europa. Pruebas de las mismas se han encontrado en la arqueología y la mitología. Esos dos perros simbolizan la vida y la muerte, como queda claro en el nombre de algunos. Entre los armenios uno se llama Blanco y el otro Negro, eso significa que uno es el perro del día y otro el de la noche, uno el de la vida y otro el de la muerte, uno la quita y otro la da (Trubshaw 1994). Los perros de cuatro ojos, como los de dos cabezas o los dos perros, muestran que dos ojos miran a la vida y dos a la muerte. Situados en la frontera entre los vivos y los muertos, reflejan el importante significado mitológico de la transformación de la vida en la muerte (Gräslund 2004: 167). El cánido más importante de la mitología nórdica es el terrible lobo Fenris. Garm es un enorme perro de cuatro ojos, frecuentemente descrito cubierto de sangre, que no dejar que nadie salga de Helheim, la tierra de los muertos, por su ama Hel.

En lugares de cremación celtas se han encontrado amuletos con forma de perros. En Inglaterra también se enterraron perros desde tiempos neolíticos para servir de guardianes en centros funerarios. En la mitología de Gales, los perros de Annwn, que gobierna el mundo de los muertos, son blancos y con orejas rojas, perros terroríficos que aparecían por la noche para anunciar una muerte, siendo enviados por Annwn en busca de cadáveres y almas humanas (Green 2002). Este concepto del perro celestial que devora las existencias humanas permaneció anclado en la mentalidad occidental durante siglos, pues en las *Empresas Morales* de Juan de Borja, la titulada "Morimos un poco cada día" viene ilustrada con una persona con cabeza de perro que va muriendo por partes, "muriéndosele un día un pie, y otro una mano, y así se le va acabando la vida" (Beusterien 2013: 103).

La tradición de contar con un perro como guardián en el otro mundo se refleja en la Edad Media, cuando el señor y la señora de la casa eran a menudo enterrados con sus perros en la santidad de la iglesia o catedral (Beer 1999). Otras veces se colocaba un perro de piedra a los pies de la tumba. Algunos autores creen que las esculturas de perros a los pies de las damas en la Europa Medieval simbolizan su fidelidad, siendo contraparte a los leones a los pies del señor, simbolizando su valor.

El perro como psicopompo en la India y Persia

La India es el lugar donde el mito de Cerbero está más amplia y claramente desarrollado, y al observarlo debemos tener en la mente que sus antiguas concepciones de la vida futura eran auspiciosas, sin que exista en sus libros sagrados la noción de un infierno. Según sus mitos Yama, el Dios de la Muerte, fue el primer hombre que murió. Tras su muerte buscó un lugar en el cielo donde poder vivir felizmente y todos sus deseos fueran satisfechos. Desde entonces, cuando la gente muere se reúne con Yama para disfrutar de existencias felices junto con sus antepasados que les esperan en el paraíso (Bloomfield 1905).

En el más antiguo de los clásicos hindúes, el *Rigveda*, los perros celestes aparecen como guías de las almas hacia el cielo y marcadores de las etapas en el camino al paraíso. Los hindúes han creado una compleja red de ideas en torno a esos perros que guían al alma del muerto. Son considerados hijos de Sarama, la perra divina que actuaba como mensajera de Indra, y ellos también son mensajeros de los dioses, pues no actúan por iniciativa propia. Cada día Yama les envía a buscar entre los hombres a aquellos que van a morir, para llevarlos a disfrutar en la compañía de sus antepasados, que están de fiesta. Esos dos perros son en realidad el día y la noche, por lo que también se identifican con el sol y la luna. El día y la noche incluyen a todas las personas que van a morir, pues morirán de día o de noche. "El día y la noche son los dos brazos de la muerte" dicen las escrituras hindúes. Una constatación de que el paso del tiempo nos acerca a la muerte, pues el año también es llamado la muerte en otros textos.

Escrituras más recientes, los *Upanishads*, sitúan a los dos perros en el cielo. El alma debe de pasar entre ellos antes de poder liberarse de la rueda de existencias y ser absorbida en Brahmán. Esos dos perros celestiales, el sol y la luna, son etapas en el camino al paraíso, que sirven simultáneamente para bloquear el camino y para señalárselo a las almas (Bloomfield 1905). En tiempos posteriores surgen otras ideas en las que los perros dejan de conducir las almas al paraíso para llevarlas ante Yama, quien las interrogará y juzgará entregándolas a sus asistentes para que ejecuten el castigo oportuno (Cuevas 2008). Pero las tradiciones ancestrales perduran en ciertos medios y en el siglo XIX existía la costumbre de llevar un perro al lecho de muerte de una persona, para "conseguir que el alma se sienta segura de que pronto tendrá su escolta" a las tierras de los muertos (Varner 2007: 149).

Las ideas que rodean a la muerte en la antigua Persia son muy parecidas a las de la India. En el *Avesta*, su libro sagrado, se enfatiza la importancia del perro en la vida económica y social de la gente. Un perro de cuatro ojos guarda el Puente Chinevat que conduce al paraíso. En su antigua religión la muerte representa la mayor forma de polución, por lo que el contacto con ella se debe evitar. Pero si se diera esa contaminación se debe realizar una ceremonia de purificación permitiendo a un perro de cuatro ojos correr a lo largo del camino contaminado por la muerte, un ritual claramente relacionado con la leyenda de que los muertos son guiados por un perro en su camino al Mundo Subterráneo (Shushuke 1). Tras la llegada del Islam a estas tierras, los que se aferraron a su antigua religión, los Parsis, mantuvieron la costumbre de llevar a un perro cerca de un moribundo. En las tradiciones más modernas el perro sólo ayuda a los que han sido buenos en vida a cruzar el puente que lleva a las mansiones de los benditos, cayendo los otros a tierras de tormentos (Clarke 1871).

El perro como psicopompo en América

En América del Norte se han descubierto tumbas, algunas de más de 8.000 años de antigüedad, de perros acompañando a personas o enterrados con los honores de las personas. La relación del perro con la muerte se hace especialmente evidente en las grandes culturas precolombinas y en el folklore de los Indios de Norteamérica.

Los restos de perros en contextos funerarios son muy abundantes en México, extendiéndose por varias regiones y largos periodos históricos. Uno de los más antiguos es el de Tlatilco, datado en el año 1000 a.n.e, donde se enterraron perros junto a las personas. En Monte Albán también se han encontrado restos de perros y figuritas caninas. En Chupícuaro y Teotihuacán, los esqueletos de perros sugieren que ayudaban a las almas a superar los peligros en su camino hacia el otro mundo (Von Winning 1987). El perro debía de ser considerado un guía en general, pues no solo acompañaba a los muertos, sino también a los dioses y al sol durante sus viajes subterráneos (Chávez 2005a: 299). Por ejemplo, Xolotl, el dios del relámpago y de la estrella de la tarde, a veces era representado como un hombre con cabeza de perro, un esqueleto o en compañía de un perro (Werness 2003: 45), era el hermano de Quetzalcóatl y le acompañó en sus viajes por el otro mundo para recoger los huesos de los seres humanos (Aguilar-Moreno 152), también lleva al sol durante la oscuridad de la noche como el perro lleva al alma humana en los viajes tras la muerte.

En la Colima precolombina se han descubierto perros con máscaras humanas, que posiblemente acompañaban a las almas de los muertos y otros guardando el mundo de los muertos (Ripinsky-Naxon 1993: 43). Para los Aztecas, Mictlán era la tierra de los muertos, donde se llegaba sólo después de estar 4 años vagabundeando bajo la tierra con un perro, un largo viaje lleno de obstáculos que deben de ser superados en nueve fases. En la primera de ellas tenían que cruzar el río Apanohuaya, que sólo se salvaba a las espaldas de un perro rojo *techichi*. En el momento en que alcanzaban la orilla necesitaban la ayuda del perro, que se incineraba o enterraba con el finado, con un hilo de algodón atado a su cuello (Burchell 2007: 25). Pues el perro que se enterraba era el propio perro, que guiaba en la muerte como había guiado en vida, siendo una de las principales causas de la posesión de perros (Barba de Piña 1994: 8).

En general, la evolución de las prácticas funerarias en el México prehispánico siguió un camino semejante al de China, y tras un tiempo primitivo en el que al muerto se le sacrificaban animales y seres humanos, se pasa a otro en el que son sustituidos por figuritas de barro, alcanzándose un cénit en el periodo Preclásico superior, cuando los "perros psicopompos llegaron a ser obras de arte universal: los encontramos jugando, comiendo elotes, peleando, o simplemente vigilando a su amo" (Barba de Piña 1994: 1).

La creencia en los perros como compañeros en el otro mundo, ha permanecido viva en algunas culturas indígenas. Los mayas de Quetzaltenango, en Guatemala, consideran que no se debe maltratar a los perros, pues su ayuda será necesaria para cruzar el río en el otro mundo. Un chamán local asegura que los difuntos deben agarrarse a la cola del perro mientras éste nada a través del río para cruzarlo. Una creencia presente ya en las escenas funerarias pintadas en las vasijas antiguas (Burchell 2007: 9).

Entre los Caribes se mataba a un perro para que guiara al alma del finado a la tierra de los muertos, y si era un jefe, también se sacrificaban esclavos para que le sirvieran en la nueva vida (Tylor 1920: 1: 486). En las islas Bahamas había una deidad canina llamada Opiyel-Guaibiran, representado erguido, con garras bajo su barbilla y un falo enhiesto (Craton 1999), que tenía la obligación de mantener separados a los vivos y a los muertos. Controlando lo que pasa de un dominio al otro regula el tránsito de los espíritus y mantiene el balance entre ambos mundos en el tiempo adecuado (Ortega).

Los Quechua de los Andes llaman al río de la muerte *Yawar Mayu*, o río de Sangre, y creen que dos perros esperan a su orilla para ayudar a las almas de la gente buena. El descubrimiento reciente de un buen número de perros momificados, enterrados con comida y mantas por gente de la cultura Chiribaya, que vivió en

Perú entre los años 900 y 1350, sugiere que el perro como psicopompo tiene antigua raigambre entre las culturas andinas (Burchell 2007). Durante las excavaciones de Sipán, el más importante de los sitios de la cultura Moche (años 100 a 700), dos de las tumbas (una es la del Señor de Sipán) incluían perros como compañía funeraria, que se creía eran los guías en el otro mundo. Ellos también usaban a sus perros para acabar con la sequía. Les bastaba con mantenerlos fuera para que con sus gritos hicieran que llegara la lluvia (Barnhart 1994: 23). Los cuchillos sacrificiales de la cultura Chimu (900-1470) describiendo a un dios de la muerte, a veces están rodeados de perros, que servían como conductores de las almas durante su viaje final (Werness 2003: 306).

Entre los indios de Norte América no son raras las menciones de personas cuyos espíritus, viajando en sueños o durante alucinaciones a la tierra de los muertos, han regresado para reanimar sus cuerpos, y que cuentan haber visto un gran perro parado al otro lado, más allá de las aldeas de los muertos. El Jesuita Brebeuf cuenta que los Hurones creían en la existencia de un tronco de árbol que hace de puente sobre el río de la muerte, que todo difunto debe cruzar. El perro que lo guarda ataca a algunas almas, haciéndolas caer (Tylor 1920). Otro jesuita, Sagard, cuenta que "los indios dicen que las almas de los perros y otros animales siguen al camino de los espíritus y sirven a las de sus amos en la otra vida" (Thomas 1908: 493). En el chamanismo esquimal un perro con los dientes bien visibles guarda la entrada a la tierra bajo el mar de Takakapsaluk, la madre de las bestias marinas. Entre algunos esquimales se colocaba su cabeza sobre las tumbas de los niños con la idea de que el alma del perro guiará a la del niño al mundo de los espíritus (Tylor 1920).

A veces había un itinerario bien desarrollado de estos viajes tras la muerte, creyéndose que el alma viajaba primero al extremo de la tierra, al lugar donde la Vía láctea, el camino o río de las almas, toca la tierra. "A la entrada pasa ante un perro, o entre dos montañas que guardan el camino. Entonces, guiada por el espíritu de un perro o por una estrella, abandona la tierra y avanza por ese camino estrecho hasta que llega a donde el camino se bifurca. Allí los espíritus de aquellos que han sido valientes y han llevado vidas valiosas, toman el camino ancho y alcanzan rápido su meta celestial, mientras que los menos recomendables lo harán por el camino estrecho realizando grandes esfuerzos para llegar a su meta" (Hagar

1908: 435). Entre los Huron, los Delaware y otras tribus se pensaba que la Vía Láctea era una especie de canoa celestial en la que las almas de los muertos, tras atravesar una puerta guardada por perros, viajaban a través de los cielos rumbo al paraíso donde esperaban sus antepasados. En algunas tradiciones se descubre un primitivo juicio moral, que consiste precisamente en juzgar si se ha tratado bien a los perros (Schwartz 1997).

El perro como Psicopompo en tribus de Asia y África

Noticias semejantes se encuentran entre pueblos muy distantes. Los contadores de cuentos de Nueva Zelanda hablan de espíritus de los perros que descienden al mundo de sus muertos. En el norte de Borneo se cree que un fiero can vigila a las puertas del paraíso y toma posesión de todas las vírgenes (Thomas 1908: 493). Para los Afek de Nueva Guinea uno de los edificios de su complejo ritual es una entrada al camino de los muertos, llamada "camino donde los perros rasgan la carne" (Wagner 2005). En la isla Keisar de las Molucas los familiares del muerto están de fiesta durante 20 días y después, tras disfrutar todo tipo de delicadezas, ponen un epílogo a la fiesta con carne de perro (Hartland 1912: 435). Entre los Papúas de Kiwai el trueno es el ladrido de los dos perros que anuncian la llegada de nuevas almas a la Tierra de los Muertos. Entre los melanesios de las islas cercanas los perros guardan el camino al otro mundo y se tragan a las personas que no pasaron a través de la iniciación durante su vida. Los Nguba de Vanuatu suelen matar a un perro en las tumbas nuevas para que acompañe a su amo en el otro mundo (Berezkin 2005: 136).

Estas creencias son más intensas y se muestran más elaboradas entre los pueblos de Siberia. Entre las tribus Tungús el perro es el compañero y protector del alma, sus espíritus llevaban las almas de los muertos al otro mundo. En su mitología, Erlik, el gobernador del mundo de los muertos, cuenta con dos perros que protegen su palacio y sus dominios (Stutley 2003: 34). Entre los Gold de Siberia el muerto se sepulta siempre con su perro, que se considera intermediario entre este mundo y el otro, lo que le da ciertas capacidades adivinatorias, y algunos chamanes se vestían con pieles de perro para realizar sus funciones.

Los Gilyaks queman a sus muertos. Cuando la cremación ha sido completada sacrifican a sus perros para que acompañen al alma. Comen una porción de su carne y tiran el resto en todas las direcciones para que la coma el muerto. En otras tribus cuando muere una persona, es "atada a su trineo con su perro favorito a su lado. Durante unos meses se cree que el perro va recibiendo y guardando una porción del alma de su amo. Durante ese tiempo el animal es bien alimentado hasta que los fragmentos del alma vuelven a su amo en el mundo de los muertos, entonces las armas, trineos, cazuelas y el perro son lanzados a la pira funeraria" (Stutley 2003: 86).

Los Ostiacos del Yeniséi dicen que cuando se originó la muerte y el creador escuchó a la gente lamentándose envió al perro para enseñarles cómo transformar la muerte en vida, pero siendo el perro un poco despistado olvidó su propósito original, y en lugar de enseñar a la gente la resurrección les enseñó los ritos funerarios.

Los Chuckchi creen que un recién llegado al mundo de los muertos tiene que pasar primero por una región habitada por perros, que viven solos en pequeñas cabañas de tierra. La gente que durante su vida trató mal a los perros, allí será atacada por ellos. Luego los antepasados y parientes saldrán a recibirle para llevarle a su lugar, pues de otra forma el finado sería incapaz de encontrar su camino (Bogoras 1909: 336). Como sus antepasados le reconocerán por su olor, nadie puede ser enterrado con las ropas de otra persona ni con ropas nuevas, pues causaría confusión entre ellos y no podría encontrar el camino a sus tierras. Ellos creen que hay algunas formas de hacer que los perros alcancen a las almas antes de llegar a su destino y las traigan de nuevo a la vida. De hecho, dicen que la principal razón de criar perros es con ese motivo (Bogoras 1909: 566). Una aldea de perros situada entre el mundo de los vivos y el de los muertos se encuentra también entre los Kongo de África Central, lo que hace que los místicos de esta tribu usen encantos de perro para ver más allá de nuestro mundo (Gottlieb 1992).

Hay un mito siberiano que atribuye al perro el origen de la muerte. Es un motivo que se extiende desde los Balcanes a Japón, en el que el perro encargado de proteger a la primera pareja humana, sucumbe a las tentaciones del diablo, que ensucia a personas y perros con su saliva, haciéndoles mortales.

"Hace mucho, mucho tiempo, cuando las fundaciones de la tierra se estaban creando, el sol salía por vez primera y las primeras hojas de los árboles se desplegaban, Dios pensó en crear a los seres humanos. Para ello hizo dos

modelos con arcilla y para darles la vida se fue a buscar agua de la fuente eterna. Para evitar que sufrieran ningún daño, mientras se ausentaba pidió al perro y al gato que los cuidaran, sin dejar que nadie se acercara a ellos.

Apenas se hubo marchado llegó el malvado a destruir su creación. Pero el perro y el gato no le dejaron acercarse. Entonces el malvado llevó un poco de leche para el gato y carne para el perro, y mientras estaban distraídos comiendo orinó sobre los modelos de arcilla profanándolos y salió corriendo.

Cuando el dios volvió con el agua de la fuente eterna notó que sus cuerpos se habían hecho abominables, y ordenó al gato que les lamiera esos pelos tan sucios. Cosa que hizo excepto en la cabeza, las axilas y el sexo, donde no pudo llegar. Entonces el dios puso esos pelos sobre el perro. Aunque luego dio de beber el agua de la fuente eterna a los seres humanos, ya no pudieron vivir para siempre sino vidas mortales" (Luvsanjav y Travers 1987: 23).

Entre los Ainu de Japón también se cree que el perro tiene la capacidad de trabajar en dos mundos, el de los vivos y el de los muertos, eso significa que aunque las almas de la gente fallecida no puedan ser vistas por las personas, sí son detectadas por los perros, que suelen ladrar. Lo mismo que sucede cuando los vivos visitan el otro mundo, los muertos tampoco los ven y los tratan como fantasmas, sólo los perros pueden verlos (Takashi 1996: 296).

El perro en rituales de descarnadura

Considerando que la presencia de perros cerca de los cadáveres abandonados es frecuente, y que tienen la capacidad de destruir a los espíritus malvados, en algunos lugares se les ha encargado destruir el cadáver mediante los llamados rituales de descarnadura, especialmente frecuentes en la Antigua Europa, Persia, Tíbet, Mongolia y entre los Comanches de Norte América.

Se han visto rastros de procesos de descarnación canina en tumbas prehistóricas de Inglaterra y Holanda, donde los perros eran considerados importantes en la transición del estado de vivo a muerto. Tras la descarnadura, muchas veces se recogían los huesos, que guardaba la familia considerándolos sus posesiones más valiosas, pues servían para establecer y mantener su identidad. En la Holanda neolítica, los lugares donde se han encontrado huesos humanos y caninos parecen estar relacionados con el mundo de los antepasados, posiblemente creyeran que como los perros comían sus cuerpos, "el consumo de estos perros cerraría el círculo y traería a los muertos de vuelta a la vida" (Nieuwhof 2012: 115).

En la antigua Persia la práctica más antigua era dejar los cadáveres en un lugar elevado para ser comidos por perros y pájaros. En Tíbet y Mongolia, consideraciones religiosas, la escasez de madera y un suelo helado durante gran parte del año, han hecho que el funeral más común sea dejar el cadáver a la intemperie para que sea devorado por los animales. Como menciona Léon Feer (1886):

> "*La sepultura ordinaria consiste en dar los cuerpos muertos como alimento a los perros, a los animales salvajes y sobre todo a las aves de presa [...] Parece que generalmente se corta el cuerpo en trozos que se distribuirán a los perros; los restos de la comida de estos animales son posteriormente lanzados a algún río vecino [...] Esa forma de enterramiento, tan repugnante a nuestras costumbres, puede deberse en parte a la escasez de madera en el país, y además está en perfecta armonía con las creencias de los tibetanos. Según ellos el cuerpo muerto es un vestido usado que se deja para tomar otro nuevo. Ese hábito que se ha dejado no tiene ningún valor, no puede proporcionar ningún servicio, y hay cierto mérito en hacer que lo aprovechen otras criaturas.*"

Entre los mongoles, que también seguían la religión lamaísta, son especialmente lobos y perros los que se encargan del cadáver. Para ellos este tipo de funeral acaba rápidamente con ese vestido del alma que es el cuerpo, permitiendo volver a nacer en otro distinto. El explorador Przhevalskii (1876: 14) se quedó sorprendido al ver esta situación a fines del siglo XIX en el cementerio de la ciudad de Urga, la capital de los mongoles:

> "*Aquí los cuerpos muertos, en lugar de ser enterrados, son lanzados a los perros y aves de presa. Un lugar como este produce una impresión tremenda en la mente, con sus montones de huesos, alrededor de los que vagan manadas de perros, buscando su ración diaria de carne humana [...] Pues en cuanto se lanza un cadáver nuevo, no menos de 15 perros lo rompen en trozos y en menos de dos horas no queda nada del finado. Los budistas consideran un buen signo que el cuerpo sea devorado rápidamente, de lo contrario piensan que el difunto no tendrá una buena reencarnación. Los perros están tan acostumbrados a alimentarse de esta forma que cuando un cadáver es llevado al cementerio a través de las calles de la ciudad por sus familiares, invariablemente es seguido por perros.*"

Vestigios de estos rituales se pueden encontrar en la antigua China, donde la incorporación de un niño a la familia era un proceso gradual y los que morían antes de cumplir un año no eran enterrados junto con los otros miembros de la familia, sino que eran dejados en medio del campo. Pues se creía que el niño que muere prematuramente lo ha hecho debido a la presencia en él de espíritus malignos. Al alejar a ese niño del territorio de la familia, se aleja a esos espíritus que podrían causar más víctimas. Al dejar que lo coman los perros, neutralizan a los que habitaban en el pequeño cadáver. Según Robert Coltman (1891: 77) los padres de esos niños decían: "Un espíritu malvado habitaba en el cuerpo del niño. Si el perro lo come, el espíritu malvado entra en el perro y no podrá volver a entrar en otro niño."

El perro en las ceremonias de iniciación

El perro, como protagonista de las transformaciones tras la muerte, también lo es de los ritos de paso que suponen la muerte como niño y el inicio de la vida como adulto. Entre la minoría Moso de China, al llegar a los 13 años los jóvenes realizan la ceremonia de paso a la adolescencia mediante un ritual en el que el perro es el protagonista. Entre los griegos el perro simbolizaba el cambio de estatus entre los jóvenes nobles, que abandonaban los perritos falderos con los que habían estado jugando durante su niñez, para decantarse por los perros de caza que señalaban su pertenencia al grupo de los adultos. En la España pre romana se han descubierto perros en cuevas y otros lugares donde se cree se realizaban ceremonias de iniciación. En una de ellas un hombre desnudo está acompañado de un perro (Oliver 2014). No obstante, estas iniciaciones caninas son más marcadas en las sociedades guerreras, como las de las tribus germánicas o las de los indios de Norteamérica.

Entre los pueblos indoeuropeos había sociedades cuya función era iniciar a los jóvenes en la categoría de guerreros, y su símbolo principal era el perro o el lobo. Los perros simbolizaban la muerte. En la iniciación, la muerte llega tanto al tiempo viejo como a la identidad infantil, y los niños al convertirse en guerreros alimentarán un día a los perros de la muerte. En el *Rigveda* hindú la hermandad de guerreros que realizaban los sacrificios en mitad del invierno eran llamados *Vratyas*. Durante su ceremonia debían de sacrificar un perro y llevar su piel durante cuatro años, que quemarían al regresar a la sociedad. En la España prerromana se han descubierto imágenes de guerreros cubiertos con pieles de lobo, y tanto el dios Sucellus de los galos, como el Hades de los griegos, son representados vistiendo una capa de piel de lobo, lo que seguramente señala su relación con la muerte y la iniciación guerrera. La identificación de estos iniciados con los perros ha podido tomar formas diferentes, pues en algunos enterramientos de jóvenes indoeuropeos se ha visto que muchos de los individuos llevaban collares de dientes de perro. (David 2010: 411). Durante un tiempo estos jóvenes guerreros vivían fuera de la comunidad. Llamados "manadas de lobos" por los germanos, atacaban y pillaban los bienes de las tribus enemigas. Un tipo de bandas común a la mayoría de los pueblos indoeuropeos presentes incluso entre algunos de sus vecinos (David 2010: 411). La existencia de estas sociedades guerreras puede hallarse en el origen del folklore de los hombres lobo, pues la descripción que hace Cervantes de la *manía lupina* presenta una gran similitud:

"Es de calidad que al que la padece, le parece que se ha convertido en lobo, y aúlla como un lobo, y se junta con otros heridos del mismo mal, y andan en manadas por los campos y por los montes, ladrando, ya como perros o ya aullando como lobos, despedazan los árboles, matan a quien encuentran, y comen la carne cruda de los muertos" (Caro Baroja 1995: 138).

Muchas tribus de Norteamérica contaban con sociedades guerreras de diferentes niveles por las que los soldados perro iban ascendiendo como en el escalafón de los ejércitos modernos. Estos soldados en algunas tribus eran viejos guerreros de gran categoría, en otras eran los más bravos y hacían voto de no retirarse del campo de batalla si no eran arrastrados por otros. Cada una de estas sociedades se fundamentaba en una cierta sabiduría que se revelaba a los iniciados por medio de visiones (Curtis 1968: 31).

En Grecia es posible que los perros formaran parte de los misterios de Eleusis relacionados con el renacimiento de las almas, lo que no es de extrañar pues el momento cumbre de esos rituales era la visualización de la muerte. Una escultura que representa la cueva de Eleusis muestra a la gran diosa madre asistida por un perro, y al aspirante siendo conducido a la cueva por otro (Dale-Green 1966: 122). En la iniciación chamánica descrita en las *Enseñanzas de Don Juan* de Carlos Castañeda, el perro también juega

103

un papel protagonista. Entre los Ibo de Nigeria la ceremonia de iniciación para los nuevos chamanes concluye con el sacrificio ritual de un perro y el trasplante simbólico de sus ojos al iniciado, que podrá ver a partir de entonces con la claridad del perro.

El perro y la Diosa de la Muerte

Esa afinidad del perro con la muerte le relaciona con la Diosa de la Muerte. La madre de la que todo el mundo nace, como la tierra de la que nace todo cuanto existe, es imaginada en una cualidad triple, como creadora, reproductora y recogedora; es decir, la Diosa de los Nacimientos, la de la Vida y la de la Muerte. Hay una estrecha relación entre La Gran Madre Tierra y el perro. La Gran Madre usa al perro como su mensajero, por lo que le vemos frecuentemente asociado a las deidades de la muerte. En los yacimientos arqueológicos de la vieja Europa se ha descubierto una asociación continua del perro con la Diosa de la Muerte, que a menudo aparece como una dama vestida de blanco acompañada de un perro blanco, y se han descubierto esculturas de perros de mármol, cristal de roca y terracota; así como vasijas con forma de perros y perros llevando la máscara de una diosa. En otras ocasiones aparece junto a la luna creciente o al pie del árbol de la vida, en una simbología que le relaciona con el crecimiento de los vegetales (Gimbutas 1991).

Eleanor M. Woloy considera que "cada cultura antigua tiene su Gran Madre Tierra con el perro como compañero", un perro asociado al nacimiento, la muerte, y la curación, que "como guía, guardián y compañero [...] lleva a la humanidad a lo largo de la vida, muerte y resurrección determinada por la Gran Madre" (James 2006: 18). Sus imágenes se han desenterrado en varios lugares de Europa, la mayoría relacionados con prácticas o rituales agrícolas. Algunas de esas imágenes muestran un sorprendente paralelismo con las representaciones de la Gran Madre y su hijo, un hijo que, como el perro, pone en movimiento o gobierna el mundo siguiendo los deseos de la madre.

La diosa Gula de los Acadios era acompañada por un perro, símbolo de su control sobre la vida y la muerte (Monaghan 66). En la India, la diosa perra Sarama era la mensajera de los dioses, y sus hijos, los Saramevas, los dos perros que conducen a las personas al paraíso. La Diosa de la Muerte lituana, Giltiné era representaba habitualmente con un perro blanco (Gimbutas 1991:

l). En Ugarit la diosa lunar Yarihu se representa como un perro. En Cádiz había rituales en los que se sacrificaban perros, posiblemente relacionados con la diosa fenicia Tanit, con connotaciones funerarias y ctónicas (Oliver 2014). También aparecen perros acompañando a la diosa Pele hawaiana y a la Sedna de los esquimales. La diosa azteca del fuego, Chantico, cuyo nombre significa "sol en el inframundo", fue transformada en un perro (Beyer 1908: 421). "En un códice maya aparece un perro copulando con un buitre, que es en realidad una diosa, y en otro lugar copulando con una diosa celestial" (Seler 1996: 182). Entre los Indios de Norte América, se describen perros emparejados con diosas, como la Mujer del Cielo de los Cherokee o la Abuela de los Shawnee (James 2006).

En Grecia, los perros de la diosa Hécate, que gobierna el mundo de los muertos, eran sagrados. Otras veces ella misma era representada como un perro o como una deidad con cabeza de perro, o era llamada Nuestra Señora de los Perros, una identificación relacionada con la capacidad de sus perros de comerse los cadáveres, y además se servía carne de perro en sus rituales (Petrilli 2009). Las Erinias eran perros vengadores enviados por el cielo para castigar a los malvados, que representaban la justicia y la santidad de los juramentos. Se decía que Hades llevaba un capuchón de perro proporcionado por Perseo (Napier 1986 237). El perro era compañero o atributo de otros dioses griegos como Ares, Artemisa, Asclepios, Atenea, Pan, Príapo, Lares Praestites, y Silvano.

Varias diosas madres tomaron la forma de una perra, como la romana Ceres, la celta Ceridwen o la diosa azteca de los nacimientos Xochiquetzol, comúnmente conocida como la perra madre (Dale-Green 1966: 106).

En la vieja Escandinavia, se decía que los perros podían ver a Hel, la diosa de la muerte, moverse entre la gente (Tylor 1920: 196). En el norte de Europa, los hijos de la diosa Angurboda eran representados como perros (Werness 2006: 136). Frau Gode siempre viajaba con un perro. Entre los celtas, en los santuarios de Nodens se han encontrado representaciones de perros (Green 2002), y una especie de nichos donde se cree que la gente dormía, sugiriendo que una de sus actividades era dormir en el templo sagrado, pues Nodens era también el Señor del Sueño (Lethbridge 2011). Las imágenes de perros también identifican a la diosa

Nehalennia, a Epona de los celtas, Abdona de la Selva Negra y Arduina, diosa de las Ardenas, así como Garbh Ogh de Irlanda, representada con una reala de perros. Otras diosas madres, como Aveta se veneraban con fruta, perros o bebés a su alrededor. En otras imágenes descubrimos diosas agrícolas llevando los emblemas de la fertilidad como el pan o la espiga, ofreciendo frutos a un perrito (Green 2002).

El Perro como adivino

El papel del perro como psicopompo, y ese conocimiento que le da el estar viajando entre el mundo de la vida y el de la muerte, le convierte en la criatura de elección para la profecía y la adivinación. Pues el perro conoce el mundo doméstico y el salvaje, lo que está presente y lo que aún no ha llegado. "Puede predecir el futuro porque, en un sentido, ya ha estado allí, cruzando el umbral entre el mundo de los vivos y el de los muertos" (White 1995: 291).

Ya hemos visto relatos en los que el perro puede adivinar, añadimos uno aquí en el que su papel es puramente este: "Durante la dinastía Han posterior, el Caballero Xiao Shiyi fue asesinado. Unos días antes un perro que pertenecía a su familia se acercó a su mujer y le dijo: "Te espera una mala fortuna. Tu familia está a punto de ser destruida. ¿Qué se puede hacer?" Su esposa se mostró tranquila. Cuando Shiyi volvió a casa empezó a imitar ante él las palabras del perro, y antes incluso de que hubiera acabado de hablar, los asaltantes llegaron a capturarlos" (Campany 2015: 75).

El color y las marcas del pelo de un perro estaban llenos de significados para quien pudiera entenderlos. Documentos descubiertos en Dunhuang, conservados durante siglos gracias a la sequedad del clima, muestran que había todo un corpus interpretativo basado en las acciones de los perros. Así si un perro aúlla o ladra anuncia la enfermedad del dueño de la casa; si lo hace junto a la puerta, es posible que esa enfermedad resulte en muerte; en la plataforma ceremonial, afectará al hijo mayor. Si se come a sus propios cachorros anuncia enfermedades. El que oye a un perro aullar no debe salir de viaje en tres años. Cuando el perro enseña los dientes, el resultado será fausto o infausto dependiendo de la fecha en que lo haga. Si los cachorros del perro parecen corderos es que el ganado va a morir. Si el perro persigue al cerdo habrá disturbios civiles. Si duerme en una cama señala que habrá peleas en las próximas reuniones, y si la ensucia, una enfermedad con muerte. Si orina sobre las ropas es señal que marido y mujer se sentirán enemigos y tendrán que separarse. Especialmente peligrosas son las anormalidades pues si les salen cuernos, cantan o que aparean con una cerda, son síntomas de futuro desastre (Morgan 1983: 188-9).

En un episodio histórico sucesivos sueños con perros de paja sirven al adivino Xuan para interpretar el destino de su protagonista.

"Un día alguien le consultó: "Anoche soñé que veía un perro de paja. ¿Qué significa?" Xuan contestó: "Eso es que está a punto de tener algo muy bueno para comer." Y poco después fue invitado a una fiesta. Un tiempo después preguntó a Xuan de nuevo: "Anoche volví a soñar con un perro de paja. ¿Qué significa?" Xuan le contestó: "Señor, se va a caer de un carro y se romperá una pierna. Por favor, tenga cuidado." Y pronto sucedió como decía el adivino. Pasado un tiempo se dirigió por tercera vez a Xuan: "Anoche volví a tener el mismo sueño de un perro de paja. ¿Qué significa esta vez?" Xuan le contestó: "Señor, su casa está en peligro de ser destruida por un fuego. Debe de poner cuidado para protegerla." Casi inmediatamente se originó un fuego. El hombre continuó preguntando: "Tres veces te he contado el mismo sueño pero en cada una de ellas tus predicciones fueron distintas. ¿Por qué es así?" Xuan le contestó: "Los perros de paja se usan en los sacrificios a los espíritus. Así, cuando me contó el primer sueño, era que iría a una gran fiesta. En cuanto los sacrificios se acaban los perros son atropellados por un carro. Por eso el segundo sueño indicaba que se caería de un carro y se rompería la pierna. Tras ser destrozados por el carro los perros de paja se llevan para ser usados como combustible. Es por eso que el último sueño trataba de un fuego" (DeWoskin 1983: 139).

El perro también se ha usado para adivinar el futuro en otras culturas. En la antigua Grecia Ailio aseguraba que los perros eran los primeros en saber si una pestilencia o un terremoto se acercaba. "Pudiendo predecir el buen tiempo y la fertilidad de los cultivos" (Menache 1998). Para los campesinos alemanes si un perro aullaba mirando abajo presagiaba una muerte, si hacia arriba, la recuperación (Tylor 1920: 1-118). Los druidas a veces profetizaban interpretando los aullidos de los perros. En Pomerania, soñar con un perro negro se interpretaba como la próxima muerte de un conocido (Haas 545). En tiempos de los antiguos anglosajones una de las formas de adivinar era masticando la carne de cerdos, perros o gatos, pues a través de su carne el adivino también se comía su alma, consiguiendo su habilidad de conocer el futuro (Sitnikof 2011). Antes de celebrar una boda los Kalangs esparcen cenizas en el suelo y si se ven las huellas de perros, consideran que los antepasados son favorables a ese matrimonio.

Ojos de perro

En algunas culturas, la capacidad de los perros de adivinar el futuro y de detectar a los seres sobrenaturales como fantasmas y espíritus residía en sus ojos. En China se creía que "un médium se puede untar con el fluido del ojo de un perro en sus ojos para ver el mundo sobrenatural con el propósito de exorcizar. Sin embargo, si la gente común lo hiciera se moriría del shock de ver la vida de ultratumba" (Mofcom 2014).

Entre los Ibo de Nigeria la ceremonia de iniciación de los chamanes *dibia* dura varios días y culmina con el sacrificio de un perro, que es una prueba para confirmar que ha conseguido capacidad para adivinar. La iniciación se dice que abre los ojos del iniciado, significando que a partir de entonces verá lo que otras personas no pueden ver. Para proporcionarle ojos de perro se le mata y se le sacan los ojos, que se llevan al cuarto donde el iniciante está encerrado. Después de un rato se le lleva fuera aparentemente inconsciente, con regueros de sangre corriendo por su cara. Se explica que sus ojos han sido reemplazados por los del perro para que "pueda ver a los espíritus como los perros pueden verlos" (McCall 2004: 961). Cuando van a enterrar a sus jefes decapitan a un perro de cuatro ojos (es decir uno con marcas pronunciadas sobre sus ojos). Hacen esto para que el perro transfiera sus poderes de clarividencia al muerto.

Esta percepción visual especialmente aguda está representada también en el perro de cuatro ojos, posiblemente originado porque los arcos supraciliares del perro a veces parecen otro par de ojos. Se ven perros de cuatro ojos en muchas culturas, tal vez como una variante de la pareja de perros celestiales, de esos dos perros (4 ojos) o ese perro con dos cabezas, que vigilan el camino de los muertos, indicando que el perro puede mirar a los dos mundos, que está en la frontera. Otras veces los cuatro ojos enfatizan la intensidad de la mirada. Entre los Parsis la mirada de un perro y algunos otros animales se consideraba especialmente efectiva para expulsar a los demonios de los muertos. Es por ello que se recomendaba llevar un perro de cuatro ojos cerca de una persona recién fallecida, para asustar a los demonios con su mirada (Gray 1912: 503). Los cuatro ojos podrían tener que ver especialmente con verificar el punto de transformación de la vida en muerte, funcionando como un marcador de los límites, de las fronteras. Entre los mongoles estos perros son los preferidos porque se dice pueden ver a los espíritus malvados durante la noche (Bamana 2014). Entre los fineses y eslavos también se usan como protección contra los malos espíritus. Entre los Indios de las Praderas de Norteamérica se atribuía a los perros de cuatro ojos poderes misteriosos (Schwartz 1997).

Un perro de cuatro ojos con una máscara es mencionado en las historias chinas, llevando sobre su cabeza una piel de oso, una máscara con cuatro ojos, una capa negra y una vara, encabeza una procesión con cien servidores, como una purificación ritual en la corte al final del año. En la China de primeros del siglo XX las mujeres embarazadas eran llamadas "criaturas de cuatro ojos" y se evitaban sus miradas. Se referían al hecho de que, teniendo un feto en su útero, la mujer se convertía en una criatura dual, que también vivía en la frontera entre dos mundos (Sunshuke 3).

Los ojos del perro, y ese brillo que despiden en la oscuridad, es para algunos lo que les proporciona su capacidad de ver durante la noche, y por lo tanto sus cualidades de protector, adivino, guía y psicopompo. Pero a la vez ese fuego era visto por los griegos como una muestra de sus aspectos más salvajes, relacionados con el ardor guerrero y la pasión sexual. Una tradición que se mantiene en Europa durante muchos siglos, pues ya veremos más adelante que los perros fantasmales e infernales eran invariablemente descritos con brillantes ojos terroríficos, ojos rojos como el fuego u ojos de los que sale fuego. En la mitología teutona los ojos de los perros les permiten ver a los espíritus. Según Jakob Grimm, uno de los primeros estudiosos del folklore y autor a la vez de cuentos infantiles, cree que si un perro tiene una visión y aúlla, una persona se puede colocar entre sus orejas y ver la misma visión (Hausman 1997).

Los brujos caribeños son capaces de poner su visión en "modo perro" para distinguir a los espíritus (Hausman 1997). En los códices mayas vemos con frecuencia una marca sobre los ojos de los perros, generalmente indicando que se trata de un perro

Akba, símbolo de oscuridad, que se asocia con el guía de los muertos en el otro mundo (Garza 1997).

Conclusión

Observando esta rica gama de símbolos podemos concluir que hay una creencia universal en que tras la muerte las almas van a otros mundos. Los que cuentan que las almas van a un lugar celeste establecen un itinerario cuya puerta suele ser la estrella Sirio, y una ruta identificada como la Vía láctea por donde las almas transitan de camino al paraíso.

La Vía Láctea, el Rio de Plata (*yinhe* de los chinos), es el camino de los muertos. La presencia de los antepasados en un paraíso celeste y su posterior identificación con las estrellas podría estar en el origen de la creencia en dioses celestiales.

Esta relación entre el camino de las almas y las estrellas del cielo hace situar en el cielo un reflejo de las cosas terrestres, pues allí viven los antepasados y sus vidas no se pueden imaginar muy distintas de las terrenales. Las tradiciones indoeuropeas sitúan firmemente al perro en el cielo. El sol y la luna son perros, la presencia de un perro en el cielo se ve confirmada en mitos y tradiciones. De esos perros celestiales trataremos en el siguiente capítulo.

6. El perro celestial

La presencia del perro en el cielo se extiende por un simbolismo rico y variado, que empieza con su identificación con la estrella Sirio, situada a la puerta del cielo durante algunas épocas del año. Sirio es la estrella más brillante en el cielo nocturno, destacando especialmente durante los días más calurosos del año, los llamados "días caniculares." Dado que esos días el fuerte sol agravaba las sequías, favorecía la propagación de enfermedades y suponía una seria amenaza para la vida, fueron considerados especialmente nefastos, pensándose que los perros del averno abrían las puertas de las regiones infernales, a veces incluso imaginadas como las fauces de un perro, y dejaban volver a los espíritus de los muertos a la tierra. En China se creía que el perro celestial era responsable de la muerte de los niños, pues la incidencia de diarreas y enfermedades epidémicas era mayor en estos días. Para combatir estos desastres se realizaban ceremonias que, por magia imitativa, precisaban muchas veces el sacrificio de perros. Frente a Sirio hay una serie de estrellas con forma de arco, que hizo pensar en la presencia de un arquero en el cielo, llamado Orión entre los griegos y Zhang Xian (extender el arco) en China, que se dice dispara y controla al perro del cielo. El perro que acompaña al dios Erlang se relaciona con el control de las aguas e inundaciones y se convierte en el patrón de los perros domésticos. La actividad del perro en el cielo le hace el causante de los eclipses, meteoros y otros fenómenos terribles. Por eso acabará siendo visto como una deidad malvada, asociada a demonios y calamidades que afectan a la gente.

La existencia de un perro en el cielo

La creencia de que el perro es el encargado de conducir las almas de los muertos al paraíso hace que su presencia se detecte allá donde se encuentre el paraíso, es decir, en otros mundos subterráneos o en el alto cielo. La propia concepción del universo en tres niveles indica igualmente que existiendo perros en la tierra, y bajo ella, enterrados para acompañar a los muertos, también los hay necesariamente en el cielo. Un eje fundamental, el eje cósmico, en algunos casos visualizado como una montaña, un gran árbol, un poste o la Estrella Polar, comunicaría esos tres niveles, permitiendo de esa forma las interacciones entre los seres que residen en cada uno de ellos.

En China el *Libro de los Montes y los Mares* afirma que en el cielo hay un perro enorme. Los comentarios posteriores de Guo Pu, aseguran que es una estrella (Qin y Li 35). Era considerado una deidad poderosa y temible, descrito por el historiador Sima Qian en sus *Registros históricos*: "Tiene la forma de una gran estrella que se mueve, y produce un ruido. Cuando desciende y alcanza la tierra parece un perro. En cualquier lugar en que cae se convierte en un fuego ardiente, parece una luz feroz, como llamas ardiendo hacia el cielo. Su base es redonda y cubre un campo de varios acres, su parte superior es puntiaguda y extiende un color amarillo sobre mil *lis*, puede derrotar ejércitos y matar comandantes." Una descripción un tanto confusa que contrasta con la claridad que caracteriza esta obra. De Groot considera que el historiador describe un gran meteoro con forma de perro, que cayó en algún lugar y que podría ser el mismo descrito en el *Libro de los Montes y los Mares*: "A mitad de camino, en la larga llanura o desierto hay un perro rojo, llamado el perro celestial. Dondequiera que descienda, prevalecerá la violencia armada."

Entre los códices mayas se encuentran imágenes de un perro cayendo del cielo "unas veces con una banda astral, con antorchas en las patas delanteras y la cola, indicando claramente que el fuego proviene del cielo". Para los mayas el perro se asocia al relámpago, es por tanto el animal que hiende la tierra, que abre "los caminos hacía el inframundo y por ello es el guía de los muertos" (Garza 1997: 123).

El perro del cielo y la estrella Sirio

Las creencias en el perro celestial están estrechamente relacionadas con la estrella Sirio. Su nombre viene del griego *seirios* que significa 'ardiente" o 'abrasador". Esta estrella, la más brillante en el firmamento nocturno, forma parte de una constelación que dibuja el contorno de un perro en el cielo, llamada Canis Maior. Durante los meses de verano, Sirio aparece en el horizonte justo antes de la salida del sol, por lo que se podría decir que está en la puerta del cielo. Por esa razón Sirio es identificada con el perro, y se dice que controla la comunicación entre el cielo y la tierra. Como el cielo es la morada de los dioses, el perro celestial está en la puerta de esa morada, estableciéndose un paralelismo con el perro que duerme en la tierra a la puerta de las casas y palacios. Una vez que la existencia del perro en el cielo está bien establecida, cualquier fenómeno celeste extraño, como eclipses, estrellas fugaces, o terremotos, le será atribuido. La estrella Sirio también ha sido identificada como un perro entre los hindúes, egipcios, caldeos, acadios, asirios, griegos y romanos.

Los astrónomos chinos conocían a Sirio como Tianlang, "lobo celestial' y decían que simbolizaba invasiones y saqueos. También se relaciona al perro con su aparición en la mitad del verano, justo antes de la salida del sol, con esos días más calurosos del año llamados días caniculares en español y *sanfu* en chino. El nombre se refiere a los tres periodos de diez días caniculares. Curiosamente ese fu 伏, donde ahora se ve una persona 人 y un perro 犬, que significa inclinarse, era en los caracteres oraculares una persona inclinada, de rodillas (Wang 2010), tal vez venerando al sol. "Los *sanfu* marcan los tres primeros días que inician las tres décadas de calor sofocante, y en la antigüedad estaban relacionados con sacrificios de perros como un medio de prevención contra las epidemias, las plagas (de insectos) y otros males desencadenados por el tiempo caliente y húmedo" (Martzloff 2016: 99). En duración, estación y asociación con el calor hay semejanzas entre los tres *fu* chinos y los días caniculares de occidente.

En las antiguas tradiciones de la India, Sirio es el tercer hijo de Sarama, teniendo el simbolismo de sacar al sol por la mañana de la oscuridad de las aguas (Kramrisch 1981: 47). En India otro símbolo del Perro Celestial era la luna creciente, cuyos colmillos veían en los cuernos de la luna. Un perro que guarda el hogar de su amo divino y protege el sueño de los hombres (Miller 1876). Una imagen mítica semejante se desarrolla posteriormente entre los pueblos turcos, que estaban unidos en el culto a un perro celestial, protector de la gente, creador de todo lo que crece y mediador entre el mundo de los hombres y el cielo (Zuev 2004: 60).

En Egipto es normal que los astrónomos se hayan fijado en las condiciones que rodean esos días caniculares, pues es precisamente cuando el Nilo comienza su inundación anual vivificadora que llenará de nutrientes los campos y los rendirá aptos para una próxima cosecha. Hesíodo considera los días caniculares un tiempo de sequías y pestilencias, Alceo reconoce que es la época en la que hombres y mujeres se muestran más débiles, Virgilio dice que trae sequías y plagas a los mortales, Horacio que abrasa sin piedad los campos jadeantes (Ogden 2010: 206). Estos días caniculares eran asociados en definitiva con las sequías, la debilidad de las personas, las fiebres y otras enfermedades e incluso con la aparición de casos de rabia (Walker-Meikle 2014, Theodossiou 2011). El poeta y astrónomo romano Marco Manilio afirmaba que Sirio "doblaba el calor abrasador del sol", y los Celtas pensaban lo mismo.

Según antiguas tradiciones griegas la gente se defendía de la aparición de Sirio con los sacrificios de perros. El cinofontis era un festival celebrado en Argos durante los días caniculares, cuando los perros que se encontraban vagabundeando por la ciudad eran matados (Mollet 1883). El festival Heracleia se celebraba el 25 de julio en honor a Hércules, el vencedor del perro Cerbero, en el Gimnasio de los Perros (cynosages), el mismo día que se realizaba la "masacre de perros" para calmar a los ancestros de Linos, hijo de Apolo, que fue devorado por sus perros. En esa misma fecha los romanos celebraban la Furinalia, con el sacrificio de perros rojos a la diosa Furina (versión romana de las Furias, temibles perras que cazaban los cuerpos y almas de los criminales). Es el mismo día de San Cristóbal, a veces con cabeza de perro, en el calendario de la iglesia Romana y de Mercurio en el calendario Copto (White 1991: 38-9). Los días caniculares también coinciden en China con el sacrificio de perros y el consumo de su carne.

El perro acaba con la sequía

La relación del perro con los días más calurosos del año le convirtió en responsable del calor intenso y la sequía, por lo que era normal que interviniera en los rituales para ponerla fin. En algunos lugares de China, cuando la sequía persiste y no se ve forma de acabar con ella, siguen al pie de la letra un refrán que dice: "si te ríes de un perro, lloverá." Para ello se hace una procesión en la que un par de perros, vestidos como personas, como dos novios, incluso llevando a veces gafas y un sombrero, sentado cada uno en una silla de mano, son paseados a lo largo de la ciudad. Dos mendigos caminan a su lado, fingiendo que van a casarse con ellos. Según la procesión avanza los espectadores tienen que reír en voz alta, pues se cree que tanto la procesión como las risas causarán la lluvia (Hutson 1921: 161). Una ceremonia similar se celebra hoy en día entre la minoría Miao durante la fiesta llamada de Llevar al Perro, cuando éste es llevado sobre una silla a lo largo de las calles de la aldea, en este caso para agradecerle por haber salvado a la gente de morir de sed llevándoles a descubrir una fuente (Independent 5-9-2017).

Otra forma de inducir la lluvia era exponer un chamán al calor del sol o de un fuego. Ritual en el que el chamán a veces es sustituido por un perro pues "en Japón existe la costumbre de poner un perro guardián en un campo de arroz seco, con la exhortación de que él mismo va a sufrir el calor de la sequía." La idea es que el perro, al sufrir el calor sofocante, podrá influir en su patrón en el cielo para que cese el calor y caiga la lluvia (Loewe 1994: 149).

En las montañas de Japón hay un distrito en el que, si no ha caído lluvia durante mucho tiempo, un grupo de aldeanos, encabezados por un sacerdote que lleva un perro negro, va en procesión al origen de un manantial en la montaña. En ese lugar atan el animal a una piedra y le convierten en el blanco de sus balas y flechas. Cuando su sangre salpica las rocas, los campesinos dejan sus armas y elevan sus voces rezando a la divinidad dragón del manantial, pidiéndole que haga llover para limpiarlo de la profanación (Loewe: 1994: 15).

Entre los Mayas, si no llegaban las lluvias de verano, sacrificaban en el templo una variedad de perros extrayéndoles el corazón (Garza 1997: 123). Su capacidad para acabar con la sequía le convirtió en algunas ocasiones en representante del Dios del Cielo. Entre las tribus de Centro América el perro representaba el fuego que cae del cielo, el relámpago y el trueno; era un tipo de dios de la lluvia y proveedor de comida. Ofrecer un perro a los dioses era un tipo de magia para atraer la lluvia que produciría comida (Seler 1910: 307).

La relación entre el perro y el fuego es también común en Melanesia. En algunas partes de Papúa las historias dicen que el perro trajo el fuego al hombre. Leyendas similares se encuentran entre las tribus de Borneo, y en África, entre los Shillock del Nilo Blanco, los Ogoni, los Ibo y otros (Frazer 1930: 30). En el centro de la India había una ceremonia al fuego seguida del solemne sacrificio de un perro como representante del dios del trueno y la rotura de ánforas con vino, imitando y produciendo la tan deseada caída de lluvia (Burn 1910: 309). Entre los Tinguian de Filipinas, el perro llamado Kimat es el compañero de Tadaklan, el dios del trueno. Ellos creen que cuando un relámpago golpea en un lugar es Kimat que muerde (Sherman 2008: 165).

Los perros tienen una relación particular con sitios sagrados conectados con el agua. En Inglaterra desde la Edad de Bronce hasta el periodo romano se sacrificados perros en pozos y otros ámbitos acuáticos (Green 2002: 111). Esa relación con el agua le pone en contacto con el dragón chino, que es por excelencia el dios de las aguas. De hecho se puede descubrir una identificación entre el dragón celestial y el perro celestial. En algunos relatos el responsable de los eclipses es un dragón, en otros un perro; ambos se consideran capacitados para acabar con la sequía, y ambos compartían protagonismo en algunos rituales. En realidad los dos son animales acuáticos, relacionados con los pozos, ríos y corrientes de agua en la tierra, y con nubes y tormentas en el cielo. El perro es una imagen arquetípica del dragón chino, y muchos términos que contienen el carácter *long* dragón, se refieren a los perros.

De Visser, en su estudio seminal sobre el dragón en China y Japón señala la capacidad de los dragones para transformarse en perros, la presencia de dragones guardianes de una cueva palacio, realizando la labor de los perros, así como la existencia de un fabuloso dragón que vivía en un estanque, que siempre que se le colocaba comida se transformaba en un perro negro para comérsela (1913: 129).

El perro del cielo como enemigo de los niños

En China, al ser los días caniculares los de más calor, la época en que las epidemias se extendían con mayor facilidad, y afectaban sobre todo a los niños más débiles, el perro del cielo fue considerado una deidad maligna que robaba a los niños. Al este de Sirio hay una figura que parece un arco. Es una deidad protectora llamada Zhang Xian que dispara al perro celestial. A Zhang Xian se le reza por una parte para que controle al perro del cielo y deje que nazcan niños, pues pasó de robar niños a impedir su nacimiento (Doré 1926: 7), y por otra para que controle al perro celestial

116

durante los eclipses, que se creía eran causados porque mordía a la luna o al sol (Bishop 2008).

Como uno de los 12 animales del zodiaco chino, el perro preside una de las doce horas del día, desde las 7 a las 9 de la tarde, así como uno de cada doce años. Las mujeres nacidas en días perro, tras el matrimonio y antes de dar a luz a un niño, debía procurarse una pintura de Zhang Xian, representado rodeado de niños en el acto de disparar al perro del cielo, colgarla en la pared de su casa y venerarle prendiendo incienso o velas. De esa forma se puede esperar que los niños vivan. Como ese peligro se consideraba latente para todas las familias, en las cartas matrimoniales que hacían los adivinos antes de la boda se especificaba la forma de evitar los efectos nocivos del perro del cielo, para conjurar el peligro de no tener hijos (Qin y Li 2005: 36).

En algunas zonas, cuando el parto se retrasa se piensa que puede ser culpa del perro del cielo, que está dispuesto a devorar el niño que viene, entonces el cabeza de familia dispara una escopeta hacia el cielo para espantarle (Hutson 1921: 1). En la provincia de Shandong ese perro del cielo era responsable del mal carácter de los niños y de cualquier otra anomalía en su temperamento, problemas que las madres rápidamente solucionaban colocando los encantos correspondientes en la cama del niño (Johnston 1910: 174).

En algunas zonas era tan temido que se ponían mechones de paja vieja sobre las tumbas de los niños, para evitar que el perro celestial les devorara, pues rodeados por la valla de paja es como si estuvieran en sus tumbas, de las que no pueden ser arrancados. Y además, el perro del cielo a veces toma esas pajas por un collar, y se retira asustado ante el peligro de acabar él mismo con un collar al cuello (Dore 1926: I- 60).

El dios Erlang y su perro

En China, el dios Erlang encarna la defensa contra las lluvias torrenciales atribuidas al perro celestial. También es representado con un perro. Erlang era en su origen una deidad acuática de la región de Sichuan, que alcanzó un cierto reconocimiento al sustituir a otras deidades en cuyo nombre se habían producido una serie de alborotos políticos. Cobró protagonismo en una obra mitológica tardía (*La creación de los dioses*), en la que su triunfo sobre sus enemigos está relacionado con su posesión de un perro que puede cambiar de tamaño a voluntad, y que puede atacar y doblegar a los demonios y a los malos espíritus. Ese perro era originalmente el arma del ángel Molishou. Después Erlang derrotó a su dueño y se quedó el perro (Hean-Tatt 1997: 181). Erlang también es uno de los mayores guerreros en el *Viaje al Oeste*, donde la ayuda de su perro es determinante para su victoria. Dado que el dios Erlang vive en el cielo, a su perro que también vive allí se le identifica con el perro celestial. Curiosamente las leyendas dicen que Erlang viajó al otro mundo a salvar a su difunta madre de los tormentos a que había sido condenada, por lo que es tenido como adalid de la piedad filial, lo que también le convierte en una deidad que atraviesa fronteras, como el perro.

Dos perritos con esa misma capacidad de cambiar de tamaño a voluntad se encuentran en la mitología de los Tsimshian de la costa del Pacífico americano. Ellos también salvan al héroe de la derrota, en este caso ante un grupo de osos grises, convirtiéndose en perros gigantes, para disminuir de tamaño tras la victoria y regresar a su bolsillo (Boas 1916).

El culto a Erlang alcanzó cierta popularidad en los últimos siglos, siendo venerado especialmente por su capacidad de proteger contra las inundaciones. Se le atribuye haber salvado a Beijing de una muy grande. En agradecimiento se le construyó un templo en la capital. Lo curioso es que se convirtió en un templo a su perro, venerado como el dios de los perros y por lo tanto su protector. Y mientras que la imagen de la deidad estaba casi oculta, la del perro, en arcilla, presidía el salón principal. Los propietarios de perros de Beijing, cuando sus mascotas se ponían enfermas hacían sacrificios a este dios de los perros, y su altar estaba lleno de pequeñas imágenes de perros en reconocimiento a las curas efectuadas (Buckhart 2006: 91). La cura se efectuaba quemando incienso ante el altar y llevándose las cenizas a casa para que el perro las tragara mezcladas con su próxima comida. Hasta principios del siglo XX, en los días 1 y 15 de cada mes, se podía ver a propietarios de perros adorándole. Cuando sucedía un eclipse la gente se reunía a la puerta de este templo a hacer ruido con tambores, gongs y cacerolas para que el eclipse pasara (Bourke-Borrowes 1931).

Hay otros templos en los que también se veneran a deidades caninas. En uno muy famoso situado en la ciudad de Fuzhou hay una imagen de un gran perro. Se cuenta que si se colocan pan, pasteles o galletas hechas de harina de trigo en su boca y luego son comidas por los niños, prevendrá o curará sus cólicos (Doolittle 1876: 232). El Templo de las 18 deidades en Taiwán es bastante especial. A su entrada hay dos grandes estatuas de perros, cuyo culto se remonta a una leyenda que cuenta que durante la dinastía Qing 17 personas y un perro que viajaban en una barca perecieron en una súbita tormenta, siendo sus cuerpos llevados a la costa, donde la gente los enterró. Posteriormente se construyó un templo en ese lugar (Sitnikov 2011: 51).

Otro templo al perro se encuentra en el distrito Yunlin de Taiwán, un caso con algunos paralelismos, pues también se levanta sobre la tumba de personas y perro, en este caso de unos insurrectos contra la dinastía Qing. El general perro es venerado con comida para animales en una pequeña estatua en el interior de una bolsa de plástico (Crook 2008).

El perro causa los eclipses

Un segundo ciclo de motivos míticos relaciona al perro celestial con los eclipses de sol y de luna. Un eclipse de luna sucede cuando la tierra se interpone entre el sol y la luna generando un cono de sombra que la oscurece. Cada año es normal que se produzcan dos o tres. En uno de sol la luna se coloca entre la tierra y el sol ocultándole para un observador desde la tierra. Este segundo, mucho menos frecuente y más llamativo porque interrumpe el curso normal del día, se consideraba un momento de terror y miedo, pues la suspensión de las reglas más estables, el movimiento del sol, presagiaba inminentes desastres, la destrucción de todas las cosas y al fin del mundo. En las culturas más avanzadas en las que parte de la autoridad de un rey o emperador con conexiones celestiales iba ligada a su capacidad de regular el calendario, y en las que los movimientos de las estrellas y cuerpos celestes se consideraban ligados a sus actividades, los eclipses eran retos especialmente importantes, pues ponían en entredicho su capacidad de llevar a cabo su función de gobierno.

La observación de un eclipse a veces da la sensación de que la luna, o el sol, son devorados por un gran monstruo celeste, y esa es una de las explicaciones más frecuentes en sus mitos de origen. En China, tanto los eclipses de sol como los de luna se consideraban causados por un perro que los devora, aunque otras tradiciones apuntan a que el responsable es un dragón. En el idioma chino el mismo término comer/ comida se utiliza para los eclipses, indicándose únicamente que lo que se come es la luna o el sol. Una forma alternativa, posiblemente más antigua, representa a una gran serpiente, que podría ser el dragón de algunas tradiciones, que se come algo. En realidad tenemos tanto textos que atribuyen los eclipses a un perro como los que culpan al dragón, y parece que la concepción más antigua del dragón dio paso a la del perro.

Los Chiquitos de Sudamérica pensaban que la luna era cazada a lo largo del firmamento por perros enormes, que la capturaban y desgarraban hasta que su luz se enrojecía por la sangre de sus heridas, entonces ellos empezaban a lamentarse y disparaban al cielo para expulsar a esos monstruos (Tylor 1920: 1- 328). Los Pottawatomies creen que en la luna hay una anciana haciendo una cesta; la tierra se destruirá cuando ella acabe, pero un gran perro arruina su trabajo a intervalos y entonces se produce un eclipse (Thomson 1908: 328). Entre los vikingos eran lobos celestiales los que devoraban al sol, perros de fuego entre los coreanos, en Vietnam era una rana. En algunos países africanos es también un perro. Además de China, un dragón devora el sol en Tailandia y Sumatra, muchas poblaciones del norte de Asia así como en Asia Menor, en Carintia, y entre los eslavos del sur. En India, Sumatra y Célebes es una serpiente, un tigre entre los Nagas. Entre los Incas, los Tupis, los Manaos y los Guaranís el jaguar devora al sol causando eclipses (Thomson 1908: 492).

Entre las minorías de China hay una serie de mitos que explican cómo se producen los eclipses. Todos son bastante parecidos, y posiblemente hayan tenido como origen una creencia común surgida en la remota antigüedad. Vamos a ver *El perro del cielo y la luna* (Chen y Xie 2004).

Había una pareja de hermanos ciegos. El mayor se llamaba Ai y el menor Ni. Cada día salían los dos a pedir. Hubo un día en que llegaron a un bosque. En uno de los árboles había un cuervo graznando sin parar. Ni palpó el árbol con idea de subir a coger los huevos. Cogió unas hojas secas del nido con las que frotó los ojos. En cuanto acabó, sus dos ojos se abrieron, frente a los ojos tenía la luz y veía claramente todo alrededor. Sintiéndose muy contento dejó que su hermano también probara, y él también pudo ver.

Los dos hermanos saltaron de alegría. Siguieron andando y se encontraron un ciervo muerto al que frotaron con las hojas secas volviéndole a la vida. Luego encontraron un montón de huesos de tigre y al frotarlos con las hojas vieron que los huesos se iban reuniendo y mágicamente se convirtieron en un tigre vivo. Los hermanos pasaron por una aldea y escucharon los llantos de la gente. Al preguntar les dijeron que la hija del jefe acababa de morir. Era una muchacha bella y trabajadora a la que los hermanos pudieron revivir. Para agradecérselo el jefe la casó con Ai, el mayor. Un día en que los hermanos fueron a la montaña a cazar, Ai dejó su medicina al cuidado de su esposa. Al anochecer aun no habían vuelto, y la mujer de Ai, preocupada porque les hubiera pasado algo, fue al camino a recibirles llevando la medicina. En ese momento salió la luna, que al ver que la mujer llevaba la medicina estiró su mano, se la arrebató y volvió al cielo. La gente decidió ir al cielo a pedir que se la devolviera, para lo que construyeron una gran escalera.

Pero toda persona que intentaba subir se caía, y los que conseguían llegar a la mitad de camino, se morían de hambre. Pidieron a la vaca que subiera, pero se negó diciendo que prefería seguir tranquila la vida de sus antepasados; pidieron entonces al gallo que subiera, pero también se negó diciendo que tenía que marcar la hora por la mañana. Entonces el perro pidió que le dejaran probar. Empezó a subir y subir y estuvo subiendo nadie sabe cuánto tiempo. Cuando llegó donde la luna, se moría de hambre, por lo que le dio un mordisco. Pero como la luna tenía la medicina se la frotó un poco por la herida y de nuevo estuvo bien. Entonces la escalera del cielo se rompió de repente. Sin ella el perro no pudo volver y se tuvo que quedar a vivir en el cielo. Cuando tiene hambre muerde a la luna y se produce un eclipse, pero ésta no tiene miedo pues gracias a la medicina enseguida vuelve a estar redonda.

La gente combate los eclipses

Cuando se produce un eclipse en China la gente hace todo el ruido posible para asustar al perro del cielo y hacer que deje de morder al sol o a la luna, batiendo gongs y cacerolas, tirando petardos, gritando o tocando el tambor. Esta tampoco es una respuesta única de China, pues entre las naciones antiguas cuando había un eclipse la gente solía salir en ayuda de la luna, haciendo ruido con todo tipo de instrumentos. En Roma se gritaba durante los eclipses para que las sombras que ocultaban los astros celestes desaparecieran, lo mismo hacían los turcos y los Aztecas, a pesar de saber su verdadera causa (Clodd 1875: 155-6). Los antiguos peruanos golpeaban a sus perros para hacerles aullar, como hacían los hurones e iroqueses, los mayas les pinchaban en el cuerpo o en las orejas para que griten, mientras que los Apaches honraban a la luna con chillidos.

En China, la responsabilidad del emperador de preservar el correcto orden del universo y la armonía entre el cosmos y los seres humanos hizo que un eclipse fuera considerado una reprimenda del cielo al soberano, una señal de que no está haciendo las cosas tan bien como debiera, y por lo tanto debe ponerse en acción para restablecer el equilibrio celeste, y con él su dominio de la situación en la tierra. Su acción combinaba la ciencia astronómica y las creencias populares, pues cuando los astrónomos de la corte predecían que iba a suceder un eclipse, el mecanismo de mando imperial se ponía en marcha para dar la respuesta adecuada.

"Cinco meses antes de que sucediera el eclipse, el director de la oficina del Ministerio de los Ritos en Pekín, obedeciendo las órdenes del emperador, enviaba un decreto a los gobernadores de cada provincia, y a través de ellos al magistrado principal de cada prefectura y cada distrito, pidiéndoles que salvaran al sol durante el inminente eclipse que se avecinaba. En ese momento los mandarines, vestidos con ropas negras, se reunían en la residencia oficial (yamen) del magistrado principal. Cuando se habían colocado delante de un altar erigido en el patio, el magistrado principal quemaba incienso en el altar y tocaba un tambor tres veces. En ese momento todos los funcionarios presentes se inclinaban ante el altar realizando sus postraciones rituales. Cuando la ceremonia acababa, un número de subalternos continuaban batiendo los tambores y otros instrumentos, hasta que el eclipse acababa, con el objetivo de asustar al perro celestial y evitar así que devorara al sol [...] Sobre los tejados de todas las casas y tiendas de las ciudades chinas también había hombres de pie que, mediante tambores, tam-tams, y cuernos, contribuían como podían al estruendo general [...] Las mismas ceremonias se llevaban a cabo durante los eclipses de luna" (Gray 1878: 267).

Esa contradicción entre la astronomía moderna y las supersticiones seculares posiblemente fuera el precio a pagar por tener un emperador que se dice hijo del cielo, pues en Egipto, donde los faraones se consideraban descendientes del sol y, por lo tanto, sus representantes terrenales, durante los eclipses de sol el faraón no paraba de andar alrededor del templo mayor de Osiris. "La idea era que el sol debía de seguir moviéndose continuamente hasta que no hubiera ninguna obstrucción" (Rana).

Aspectos terroríficos del perro del cielo
Mortandad infantil, sequías, eclipses, terremotos. No cabe duda que el perro celestial es una deidad temible, capaz de hacer temblar a la gente. Ahí estamos ya a un paso de convertir al perro celestial en un peligroso demonio, que no solo puede dañar a los

niños sino causar un desastre a toda la sociedad. De hecho, en algunos almanaques chinos el perro celeste es representado como un demonio merodeando en diferentes puntos del compas según las estaciones. A veces aparece en medio de truenos: "En el año 882, en el mes décimo, "sonaron truenos en el noroeste en un día sin nubes, y se dijo que era un descenso del perro del cielo." Y en el 925, en el mes noveno, "cuando nubes negras cubrieron el cielo por todas partes por la noche, en el norte se oyó un ruido como un trueno, y los faisanes gritaron. Eso es lo que la gente llama un descenso del perro celestial." (De Groot V 1910: 576). Otras veces su aparición va ligada a episodios de auténtico terror causando el pánico entre la gente: En el año 539 circuló por la capital la historia de que el hijo del cielo estaba quitando los hígados a la gente para alimentar al perro del cielo. La población se sentía tan asustada que tras la puesta del sol cerraban las puertas y se armaban con palos. El pánico cesó después de varios meses. En el año 561 "un perro celestial descendió y se realizaron ceremonias para contrarrestar la enfermedad que podría resultar de ello, en cuya ocasión el emperador se cayó del caballo cuando fue asustado por una liebre, muriendo poco después" (De Groot V 1910: 574).

El papel del perro como fantasma o demonio está en el argumento de numerosas narraciones folklóricas y cuentos populares que sólo se relacionan tangencialmente con el perro en el cielo. A ellas dedicaremos el siguiente capítulo.

7. El perro como un fantasma

Ya hemos visto los efectos negativos del perro celeste, que impide el nacimiento o crecimiento de los niños, que asusta a las poblaciones y que sirve como pretexto para que se lancen olas de terror sobre la gente. Estamos por tanto en un territorio en el que la visión del perro se ha transformado por completo, de un amigo y protector ha pasado a ser un espíritu maligno que hace daño a los seres humanos. Puede que se transforme en persona para engañar a los otros y conseguir un beneficio. Cuando actúa de esa forma lo hace en su condición de animal familiarizado con el mundo de los vivos y el de los muertos, por lo que en algunos episodios anuncia la muerte o sustituye a un muerto.

El perro fantasmal es un perro temido y despreciado. En un tiempo en que los perros eran poseídos principalmente por los ricos y poderosos, el perro cogió mala fama entre la gente corriente, porque suponía una molestia con sus ladridos, y una potencial fuente de peligros y enfermedades (Lee: 114). En China el deterioro gradual de la imagen del perro se produce a partir del siglo IV y tal vez no sea casualidad que en esa fecha surja un gusto literario por las narraciones de hechos curiosos, extraordinarios, anómalos y sobrenaturales. En estos relatos abundan los espíritus animales que se transforman en personas, en hombres para tener relaciones con mujeres, o en mujeres con el mismo objetivo. En este caso son casi siempre zorras, y se asocian con una sexualidad exagerada, por lo que sus parejas humanas suelen experimentar un agotamiento debilitador. La zorra como símbolo de la sexualidad descontrolada de la mujer también se utiliza en el lenguaje español, en inglés (*vixen*) y otras lenguas de occidente.

Como era de esperar las mismas cualidades que le hicieron ser querido le hacen ahora ser odiado. Donde era el mejor amigo ahora es el mayor traidor, donde podía acompañar a los muertos en su camino al paraíso se convierte precisamente en la amenaza contra la que hay que protegerlos, y donde los amuletos de perro servían para proteger contra los malos espíritus, se convierten ahora en el vehículo mediante el que los malvados espíritus caninos atacan a sus enemigos. En realidad las dos caras de la moneda son las que forman la moneda. Es decir, completan la relación del perro con la muerte, la gente y como poder espiritual. Como nuestro objetivo es presentar la riqueza del folklore y simbolismo canino, mostraremos a continuación algunas situaciones en las que los perros aparecen como "heraldos o portadores espectrales del mal, taimados impostores y abusadores de las mujeres" (De Groot Vol. V: 1910: 571).

El enemigo perro

La existencia de perros de guardia nos recuerda que los perros asustan y muerden a la gente. Por muy adiestrado que esté para hacerlo sólo a los malhechores, la presencia de un perro fiero siembra el miedo entre los que le rodean. La enemistad del perro hacia los humanos es parte de su propia amistad, pues defiende a su amo pero no siente afecto hacia otros humanos. El que sufre o puede sufrir el ataque de un perro le ve como un enemigo. Por lo tanto las relaciones de amistad y enemistad entre perros y humanos van en paralelo. Pero aquí no nos vamos a ocupar de la violencia de los perros hacia los humanos sino de la de los espíritus o fantasmas caninos.

En el folklore chino hay un buen número de historias sobre perros demonios en relación con la casa y la esfera doméstica, incluyendo casos de intrusión de perros y perros descritos con comportamientos humanos. En los *Libros de los Días* de Shuihudi (s III a.n.e.) se menciona un perro espíritu que asume la forma de un demonio para entrar en las casas de la gente de noche, atrapar a los hombres y jugar con las mujeres, así como la aparición de demonios perro, como un viejo perro que se transforma en el espíritu de un anciano y aterroriza la casa en la que vivía, otro que camina erecto y se comporta como un ser humano, llevando un sombrero y sentado frente al hogar mientras se ocupa del fuego; u otro viejo perro negro que posee a una doncella (Sterckx 2002: 231).

Piezas de papel amarillo con imágenes de la cabeza de un perro podrían hacer que una persona se pusiera enferma, se volviera estúpida, que obedeciera, o incluso se muriera. Un encanto semejante, con la cabeza de un perro estampado, era usado extensivamente por las prostitutas que deseaban que un huésped rico las visitara de nuevo. A veces mezclaban en secreto sus cenizas con té y se lo daban a beber, o en el momento de su partida quemaban el encanto y le pedían que le siguiera como un perro allá donde fuera, con la creencia de que eso le haría regresar en el futuro (Doolittle 1875-2: 321).

Algunos perros fantasmas no hacen daño a la gente, sólo quieren ser sus compañeros. Tras su muerte y entierro, el ministro Lai Jide de Nanyang se apareció de nuevo sentado en la mesa de sacrificios con la misma expresión, ropa y voz que cuando estaba vivo. Daba instrucciones a sus nietos, a sus hijos y a las mujeres de la casa igual que en vida, haciendo cada cosa con el orden debido, y castigando a sus servidores por sus faltas. Después de haber comido y bebido se despedía de sus familiares y se marchaba, dejándolos a todos sumidos en su dolor. Durante varios años continuó volviendo de vez en cuando, y toda la familia estaba realmente disgustada con él. Hasta que un día, tras haber bebido mucho vino, reveló su forma verdadera y se dieron cuenta de que era un viejo perro. Cuando le hubieron dado de palos hasta la muerte descubrieron que era el perro de la taberna de la aldea (Yang et Yang 2005: 111).

La familiaridad del perro con la muerte le convierte en un ser terrible capaz de causarla con su mera presencia. "Durante la dinastía Song, Wang Zhongwen fue un perista en Henan, que vivía al norte de la ciudad del distrito Goushi. Tras retirarse del servicio, estaba una tarde de paseo cuando vio que un perro blanco seguía su carruaje. Le pareció curioso e iba a cogerlo cuando de repente se transformó en un hombre. Con sus ojos rojos como el fuego, sus colmillos afilados y su lengua colgando de la boca, realmente era una aparición terrible. Wang y su esclavo, asustados, le atacaron, pero no pudieron doblegarle y huyeron. Antes de llegar a su casa cayeron muertos" (De Groot V 1910: 571).

El perro de los Baskerville y otros perros diabólicos

Los perros diabólicos no son una exclusiva de China. En Japón las familias de espíritus perros tienen una relación permanente con ellos, que a veces se mantiene durante muchas generaciones, pues sus transformaciones entre perros y personas les proporcionan ciertas ventajas. Se cuenta que el cabeza de una de estas familias fue ajusticiado por sus actividades, pero apareció unos días después transformado en un perro. Se decía que estas familias realizaban actividades extáticas venerando a una cabeza de perro, pues estaban totalmente identificadas con los espíritus perro. Pensaban que cuando un niño nacía, lo hacía a la vez un espíritu perro, que crecería con él y moriría a su muerte. Para iniciar una familia-perro se recomendaba enterrar un perro con su cabeza fuera y dejarle morir de hambre, tal vez con la idea de que el sufrimiento forzaría al espíritu a abandonar al perro y tomar posesión de los miembros de la familia (Fairchild 1962: 36).

En Occidente los perros fantasmales suelen ser los perros negros. Su origen se remonta a la antigüedad clásica, cuando eran asociados con la muerte. Anubis era representado como un perro negro. Horacio menciona perros negros como un presagio funesto y Plutarco dice que su aparición ante un hombre presagiaba su próxima muerte (Quaile 2013: 39). En la India los demonios o *Rakshasas* se pueden transformar en perros para realizar sus malas acciones, lo mismo que los *rabisu* de Oriente Medio o los *djinn*, esos diablillos comunes en el folklore musulmán que entre sus encarnaciones favoritas tienen la de convertirse en perros negros (Mack y Mack 1998). Hay una tradición musulmana que asocia a los perros negros con el diablo y algunos juristas prohibieron su posesión e incluso propusieron que se mataran a todos (Gunther 1108).

Tal vez los perros diabólicos más conocidos sean los del folklore británico, inmortalizados en la aventura de Sherlock Holmes titulada *El Perro de los Baskerville*, un misterio tejido en torno a un terrorífico perro negro que causa la muerte a las personas, pues en Inglaterra hay leyendas de unos enormes perros sobrenaturales que siguen a la gente y les causan daño o la muerte. Casi cada condado tiene su perro negro. Suelen aparecer por la noche y se les caracteriza con ojos brillantes y grandes dientes y zarpas. Las tradiciones son muy antiguas. En algunos relatos se dice que las personas que eran tocadas por este animal morían inmediatamente o un poco después, y se han declarado casos de encuentros con ellos hasta finales del siglo XX (Trubshaw 2008).

Estos perros fantasmales son los perros de la muerte de los mitos antiguos, que siguen cumpliendo su misión secular de recoger a los que van a morir, pero en una sociedad en la que las experiencias tras la muerte habían sido completamente reorganizadas por la religión cristiana, perdieron sus connotaciones positivas quedando solo como heraldos de la muerte. Esa relación se encuentra en el origen de la superstición que considera el aullido de un perro un presagio de muerte. Su descripción en el Londres del siglo XIX parece una puesta en imagen de los roles que describimos en la mitología de la India, los dos perros de Yama que cada día recorren el mundo en busca de los que van a morir, o los de Annwn del folklore galés: "El animal intenta pasar bajo la ventana de la persona condenada, pero si la casa está dentro de un cercado y no puede entrar, da vueltas alrededor de la propiedad muy nervioso, o va arriba y abajo como un centinela. Si el perro tiene éxito y consigue entrar, se detiene bajo la ventana, aúlla de forma horrible, acaba con tres tremendos ladridos y se va" (Kelly 1863: 109).

Pero ahora ya no se ve en ellos un carácter sagrado, mágico o celestial, sino demoniaco y terrorífico. Así pasaron a las leyendas como espectros nocturnos y sus apariciones consideradas un presagio de muerte. A menudo se les asocia con las tormentas eléctricas, los cruces de caminos y los lugares de ejecución (Sitnikof 2011). Un perro con semejantes propiedades era conocido en el folklore alemán como *Aufhocker*, era negro y de tamaño gigantesco, apareciéndose generalmente a los viajeros nocturnos. Su nombre "salta sobre" se debe a que se decía que se elevaba sobre sus patas traseras creciendo y creciendo hasta alcanzar la garganta de la víctima (Rose 2000: 30). Otro se subía al caballo de la gente y les causaba gran peso. Una leyenda danesa cuenta que un hombre sentía una gran presión sobre sus hombros, entonces lanzó unas cuchilladas a su espalda y un gran perro se alejó de él (Dale-Green 1966: 55).

Hay tradiciones semejantes en otros lugares del mundo. Son especialmente ricas en Latinoamérica, donde tienen diferentes nombres según los países, pero una forma de actuación bastante común. Sean los *cadejos* de Centro América, los *carbunco* de Ecuador o los *familiar* de Argentina, todos se aparecen por la noche, muchas veces persiguiendo al caminante solitario, otras situados, por así decirlo, en el límite de los mundos, en la calle, el cruce del camino, o en los ríos (Burchell 2007). Algunas tradiciones los relacionan con el diablo, pero su presencia en los límites de un territorio les relaciona con ese perro que guía a los muertos, común por todo el continente. Por supuesto, sobre esa base han debido acumularse otras ideas, como el miedo a los perros de guardia, o a los usados por los poderosos para custodiar sus haciendas y factorías. Su relación con la muerte se hace evidente en todos los casos.

En Colombia y Ecuador estos perros están asociados a las grandes extensiones de agua, que son consideradas puertas al mundo subterráneo. El *carbunco*, un gran perro negro con un diamante en la frente, es el protector de los tesoros de la tierra, y el protector de los bosques contra los que queman demasiada madera (Burchell 2007: 17). Los mineros de Chile también temen a un gran perro negro que aparece inmóvil en mitad de la noche, soltando fuego por los ojos. Se cree que su presencia señala que bajo tierra hay un tesoro que él custodia.

Puede que estas tradiciones tengan un origen prehispánico, pues los Arikara de Estados Unidos tienen la creencia en los llamados "perros del agua", que se cree son muy poderosos a la hora de matar a la gente, y basta que una persona los vea para que muera poco después.

Cuentan que "una vez había un joven que dormía fuera de la tienda. Por la noche oyó a unos perros ladrando y a la luz de la luna vio a un perro que venía del río llevando a sus cachorros en la boca, uno a uno, hasta unas fuentes en las colinas [...] Murió poco después de verlos. En otra ocasión una anciana fue al río a por agua, a un lugar cercano donde se veían los "perros de agua". Cuando se detuvo para tomar su cubo escuchó a unos perros charlando; entonces se puso enferma y murió poco después" (Dorsey 1904: 156).

No suelen hacer daño a la gente los perros fantasmales que cuidan tesoros, comunes en las leyendas del Norte de Europa, ni los que otorgan esos tesoros a quienes cumplen determinadas condiciones. Estos perros conocen el futuro, así como lo que hay bajo tierra. En Austria se dice que guardan los tesoros escondidos en los castillos en ruinas y en Normandía se cree que muerden a los caballos que se acercan demasiado a los tesoros que custodian (Dale-Green 1966: 70-1).

Los perros y las brujas

El carácter malvado de los perros, especialmente de los perros negros, se asoció en algunas ocasiones a las mujeres. Por ejemplo, en los poemas de Homero las mujeres son calificadas reiteradamente con el epíteto de "perras" o con cabeza de perro, y existía una cierta asociación entre los aspectos más oscuros de las mujeres y los de los perros (Franco 2014: 4). Entre algunas comunidades musulmanas la plegaria no era válida si pasaba un burro, un perro negro o una mujer por delante (Gunther 1119). Ciertamente el perro y la mujer comparten numerosas semejanzas en culturas donde la estructura familiar gira en torno al hombre como cabeza de familia. Ambos, mujeres y perros se sitúan en una posición subordinada, se basan en la seducción para mantener el favor del señor, pertenecen al ámbito interior de la casa y su lealtad es una continua fuente de preocupaciones para el hombre (Franco: 2014).

En Grecia y Roma se han descubierto perros en lugares relacionados con la magia y la hechicería (Petrilli 2009). En la Europa de la Edad Media los demonios eran con frecuencia percibidos como perros negros, y de hecho ambos comparten muchas de sus características: el terror que generan en la gente, llevar vidas misteriosas, percibidos poderes mágicos, así como una cierta familiaridad con la muerte. La relación de los perros con las brujas es ambigua, pues si por una parte pueden detectar a las brujas y ladrarán a una hasta desenmascararla, las brujas son capaces de utilizar a los perros para sus propios objetivos. Para que el perro desvelara la identidad de una se le daban a comer galletas de centeno amasadas con la orina de la sospechosa, pensando que de esta forma el perro podría reconocer al diablo. Ese método se usó para intentar que confesaran las famosas brujas de Salem. Otras veces el perro era percibido como el propio diablo, que persigue a su víctima deseando apoderarse de su alma (Breslaw 2000). No cabe duda que estas ideas son fruto de ese deterioro de la imagen del perro y la de la mujer sanadora.

"Cuando una bruja se convertía en miembro de un aquelarre se le decía a través de qué animal adivinaría y se le instruía en el método de adivinación. Un animal muy común para ese propósito era el perro" (Murray 1933). Agnes Sampson, ejecutada en 1590, cuando era llamada para ver a alguna persona enferma acostumbraba adivinar por un perro. La bruja Elizabeth Sawyer confesó que el diablo llegó a ella en la forma de un perro, que ella utilizó posteriormente para llevar a cabo sus malas acciones. Algunas acusadas obtenían el poder de adivinar entregando a un demonio con forma de perro, una comunión que habían fingido comer pero habían guardado en la boca (Murray 1933). En 1612, Alice Device confesó que una "cosa como un perro negro" se le apareció mientras estaba andando, habló con ella y le pidió su alma, ofreciéndole a cambio el poder de hacer todo lo que quisiera. En las leyendas populares, tras su iniciación, las brujas recibían a menudo cachorros de perro del diablo, que también podía ser él mismo un perro, y a veces ellas se transformaban en perros para llevar a cabo sus encantos (Beusterien 2013:50). En la gran obra *Fausto*, de Goethe, el demonio también aparece con forma de perro (Walker-Meikle: 2014).

En la España del siglo XVII hubo un extraño proceso contra una mujer acusada de brujería apodada la Lobera. Ana María García aseguraba haber sido expulsada de su familia para que se la comieran los lobos, pero ella no solo no sufrió ningún daño sino que consiguió un cierto poder sobre ellos. Dicen que amenazaba a los pastores que no la ayudaban en sus vagabundeos con arrojar a los lobos contra su ganado. Durante el juicio ante la Inquisición aseguró que se le aparecía el diablo, a veces con forma humana, otras de perro o de lobo (Caro Baroja 1995).

Los Beng del África Occidental, han resuelto el problema reconociendo los poderes de los perros, y la posibilidad de que sean utilizados en beneficio o perjuicio de la gente (Gottlieb 1992: 104). En la parte sur del territorio del Yukon se pensaba que los perros detectaban a las brujas, pero las brujas también usaban a los perros para hacer daño a la gente, e incluso a veces se transformaban en perros. Se dice que les bastaba con colocar algún desecho, pelos, ropa vieja, u otra cosa de una persona sobre un perro muerto para causarle la muerte (Cummins 2013).

Cinantropía

Al igual que la licantropía es el fenómeno por el que una persona siente que se transforma en un lobo y actúa como tal, la cinantropía define cuando se transforma en un perro. Ambos conceptos están estrechamente ligados, dado que por regla general estas transformaciones se refieren a los aspectos más feroces de los cánidos, los que les asemejan al lobo. El término ya aparece en algunos escritos romanos, Marcelo el Sidita lo describe en el siglo II como un tipo de melancolía semejante a la licantropía, y ocupa toda una sección de la gran obra de De Groot sobre las religiones de China, que él ilustra con algunos relatos:

"Se cuenta que en el año 28 a.n.e. había dos hombres en Chang'an que vivían en la misma casa, y un día encontraron en su cuarto un ser de forma humana al que atacaron con tanta fuerza que se convirtió en un perro y escapó de la casa. Entonces aparecieron varios hombres con sus cotas de mallas, armados con arcos y lanzas, que les atacaron. Pero los propietarios y su gente les recibieron tan heroicamente a palos y golpes que mataron o hirieron a muchos, que entonces se transformaban en perros" (De Groot IV-II 1910: 184).

Otra colección de cuentos de la época narra que:

"Al pie de una montaña había un pabellón donde la gente, si pasaba la noche, frecuentemente se ponía enferma y acababa muriendo. Habitualmente era tomado como el lugar de encuentro de diez o más personas de ambos sexos, que se divertían jugando a las cartas. "Un cierto Zhi Boyi una noche pasó por allí, recitando los clásicos a la luz de una antorcha, cuando hacia la medianoche aparecieron diez personas, se sentaron a su lado y se pusieron a jugar una partida. Boyi les alumbró ligeramente y descubrió que eran una manada de perros. Tomó su antorcha para encenderla y por error tocó sus ropas, que despidieron un olor como a pelo quemado. Teniendo un cuchillo en su regazo, agarró a uno de los hombres y le apuñaló. Soltó un grito humano pero al morir se transformó en un perro. Los otros huyeron" (De Groot IV-II 1910: 184).

Entre los Nanai de Manchuria y Siberia se cuenta que:

"Un niño de una aldea se puso enfermo de repente y murió. Los padres, sospechando que había pasado algo raro, decidieron quedarse la noche en vela vigilando su cuerpo sin encender fuego. Entonces vieron que la puerta se abrió, un perro blanco entró a la casa y empezó a beber la sangre del niño. El padre le clavó un arpón y el perro desapareció. A la mañana siguiente, un hombre de la aldea, un "gran" chamán, se puso enfermo. Cuando se le examinó se descubrió que tenía una herida de arpón en su estómago. Murió ese mismo día" (Balzer 2016).

Entre sus vecinos Chuckchi hay una leyenda aún más extraña, pues

"Una mujer que tenía una enemiga, hizo un perro de nieve, le transformó en un joven, y le envió al campamento de la futura víctima. Allí actuó como un joven y consiguió hacerse su amante. Su propietaria, desde su propio campamento, le llamó por su nombre de perro haciendo que de esta forma se transformara en uno de nuevo y se llevara a la mujer como hacen los

perros, atacando a su cuerpo hasta destrozarla. Al volver al campamento de su ama el perro desapareció" (Bogoras 1909: 482).

En la isla Timor existe la creencia de que algunos brujos pueden convertirse en perros, y pueden transforman a la gente en otros animales mientras duermen. Se cree que el cambio se efectúa por la noche, dejando su cuerpo como si durmiera mientras buscan una víctima. El alma de su víctima generalmente se convierte en alguno de los animales que se comen, como una vaca o una cabra. Como la cabeza humana puede quedarse en el animal, se corta, y al día siguiente se dan un festín con su carne, mientras que la víctima, desprovista de alma, no tarda en morir (Rose 2000: 390).

El temor a la rabia y su relación con la locura

"Todo el mundo puede encontrarse con perros espantosos. Casi todos hemos sufrido intentos de agresión por un perro y muchos hemos cruzado de calle para evitar la posible confrontación con un animal agresivo. Ahora imaginemos que esos perros pueden ser portadores de una enfermedad mortal, la cual, si eres mordido, puede paralizar tu cuerpo y desequilibrar tu mente, antes de producirte una inevitable agonía mortal. La rabia era y es esa enfermedad" (Pemberton 2007: 1).

La rabia, de hecho, afecta principalmente al sistema nervioso, causando trastornos en el comportamiento. Es posible que entre las transformaciones de la sociedad que provocaron ese cambio en las relaciones entre los perros y las personas se encuentre el miedo a la rabia, pues es una enfermedad que todavía hoy, a pesar de los tratamientos de la moderna medicina, causa miles de víctimas mortales cada año (WHO 2016).

Sabemos que la rabia constituía una gran amenaza a la salud en los tiempos antiguos. Hay relatos del terror causado entre la gente por un perro rabioso en la época de Confucio. En la antigua *Crónica de Zuo* se dice que la gente del país de Lu hizo un gran esfuerzo para expulsar a los perros rabiosos, persiguiéndolos hacia el territorio del noble Hua Chen que, a su vez, se sintió tan aterrorizado que escapó al país de Chen (T'ien 1985: 69).

En el *Libro de los Han* se dice que la muerte violenta de los perros ocurre con más frecuencia en años de sequía y que las malas condiciones climáticas eran una de las causas de esta calamidad. Un médico famoso del siglo IV, Ke Hung, resumió las experiencias de los 300 años anteriores y descubrió una terapia efectiva para acabar con esa enfermedad fatal, consistía en matar al perro rabioso y utilizar su cerebro para vendar la región de la herida. Método que ha sido considerado el precursor de la inmunoterapia china, y que parece más avanzado que las recomendaciones preventivas del eminente médico Sun Simiao "Cuando acaba la primavera y empieza el verano, los perros tienden a volverse locos. Los niños deben de llevar palos para protegerse" (T'ien 1985: 69).

La rabia se consideraba difícil de curar. Como ningún tratamiento era claramente efectivo, había una larga lista de supuestos remedios que incluían diversas medicinas, hacer sudar a la gente, frotarle con excrementos o pelos de perro, etc. Se pensaba que la gente que se enfrentaba a un perro rabioso tenía que tener cuidado porque si el perro mordía el palo, sus ropas o incluso su sombra, le podría transmitir la rabia (Reed 1915). Soñar que se es mordido por un perro rabioso era tan malo como ser mordido en realidad, por lo que se aplicaba el mismo tratamiento. También se le aplicaba a la persona que mataba a un perro rabioso, pues podía contagiarse (Hutson 1921: 205). En Sichuan se creía que si un perro mordía a una persona, se debía de poner un pelo del perro en la herida. En Nepal el chamán sorbía del cuerpo del paciente un trozo de carne con la forma de un perro para curarle, método especialmente usado por una chamán que se decía poseída por una deidad con cabeza de perro en el Katmandú de fines del siglo XX (Beer 1999).

En China se describía al enfermo como: "se queda silencioso y con la mirada fija. Pronto ladra como un perro, se quita la ropa y la hace jirones, se tira del pelo, se come las uñas, corre como un animal loco y muerde a la gente. Durante este periodo tiene tal fuerza que nadie le puede controlar" (Hutson 1921: 205). Los cambios de comportamiento que produce la rabia han podido originar el folklore de los perros diabólicos pues la rabia acabó por ser sinónimo de enfermedad mental y se asociaba con las influencias malignas de los espíritus. La idea china de locura deriva de la rabia de los perros. En Occidente rabia viene del verbo latino *rabere*, que significa rabiar (T'ien Ju-K'ang 1985: 68).

La rabia, por su desenlace mortal y los síntomas neurológicos que conlleva, también ha sido protagonista del folklore de Occidente. En la Grecia antigua se asociaba con el calor de los días caniculares. Entre los romanos se pensaba que si se cortaba la cola a un perro pastor era más difícil que contrajera la rabia. También se pensaba que el freno de la lengua, la membrana que la mantiene unida a la boca, era un gusano que favorecía la aparición de la rabia, por lo que se recomendaba cortarla a los cachorros (Swabe 1999). En la Europa medieval, mucho antes de que se descubriera una vacuna, la rabia era tan temida que multitudes de creyentes hacían peregrinajes a Lieja, Bélgica, donde San Huberto había vivido, rezándole para ser librados de la enfermedad. San Huberto, el santo patrón de los cazadores, era invocado contra las mordeduras de perro y las víctimas de rabia. También usaban barras de hierro y unas cruces llamadas "las llaves de San Huberto" para mayor protección contra la rabia, que clavaban en los muros de sus casas o las llevaban con ellos. Si eran mordidos por un animal con rabia, muchos campesinos calentaban al rojo las llaves y las aplicaban sobre la herida. En realidad las heridas eran esterilizadas con el hierro caliente, matando al virus de la rabia, que muchos interpretaban como un milagro y una prueba más de los poderes divinos de San Huberto (Butcher 2004: 21).

Otro remedio que se creía efectivo era la raíz de la rosa canina, que de hecho era llamada así por ese motivo. A pesar de los descubrimientos científicos las creencias populares son difíciles de erradicar y en los años 40 del siglo XX todavía había mucha gente en Estados Unidos que creía que la rabia se podía curar con un tipo de piedra bezoar que se formaba en el estómago de los ciervos, tragando un pelo del perro que ha mordido o llevando un trozo de cornejo (*dogwood* en inglés) en el bolsillo. Todavía era prevalente la creencia de que la rabia atacaba con más fuerza durante los días caniculares, y las leyes de algunos condados y ciudades exigían que en esas fechas se mantuviera a los perros dentro de casa (Randolph 2012).

Perros que abusan de las mujeres

A veces los perros se pueden transformar en mujeres y engañar a la gente, como sucedió a Shen Ba que cada noche soñaba con una bella dama, pero su perra dormía en la cama a su lado. Entonces sospechó que la perra era la causante de esos sueños y la mató. Esa noche se le apareció en su sueño por última vez reprochándole que si no estaba satisfecho con ella se lo podía haber dicho sin necesidad de matarla (Wu 1993: 360). Huang Xiu estaba enfermo y no se levantaba de la cama, pero cada día una perra iba a

135

visitarle con vino y luego se oían risas en su cuarto. Sospechando algo raro, los vecinos mataron a la perra y Huang Xiu se recuperó de su enfermedad. Pero es mucho más común que el perro se transforme en un hombre.

"Tian Yan, residente en Beiping, estaba de luto por su madre y vivía en un refugio de ramas junto a la tumba. Pero una noche volvió al dormitorio donde estaba su mujer. Ésta se quedó sorprendida y le dijo. "Ahora estás de luto por tu madre, mejor que nos abstengamos de disfrutar de estos placeres." Pero Yan no la hizo caso e hizo el amor con ella. Después de un rato Yan volvió a su cuarto de nuevo, pero solo por un minuto y sin decir una palabra a su mujer. Ésta, sorprendida por su silencio, le reprochó por lo que había hecho antes. Yan se dio cuenta que un hombre-perro había estado con ella.

A la noche siguiente se quitó sus deterioradas ropas de luto pero no acabó por quedarse dormido. En ese momento vio que un perro blanco se metía en su refugio, se ponía sus ropas y se transformaba en un hombre. Luego se vistió y se dirigió a su casa. Yan le siguió y descubrió que estaba a punto de subirse a la cama de su mujer. Entonces le mató. Su mujer no pudo soportar la vergüenza y murió poco después (Alimov 2012: 8).

Otro relato cuenta que:

"En el siglo XV vivía en la provincia de Shandong una familia que tenía un perro que siempre seguía al marido en sus viajes. Así que en una ocasión salió con el marido, que iba a comerciar a tierras lejanas, pero a los pocos días regresó de forma inesperada bajo la forma del marido. La mujer, no sospechando nada, le preguntó por qué había vuelto, él contestó que a mitad de camino habían sido víctimas de unos bandidos que les habían robado todo, aunque afortunadamente pudo escapar con vida. La mujer no dudó de la veracidad de sus palabras. Un año después el verdadero marido regresó a casa. Los dos tenían una forma exactamente igual, y mientras estaban discutiendo acerca de quién era el verdadero la mujer y los vecinos informaron al magistrado, que los metió en la cárcel. Un policía entonces contó este asunto a su mujer, que le dijo: "El que llegó primero es el espíritu del perro, y eso se puede probar mirando si los pechos de la esposa tienen marcas de sus patas." El policía se lo dijo al magistrado, que llamó a la mujer y la pidió que se desnudara, descubriendo que efectivamente tenía marcas en el pecho. Entonces dio órdenes de ajusticiarle, momento en el que se transformó en un perro (De Groot V 1910: 109).

En *El tigre, el perro y el doble marido*, se cuenta que:

"En la dinastía Song vivía con su mujer un hombre que se dedicaba a fabricar ornamentos para las bodas. Un perro blanco experto en las artes mágicas, habiendo visto que la mujer era especialmente atractiva, se dispuso a conseguirla, y para llevar a cabo su proyecto se transformó en un ser exactamente igual a su marido. Calculando de forma errónea el tiempo del que dispondría visitó a la mujer justo en el momento en que el marido regresaba.

La mujer observaba a los dos maridos sin ser capaz de reconocer al verdadero. Al no poder decidir por sí misma, los llevó al tribunal para que decidiera el magistrado, pero éste se sintió tan perplejo como ella. Sospechando sin embargo que uno de ellos pudiera ser un perro disfrazado, recordó que un tigre encerrado en sus dependencias acostumbraba a alimentarse de perros, pero nunca había atacado a un ser humano.

Así que colocó a ambos maridos en la jaula del tigre. El animal enseguida se lanzó sobre el perro y le devoró, dejando indemne al marido verdadero" (Dennys 1870: 139).

Matrimonios entre perros y mujeres

Atribuir a esos perros fantasmales el deseo de tener relaciones sexuales con mujeres puede reflejar la lascivia que se asocia a los perros, casos reales en los que las mujeres han mantenido esas relaciones, o ser el recuerdo o la reinterpretación de los relatos mitológicos en los que se traza el origen de la tribu al matrimonio entre una mujer y un perro. El que la lascivia sea es una de las características habitualmente atribuidas al perro es debido a varias de sus características fisiológicas. Por una parte su copula habitualmente consiste en dos apareamientos, uno rápido sin grandes consecuencias fisiológicas, y otro más lento, tras el cual la base del pene del macho se hincha y perro y perra permanecen unidos a veces durante una hora. Además es un animal que se aparea en público, es decir, de los animales que lo hacen en público es el que vive con la gente, y la perra, durante la época del estro puede aparearse con cualquier perro que se encuentre.

Uno de los *Extraños Cuentos de Liao Zhai* de Pu Songling, "El perro que fornicaba" proporciona una cruda descripción de estas relaciones.

"Había un comerciante en Qingzhou que pasaba mucho tiempo fuera por motivos de negocios, a veces hasta un año entero. Tenía un perro blanco en

su casa, y durante las ausencias de su marido, su mujer le animaba a mantener relaciones sexuales de tal forma que el perro se acostumbró a ello.

Un día, cuando el comerciante acababa de regresar a casa y estaba en la cama con su esposa, el perro irrumpió súbitamente en su cuarto, se subió a la cama y mordió al marido hasta matarle. Cuando los vecinos se enteraron, muy indignados informaron al magistrado, que interrogó a la mujer bajo tortura, y cuando ella aún rehusó confesar, la envió a la cárcel del distrito. Entonces dio órdenes de que se llevara al perro con una correa, y convocó a la mujer ante el tribunal. En el momento en que la vio, el perro se lanzó hacia ella, rasgó sus ropas con los dientes, adoptando una postura que era indudablemente sexual. La mujer no pudo seguir negando los cargos. El magistrado los envió a los dos, mujer y perro, bajo custodia a la alta corte de la capital provincial. En el camino, la población local, deseando verlos en el acto de copular, sobornaban a la escolta para que le sacara fuera del carro y les obligara a hacer una representación pública. En cualquier lugar donde paraban este acto atraía una multitud de cientos de personas y los guardias del yamen hicieron una pequeña fortuna a su costa. Más tarde la mujer y el perro fueron condenados a una muerte lenta.

¡Cuántas cosas son posibles en el inmenso universo entre el Cielo y la Tierra! Ciertamente esta mujer no es la única criatura con un rostro humano que ha copulado con un animal" (Pu 2006).

Entre la minoría Dai del sur de China circula una leyenda realmente extraña:

"Hace muchos años, había en la orilla oeste del río Mekong un reino llamado El lugar donde no entienden la razón. Allí vivían más de 800 mujeres que con frecuencia se acercaban a las cercanías de Jinghong, donde se apareaban con unas piedras con forma de falo. Poco después llegó un gran perro que había estado revolcándose en los campos cercanos, y una de las mujeres se lo llevó a casa. Esa noche el perro empezó a ladrar como un loco y la mujer le dejó que pasara la noche dentro de casa manteniendo relaciones sexuales con él. Cuando las mujeres vecinas lo supieron hicieron lo mismo por turnos. De esa forma todas quedaron embarazas. Pero si a la hora de parir tenían un niño, el perro se lo comía, así que nunca había hombres entre ellos. Y hasta mujeres sin progenie de las zonas cercanas llegaron a probar.

Muchos años después una mujer que quería tener un hijo, para evitar que el perro se lo comiera, tras parir se fue a la montaña. Cuando el niño creció preguntó a la madre quién era su padre. Ésta contestó: "No parece humano." Muy extrañado bajó de la montaña a investigar. Cerca del río encontró al perro y le atacó con el cuchillo cortándole en dos. La mitad inferior del cuerpo cayó al río, mientras que la superior permanecía en la roca. Iracundo maldijo al muchacho preguntándole: "¿Quién eres?" "Soy tu hijo" respondió el chico. "¿Por qué quieres comerte a los chicos dejando solo a las mujeres para cuidar el ganado?" El perro contestó. "Está bien, convoca a las mujeres para ver si aún me quieren." Todas las mujeres fueron a la orilla del río, donde vieron que sólo quedaba la mitad del perro y dijeron que no le querían. Entonces el perro dijo muy pesaroso. "Tomad sangre de mi cuello y teñir vuestros tocados y vuestras faldas de tubo como recuerdo." Al acabar de hablar cayó al río y murió. Desde entonces las mujeres llevan un tocado y visten unas faldas de tubo en las que se ha bordado un estampado como la sangre de perro. Este país luego fue conocido como El país de las 800 nueras de perro o El país de las mujeres" (Lu y He 1999: 148).

Matrimonios entre perros y mujeres son muy abundantes en el folklore. También hay muchas noticias que señalan que el sexo entre mujeres y perros, como el descrito en estas historias, ha sido ampliamente practicado. A pesar de la reserva con que se suele tratar ese asunto las referencias han perdurado en el folklore y los registros históricos. En muchas de las sociedades tribales ha sido contemplado con cierta indiferencia, como entre los nativos de las Islas Trobriand o los Esquimales. En Grecia y Roma eran prácticas tan comunes en sus deidades que también resultaban comportamientos aceptables entre la gente normal. En la Biblia se percibe un interés especial en aclarar los casos donde un perro se une a una mujer. Así, advierten que una niña cubierta por un perro sigue estando permitida para un sacerdote y que una viuda no puede criar perros ni hospedar a un estudiante para prevenir este tipo de relaciones (Miralles 2004: 201). Las relaciones sexuales con animales fueron bastante comunes en la Edad Media, cuando animales y personas vivían muchas veces bajo el mismo techo, e incluso se pensaba que podían curar algunas enfermedades. No obstante se asociaban estas prácticas con la magia negra y la hechicería y la iglesia se mostraba más preocupada en saber si correspondían verdaderamente a sexo con animales o si eran en realidad relaciones con el diablo transformado en animal.

A partir del siglo XIII los animales se ven como entidades amenazadoras y las penas por bestialismo o zoofilia se hacen más duras, siendo considerado por Santo Tomás de Aquino como el vicio más severo. Desde el Renacimiento los castigos fueron cada vez más crueles, pues ya solo se concebían las relaciones con animales dentro del ámbito de las prácticas demoniacas, y desde el siglo XVI empezaron a ser castigadas con la muerte en la mayoría de los países de Europa. De hecho el momento de mayor persecución de estas prácticas coincidió con el de mayor crueldad en la represión de la brujería (Miletski 2005).

Marido con cabeza de perro

Otra leyenda de la minoría Bai, arroja luz acerca de cómo se imaginaba el resultado de dichas uniones. *El cuñado con cabeza de perro y cuerpo humano.*

Hace mucho tiempo había dos hermanas. La mayor se casó con un hombre que tenía cabeza de perro y cuerpo humano. Como le había salido una cabeza de perro y hacía de oficial, la gente le llamaba el oficial con cabeza de perro.

Hubo un día en que la hermana pequeña fue a visitar a la mayor, y ésta le dijo: "Tu cuñado tiene cabeza de perro. Cuando come no lo hace como nosotros, sino que mete la cabeza en un cuenco hasta dejarlo limpio. Si le ves es muy gracioso, pero de ninguna forma te puedes reír de él, si no intentará morderte hasta matarte." Tras haber instruido claramente a su hermana menor, todavía le dijo: "En caso de que no pudieras aguantarte la risa, tienes que tomar un palillo y salir corriendo afuera, y si ves que no puedes correr más que él, le tienes que tirar el palillo. Entonces él lo agarrará y volverá a casa a traerlo." La hermana pequeña ya se sentía impaciente de escuchar tantas cosas, por lo que le contestó: "Hermana, no hace falta que seas tan pesada. Cuando vea a mi cuñado seguro que no voy a reírme." Al escuchar sus palabras la hermana mayor se quedó tranquila.

Cuando el sol se estaba poniendo el marido volvió. La hermana menor, al ver a una persona con cabeza de perro y cuerpo humano, estuvo a punto de reírse. Su hermana enseguida le hizo un gesto con la mano y afortunadamente se pudo controlar. A la hora de cenar la hermana puso a su marido un cuenco de comida y éste empezó a comer como los perros hasta dejar el cuenco limpio. La hermana pequeña le mirada y esta vez sí que no se pudo contener, estallando en una carcajada. En ese momento su cuñado la miró muy enfadado y directamente se lanzó a morderla. La hermana, asustada, buscó un lugar donde esconderse y casi sin darse cuanta se puso a dar vueltas a la casa. Su hermana le gritó nerviosa: "¡Los palillos! ¡Rápido coge los palillos!" Entonces tomando un puñado de palillos salió corriendo. El oficial con cabeza de perro la siguió también corriendo.

El cuñado la perseguía como un loco, y como una loca corría la cuñada, pero de tanto correr la muchacha estaba cada vez más cansada y vio que pronto no podría más, por lo que tras correr otro poco tiró un palillo. Efectivamente cuando su cuñado lo vio dejó de seguirla y se llevó el palillo de vuelta a casa. Pero apenas lo había dejado volvió a salir a perseguirla. Cuando estuvo a punto de alcanzarla de nuevo, la cuñada le tiró otro palillo. De nuevo el lo cuñado llevó a casa dando a la muchacha una pequeña ventaja. Así fue tirando palillos y escapando cada vez un poco más lejos, hasta que llegó agotada a una montaña en la que unas ancianas trabajaban la tierra. A ellas se dirigió casi sin respiración: "Abuelitas, por favor ayudadme. Mi cuñado me está persiguiendo y si me coge me matará a mordiscos." Las ancianas se apiadaron de ella y la escondieron bajo una gran cesta, poniendo sobre ella un montón de tierra.

Cuando estaba bien escondida llegó su cuñado. Estuvo mirando por todas partes y luego les preguntó a las ancianas si habían visto a una muchacha corriendo por la montaña. Las ancianas le contestaron que no. El oficial con cabeza de perro no tuvo más remedio que tomarlo por cierto y volvió a su casa.

Pero cuanto más pensaba en el asunto más enfadado se sentía. Así que tomó el Libro de los Cambios e hizo una consulta. El libro decía "Ella está debajo del cielo y debajo de la tierra." El oficial con cabeza de perro no viendo que eso fuera posible protestó enfadado: "Esto es una mierda. ¿En la tierra donde hay un lugar como éste?" Y tomando el libro lo tiró a la lumbre para que se quemara. Se dice que el Libro de los Cambios que quemó era el ejemplar más antiguo, el que tenía las respuestas más correctas. Si luego ya no lo fue tanto, es porque este oficial había quemado el libro original (Gu 1983: 323).

En esta narración es especialmente curioso el método de huida, pues una de las antiguas leyendas chinas que hablaba de la existencia de reinos de perros en el lejano norte, recomendaba ese mismo método para escapar de sus tierras, tal vez recordando el carácter siempre juguetón de estos animales. En un cuento de los Tunguses del río Amur también aparecen hombres con cabeza de perro, muy temidos también por dos hermanas, aunque el final de la historia es completamente distinto (Van Deusen 2001).

Leyendas acerca del apareamiento entre perros y mujeres no son exclusivas de China. Entre los esquimales se cuenta que una mujer se casó con un perro y tuvo descendencia que fueron los hombres blancos (Boas 1904). Entre los indios Blackfoot hay una historia de una mujer que se casa con un perro, y sólo se da cuenta al verle los pies mientras duerme (Wissler y Duvall 1909: 109). En el cuento *La muchacha que se casó con un perro* de los Cheyenne, el animal también se ha transformado en persona, reas casarse con una muchacha tienen siete cachorros, que posteriormente se llevará su padre dando origen a Las Pléyades. Entre los Sasquatch hay un mito semejante.

En muchas ocasiones el resultado de estos matrimonios míticos es el nacimiento de una nueva tribu o nación, de la que el perro será por lo tanto el antepasado. Nos centraremos en ese fenómeno justo en el capítulo siguiente.

8. El perro como antepasado y fundador del clan.

Si los extraños mitos que pusieron fin al capítulo precedente han llegado hasta nosotros es porque narran el origen del Clan del Perro. La gente del Clan del Perro se originó tras el apareamiento entre un perro y una madre ancestral. El perro es su antepasado y le respetan guardando una serie de tabús. Esta idea que traza el origen de un clan, tribu o nación al apareamiento de una madre ancestral con un animal está muy extendida por todo el mundo. Relacionada con el totemismo, es prácticamente universal, siendo el perro uno de los animales que con más frecuencia ha ocupado ese papel, solo por detrás del oso, el león y la serpiente (Leach 1961: 46).

En China el origen de muchos clanes se remonta al matrimonio ancestral entre la primera antepasada y un animal, a veces incluso con un vegetal, un mineral o un fenómeno meteorológico. El personaje más importante en todas estas historias, que incluyen las narraciones míticas del origen de las primeras dinastías, es la madre, la primera antepasada, la que da originalmente el apellido, la que da origen, en definitiva, al clan, la tribu o la nación. No obstante las narraciones se van transformando a la par que lo hace la sociedad y los clanes o naciones muchas veces acaban venerando a ese antepasado que se apareó con ella.

Los mitos sobre un ancestro canino, a veces descrito con cabeza de perro, son muy comunes. Para los Lapones del norte de Europa el Clan del Perro es uno de los más importantes. Los celtas también tenían clanes del perro, uno de sus principales héroes, Cu Chulain, está estrechamente relacionado con los perros, pues uno le dio su nombre (el perro de Chulain) y le permitió acceder a la clase de guerreros, y otro se sitúa justo delante de su muerte (Persigout 1996: 65). Encontramos narraciones irlandesas, suecas, alemanas, rusas, lituanas y letonas en las que una princesa humana se une a un perro para dar origen a una raza o pueblo particular (White 1991: 61).

En Egipto y en pinturas rupestres descubiertas en la parte oriental del desierto del Sahara se ven imágenes de hombres con cabeza de perro, que se cree tienen 6.600 años de antigüedad. Se han descubierto más de 140 figuras que muestran una fuerza sobrehumana y que parecen realizar tareas sagradas (Varner 2007: 159). Al sur del Sahara se dice que los ancestros de la tribu Mandara provienen de una mujer que cruzó el río que separaba el territorio de los humanos del de los perros. Tradiciones del sur de Libia hablan del "País de los Perros", donde las personas se transforman en perros al caer la noche o revolcándose en la ceniza. Es posible que estas tradiciones estén relacionadas con las antiguas pinturas que muestran a personas con cabezas de perro, a veces a punto de tener relaciones sexuales con una mujer, así como con los relatos de autores clásicos como Apolonio de Tiana, que hablan de la existencia de pueblos cinocéfalos en esa región, a los que atribuyen el conocimiento de las letras y el baile, la capacidad de ladrar y una vida disoluta que se manifiesta en su violento deseo por las mujeres (d'Huy 2013). Mitos que hablan de la unión ancestral de una mujer y un perro, más allá del río que les separa de los hombres, se encuentran también en otras regiones de África, Sri Lanka y la India (d'Huy 2013). Los Masai también dicen descender de perros, así como algunas tribus de Madagascar. El perro como tótem se encuentra entre algunas tribus de África Occidental.

Muchos de los indios de Norteamérica cuentan con clanes de perros. Una leyenda describe el origen de los Aleutas de un hombre que cayó del cielo con forma de perro, otro les convierte en descendientes de una pareja de perros, y uno más de la perra-madre llamada Mahakh (Chamberlain 1908: 305). Los esquimales consideraban que los hombres blancos eran el producto de las relaciones entre un perro y una mujer esquimal (Jakobsen 1999: 104). Los Atapascos creen que sus antepasados surgieron de un perro (Spence 1912: 127). Mitos de ancestros caninos son comunes en Alaska, entre los Algonquinos Costilla de Perro y los pueblos de la costa del Pacífico. En muchos casos esos hijos tienen poderes extraordinarios porque su padre era un perro (Schwarts 1997). Entre los indios Pima el Clan del Perro traza su origen a una perra que se transformaba en mujer y cocinaba para dos cazadores mientras ellos estaban ausentes, a la que descubren y convencen para que se transforme en humana, que acaba siendo su madre ancestral (Varner 2007: 100). Los Cherokee a veces son llamados la Tribu Perro. Según sus creencias un perro sagrado restauró el orden y la armonía en medio del caos, creó un sendero al mundo de los espíritus y protege a la humanidad, guiándola tras la muerte al otro mundo (Fagan 2015). Entre los Chilcotin, los *transformados* son descendientes de un perro que se casó con una muchacha, que dio a luz a tres cachorros, que jugaban como niños mientras ella estaba ausente, poniéndose sus pieles caninas al verla regresar. Cuando ella quemó esas pieles permanecieron como niños (Boas 1916). En la mitología de los Huicholes y de los Tlapanecos la repoblación de la tierra tras el diluvio se realizó mediante la unión de un hombre y una perra, sus descendientes se llaman a sí mismos "hijos del perro." En la de los Aztecas, se cuenta que Xolotl, una deidad canina, desciende al inframundo a recuperar la gente que se había ahogado durante el diluvio (Schwartz 1997: 26). Los Arawak de la Guayana son conocidos como la "gente con alma de perro" (Schwartz 1997). En los mitos de los Matacos de Sudamérica los únicos supervivientes del diluvio son un hombre y una perra, que hacía en secreto la comida al hombre mientras trabajaba, y al ser descubierta se convierte definitivamente en mujer (Benson 1977).

En Hawái también hay tradiciones de hombres con cuerpos humanos y cola como los perros, que eran muy buenos en las peleas, y algunos les consideraban ladrones y otros caníbales. Otra estirpe de hombres -perro tenía poderes sobrenaturales y aterrorizaba los campos (Varner 2007). Los hay también en Indochina y Nueva Guinea, y entre los Kalangs de Java, que creen que se originaron tras el matrimonio de una princesa y un jefe que había sido transformado en perro. Un motivo que también aparece en la tradición japonesa así como en la de algunos clanes de las islas Trobriand. Los nativos de las islas Nicobar dicen que descienden de la unión de un perro y una mujer, y que están divididos en dos secciones, unos perros como el padre, y otros humanos como la madre (Brabrook 1903).

El antepasado perro en Siberia

Los mitos de ascendencia canina son muy comunes entre los pueblos siberianos. Hay tribus Chuckchi que se dicen descendientes de un perro y una mujer. Ellos conservan el siguiente mito:

"Un perro fue a cortejar a una muchacha. Se estuvo frotando su cuerpo con corteza de aliso hasta que sus ingles quedaron enrojecidas. Entonces dijo a su huésped: "Amo, esto me lo he hecho con las piernas de tu hija." El padre dijo a la chica que se casara con el perro, que se la llevó a su casa. La madre del perro salió llevando una estaca ardiente en la boca pero la muchacha le dio una patada para que se fuera diciendo: "Esta vieja perra quiere quemarme." Luego salieron unos cachorros saltando de alegría, pero ella también les golpeó. Por lo que el perro la echó de casa y se fue a buscar otra chica con temperamento más dulce. La nueva esposa tomó las mejores porciones del banquete de boda y se las dio a los cachorros cuando la recibieron dando saltos, tratando amablemente a la vieja perra. El marido la hizo entrar a la casa con los ojos cerrados, donde descubrió un bello dormitorio cubierto de pieles de reno, y a su lado, sentado, un bello joven. La familia perro tenía un gran rebaño de renos que creció rápidamente, y la familia también creció y se convirtió en una tribu" (Bogoras 1902: 608).

Los Yukaghirs, los Even, los Nanai y otros pueblos tenían clanes del perro (Maslova 2001). Los manchúes decían que un perro ayudó a su antepasado Nurhaci cuando huía de unos enemigos y los Ainu que descienden de la unión de un perro y una mujer (Hausman 1997: 16). Los japoneses tienen leyendas acerca de la remota isla de Jon-li, habitada por personas cuyos cuerpos eran mitad humanos, mitad caninos. En el propio Japón mucha gente cree todavía en la existencia de los llamados *Jinmenken* o perros con cabeza humana, y noticias de encuentros con ellos aún saltan a la prensa regularmente (Swancer). Según las leyendas, las Islas de los Afortunados era un país de mujeres con cuerpos velludos que se quedaban embarazadas entrando al río de primavera. Un barco que visitó esas islas afirma que las mujeres se parecían a las de China, mientras que los hombres tenían cabeza de perro y sus voces sonaban como ladridos (Mackenzie 1923: 113).

Juan de Piano Carpini, el monje enviado por los Papas como embajador al imperio mongol en 1247, dejó constancia de las noticias acerca de una expedición de los mongoles a un país de los perros:

"Llegaron a una tierra en la cual se toparon con unos monstruos que tenían forma de mujer. Cuando se les preguntó por medio de multitud de intérpretes dónde estaban los hombres, respondieron que los niños que nacían

hembras tenían aspecto humano, y los machos forma de can. "Y como el ejército se demorara en esa comarca, los perros se congregaron en la otra orilla del río, y siendo como era lo más crudo del invierno, se echaron todos al agua e inmediatamente después se revolcaron en el polvo, y así el polvo mezclado con agua se congeló sobre su piel; al repetir muchas veces la misma operación quedaron recubiertos de una coraza de hielo, y entonces se lanzaron rabiosos a luchar contra los tártaros. Las flechas que éstos les disparaban rebotaban en su piel como si hubieran dado en una piedra, el resto de sus armas tampoco podían inferirles ningún daño. En cambio los perros, saltando sobre ellos, hirieron y mataron a muchos a dentelladas; y así los expulsaron de su territorio" (Gil 1993: 190).

Kirakos Gandzeketschi habla de un país "donde las mujeres se parecen a la gente y pueden hablar, y los hombres son como los perros, bobos, grandes y peludos, y no dejan que nadie entre en su país [...] cuando tienen descendencia los niños parecen perros y las niñas mujeres" (Zuev 2004). Es importante notar que este autor no dice que los hombres sean perros, sino que parecen perros, que son como perros. Curiosamente en su gran obra sobre los Chukchi de Siberia, Bogoras (1909) describe una serie de características que podríamos llamar "caninas", entre ellas que sean muy sucios y lleguen a comer excrementos, que tengan a orgullo engullir la comida muy rápido como los perros, que los perros laman sus platos, etc. En definitiva los Chukchi tienen clanes de perros, veneran a los perros, viven entre perros, y comen como perros. Y ya se ha estudiado que existe la creencia de que los clanes de los perros tienen la capacidad de entender los hábitos de los perros, de identificarse con ellos y de ejercer un control sobre ellos (Frazer 1905). ¿Podríamos decir que los Chuckchi y otros pueblos vecinos parecen perros?

Estas uniones entre mujeres y perros que dan como fruto más mujeres y perros reflejan organizaciones familiares especiales, en las que los hijos toman el tótem del padre y las hijas el de la madre. Un hecho ya conocido por los antropólogos, pues en otras latitudes "si un hombre Perro se casa con una mujer Rata sus hijos serán Perros y sus hijas Ratas" (Frazer 1905: 70). Esto sugiere que los reinos de mujeres y perros que cautivaron la imaginación de nuestros antepasados no fueron más que tribus o clanes del perro, entre los que se mantuvieron arcaicos sistemas de parentesco.

El antepasado animal es el complemento de la madre ancestral que mantiene la civilización. Ese antepasado perro no es uno normal sino uno que se transforma en hombre, a veces completamente y otras manteniendo su cabeza canina. Él mismo es dual, mitad animal, mitad persona. Por el contrario la mujer es toda persona. El ancestro perro es en realidad el más humano de todos los ancestros totémicos, mucho más que tigres, serpientes, orugas o piedras. Si los demás son meramente bestias u objetos naturales, él ya es casi humano, y digo casi pues en los mitos descubrimos que come crudo, que no sabe hablar correctamente, que no acaba de alcanzar su completa transformación, pues su naturaleza animal es todavía muy potente. La mujer en cambio ya está civilizada. Habla y come como las personas, es una persona.

Los emperadores perro de los Turcos y Mongoles

Las regiones más secas al norte de China han sido el hogar de poblaciones, a veces nómadas, generalmente enfrentadas a los chinos, siempre consideradas por éstos como pertenecientes a un mundo distinto. Aunque sus nombres han cambiado y muchas de sus costumbres también, hay una serie de características que son comunes a todas ellas. De hecho todas estas naciones se han nutrido de las mismas poblaciones, y a lo largo de la historia los diferentes nombres con los que se les ha conocido solo indican la identidad de los grupos dominantes. Se puede establecer una genealogía que conecta desde los más antiguos de los que tenemos noticia, los Quan-Rong o Rong Perro, mencionados en las crónicas desde el siglo VIII a.n.e, con los Xiongnu, que aparecen en el siglo III a.n.e. De los Xiongnu con los Wuhuan y los Turcos, y posteriormente con los Jurchen, Kithan y mongoles, y hasta con los Manchúes de época mucho más reciente. Cuando analizamos los mitos más antiguos de estos pueblos, los que narran su origen, vemos que en todos ellos el perro o el lobo es venerado como el padre ancestral, y que sus propios nombres hacen referencias a antepasados caninos. Vamos a realizar una breve presentación de estos pueblos y sus mitos caninos.

El primero de los pueblos de los que conocemos una genealogía canina son los Quan (犬) Rong (戎). Su nombre nos dice que son los "perros de la guerra", pues *quan* 犬 significa perro, y *rong* 戎, el pictograma de una mano que sujeta una lanza 戈 es un término para las armas, la guerra y las actividades militares. Los

Rong Perro son especialmente importantes porque en el año 770 a.n.e atacaron la capital de la dinastía Zhou del Oeste, obligando a sus emperadores a trasladarse al actual Luoyang. Luego aparecen en numerosas alianzas, especialmente con los reinos vecinos de Jin y Qin. Según el *Libro de los Montes y los Mares*: "Esta gente tenía la forma de un perro" eran descendientes en cuarta generación del Emperador Amarillo, eran carnívoros, y el nombre de su tierra, "el país de los perros feudatarios sugiere que sus antepasados podrían haber adquirido mérito a los ojos de la corte china y habérseles premiado con ese territorio." Guo Pu, el principal comentarista de esta obra, añade que "eran descendientes de un perro blanco con dos cabezas, hermafrodita [...] y que su tierra es simplemente conocida como la tierra de los caninos" (Strassberg 2003: 196). O sea que los Rong-Perro se llamaban perros, tenían forma de perro, descendían de un perro blanco y vivían en la tierra de los perros.

Los Xiongnu, posiblemente relacionados con los Hunos, aparecen en la historia China en el siglo III a.n.e. Más o menos cuando el primer emperador estaba unificando China, ellos también se unían en una confederación. Sima Qian dice que estaban relacionados con los antiguos Rong-Perro (Hyun 2013: 20). Sus nombres, Xiong y Rong, son muy parecidos en chino. Precisamente para defenderse de ellos se construyó la primera Gran Muralla. Mas a pesar de la muralla y de las continuas guerras libradas durante la dinastía Han, poco después del final de la misma tribus Xiongnu se hicieron con el poder en gran parte del norte de China.

Su mito de origen cuenta como:

"Mucho tiempo atrás Tan Yu tuvo dos hijas tan bellas que la gente las tomaba por diosas. Tan Yu dijo: "Con estas dos hijas ¿Cómo voy a encontrar maridos buenos para ellas? Mejor se las ofreceré al cielo." Así que construyó una torre al norte del país, donde no vivía nadie, y dejó allí a sus hijas. Pasado un año apareció un lobo merodeando, aullando en la base de la torre. La hija menor dijo: "Nuestro padre nos trajo aquí como ofrenda al cielo. Tal vez este lobo sea un ser divino enviado por el cielo." Y empezó a bajar de la torre. Su hermana gritó: "Es un animal salvaje con el que no podemos emparentar." Pero la hermana menor no le hizo caso, bajó de la torre y se convirtió en la esposa del lobo. Poco después tuvo un hijo y con el paso del tiempo su progenie se multiplicó hasta formar una nación" (White 1991).

Los Xiongnu no eran una sola tribu sino una confederación de pueblos más o menos nómadas, unidos ocasionalmente en la guerra, formando a veces estructuras de tipo estatal que se desintegraban con facilidad (Katariya 2007: 165). Su tribu principal, la que les da nombre, traza su origen a un lobo y una princesa. Posteriormente la gran mayoría de los pueblos que alcanzaron preeminencia en el norte de China, se relacionan también con los Xiongnu, pues sus antepasados posiblemente también formaran parte de esa confederación.

Los Wuhuan rendían culto a los perros y los sacrificaban para acompañar al alma de los fallecidos. Ceremonia descrita en el *Libro de la dinastía Han Posterior*: "Cuando es el tiempo del entierro la gente canta y baila. Luego toman un perro gordo, le atan y le llevan con una cinta de cinco colores. Reúnen la ropa y el caballo del finado y lo queman. Se dice que le están confiando al perro estas cosas, así como la tarea de proteger a su espíritu hasta volver a la Montaña Roja" (Chen 2012: 79).

Los turcos se originaron en la taiga de la Siberia oriental, de donde emigraron al norte de China antes del comienzo de nuestra era. La mayoría de los imperios surgidos en esas tierras, incluidos los Xiongnu y los mongoles, contaban con un componente importante de tribus turcas (Roux 2009). El perro era el antepasado de varias de sus tribus, que daban nombres de perros a sus clanes. Era un animal sagrado, que ofrecían en sus sacrificios de construcción, colocando una cabeza en los cimientos de los edificios (Tryjarski 1979). Según sus mitos, los turcos que fundaron su primer imperio en el año 552 eran una tribu que llevaba el apellido de Ashina.

"Los enemigos derrotaron y destruyeron a todos los Ashina excepto a un niño de 10 años, cuyos pies cortaron. Una loba le salvó alimentándole con carne. Cuando creció él se emparejó con la loba. Sabiendo que aún estaba vivo, el rey enemigo envió tropas para acabar con él. La loba escapó a una cueva en la montaña cerca del actual Turfan, en Xinjiang. Dentro de la cueva había una larga llanura de hierba rodeada por montañas. Escondida en esas montañas, la loba dio a luz a diez niños, cada uno de los cuales creció, tomó a una mujer del exterior, y tuvo hijos. Cada hijo adoptó entonces un apellido, tomando uno de ellos el de Ashina" (Findley 2005: 38).

Esta tribu era la más fuerte de la confederación de los turcos que trazaban su historia a un perro celestial. Las tribus turcas estaban unidas por el culto totémico al perro celestial, el creador de todo lo que existe y mediador entre la gente y el cielo (Zuev 2004: 60). Los uigures de nuestros días, estrechamente emparentados con ellos, también tienen mitos de origen relacionados con los lobos. Además, un texto tibetano medieval que trata de ellos menciona dos perros, los maridos de una loba estéril, que secuestraron y se emparejaron con mujeres turcas dando origen a perros y mujeres (Aigle 2008: 5). Otras tradiciones turcas aseguran que los perros les guiaron durante sus migraciones (Baldick 2012).

Las tribus de la etnia Di, proto-tibetana, también tenían un tótem perro. Una crónica china del siglo III dice: "Los Di han tenido reyes desde hace mucho [...] Tienen varios clanes y ramas, todos se dicen descendientes de Panhu" [un perro mítico] (Chen 2012: 77). En fuentes de la dinastía Tang los tibetanos también eran considerados como las tribus del perro y mantenían un tabú totémico sobre el perro. En algunas lenguas turcas Tíbet (töböd) significa perro. Este origen canino podría estar relacionado con los mitos de personas con cabezas de perro de los Yuechi o los Qiang, o con la ascendencia canina de los Di, pues todos ellos dieron origen a las poblaciones tibetanas del actual Qinghai. El perro ancestral también podría ser un elemento mitológico tibetano, pues el termino *khi*, perro en el idioma Khitan, aparece en algunas fuentes en el nombre del primer rey tibetano y sus descendientes. A no ser que se trate de un término de respeto que señale su cualidad de reyes. Un término que se usa con frecuencia como nombre de persona en la zona de Kham, en el Tíbet oriental (Kvaerne 1980).

El origen de los Kirguises también está relacionado con los perros. Su nombre significa las "cuarenta (kyrk) muchachas (kyz)". Se refiere a las asistentas de la hija de cierto khan, que según las historias un día en que habían salido a dar un largo paseo, al volver a su campamento vieron que estaba completamente arrasado por los enemigos, habiendo sobrevivido un único perro rojo" (Chadwick 1969: 175). Pasado un tiempo la princesa y sus 40 doncellas, todas quedaron embarazadas. El fruto de esos embarazos, los primeros Kirguises, empezó a ser llamado así por el número de madres.

Los Khitan, que dieron origen a la dinastía Liao (907-1125) en China, decían tener ancestros caninos (Aigle 2008: 5). Su primer antepasado era un perro, recordado en las crónicas como Nai-hu o Cabeza de Perro. Uno de sus festivales principales era el Festival de la Cabeza de Perro, que se celebraba en su honor el día 8 del octavo mes, cuando el emperador mataba a un perro a siete pasos de su tienda y le enterraba de tal forma que solo sobresaliera su hocico. Después de siete días, en el Festival de Medio Otoño, ponía su tienda sobre la cabeza del perro enterrado (Eberhard 1969. 465).

Fuentes tibetanas asocian a los Khitan con una tierra "cuya reina tiene un marido canino", quizás el mismo Reino de Mujeres y Perros de las tradiciones chinas, donde las mujeres tienen apariencia humana y los hombres cara de perro. Khitan sería el nombre de un antepasado (khi significa perro en su idioma) particularmente fiero. Sus sobrinos dieron origen a 18 tribus que se dice tenían cabezas de animales de presa y cuerpos humanos, y que "cuando son observados por los animales de presa parecen humanos, pero si son mirados por la gente parecen perros." Es probable que ese término se usara por la importancia del perro en su mitología y porque sus descendientes mantenían características caninas (Kvaerne 1980).

Entre los Jurchen que gobernaron el norte de China existe el culto al perro. En una de sus ceremonias perforaban a un perro blanco con un palo, le empapaban de vino y le colocaban delante de la muralla de la ciudad como un sacrificio al cielo para evitar las enfermedades. En otras ocasiones elevaban la cabeza de un perro sobre un palo. Posiblemente el palo fuera una conexión simbólica con el Cielo y la Tierra, sus principales deidades, pues rituales semejantes se encuentran entre los Tunguses relacionados con ellos (Baldick 2012). Sus chamanes recurrían a la ayuda de perros para curar a los enfermos.

La leyenda de los mongoles, transmitida en *La Historia Secreta de los Mongoles*, la más moderna de estas narraciones, arroja cierta luz sobre la naturaleza divina del ancestro perro. Pues cuenta que Ala Gho'a, la madre ancestral, tuvo tres hijos, a los que explicó su nacimiento diciendo que un hombre de luz, amarillo brillante, entraba en su yurta a través del agujero de ventilación, se frotaba con su vientre y se iba con la forma de un perro. Luego les dijo que los tres eran hijos del cielo y destinados a ser soberanos sobre la gente. Para los mongoles el cielo no sólo era la deidad más importante sino que además regulaba el destino de las personas. Todas las conquistas mongolas fueron debidas a la voluntad del cielo (De Rachewitz 2007). Uno de los príncipes mongoles, Noqai, iba vestido con pieles de perro para mostrar su conformidad con las antiguas tradiciones mongolas, y "perro" era uno de los nombres favoritos entre ellos.

El hombre de luz, el perro, ambos son símbolos del cielo. Su presencia en el origen del clan de Gengish Khan señala que la suya no es solo una estirpe de jefes o de reyes, sino una estirpe divina destinada a dominar el mundo. Apropiándose de los conceptos que durante siglos habían convertido a los emperadores chinos en soberanos universales, la genealogía de Gengish Khan le presenta como hijo del cielo, soberano divino por tanto, investido con la tarea de llevar la voluntad del cielo, y con ella el dominio de los mongoles, por todo el universo.

Los manchúes que dieron lugar a la última dinastía de China, heredaron muchas de las tradiciones de los Jurchen, incluyendo el sacrificio de perros al Cielo, además, en su particular ciclo de leyendas, veneraban al perro por haber salvado la vida a su antepasado Nurhaci.

En una obra publicada hace más de un siglo, *el Mito del Nacimiento del Héroe*, Otto Rank analizó los numerosos mitos en los que el héroe nace de una madre milagrosamente embarazada. En su opinión todos tienen un origen común, y luego fueron transmitidos de un lugar a otro. Esto contribuiría a explicar que cualquiera de los pueblos que alcanzó la preeminencia política en el norte de China se vio en la necesidad de re-crear un origen mítico para sí mismo siguiendo el modelo que podríamos llamar de "origen de estirpes reales."

La lectura de estos mitos sugiere que los clanes del perro y del lobo fueron especialmente poderosos entre estos pueblos, alcanzando una o varias veces, durante periodos más o menos prolongados de tiempo, la hegemonía política. Parece probable que una vez que los clanes perro y lobo se convirtieron en los clanes reales, cada una de las tribus que alcanzó una supremacía, reconstruyera o adaptara a su situación presente una mitología canina. Una historia mítica que respalde su posición de poder remontando sus orígenes al clan del perro; así como la humanización o divinización de esos ancestros perros, convertidos en dioses, en humanos, o en casi humanos con cabeza de perro.

Es posible que la existencia de clanes o sociedades guerreras bajo el patrocinio de perros o lobos estuviera relacionada con esas fraternidades guerreras que se entrenaban en el culto al perro por todo el mundo indoeuropeo. Dado que los pueblos indoeuropeos más orientales, los Yuechi de lenguaje tocario, vivían en la vecindad de los chinos, es más que probable que los Rong-Perro hayan tenido relaciones con ellos. Puede que no sea una simple casualidad el hecho que en la otra punta de Eurasia, entre los celtas de Irlanda, la palabra perro "cu" fuera una designación de honor, y como tal formara parte del nombre de sus principales héroes (Dale-Green 1966: 172).

Esto nos muestra que en la historia de la región convertirse en perro era convertirse en guerrero, en clase dominante, en rey, en estirpe real. Pero además, como el jefe era muchas veces un chamán y el perro realizaba la misma función, el líder del Clan del Perro es doblemente apropiado en la función gobernante. El jefe perro es guerrero y es chamán, pues el jefe no solo dirige en la guerra sino también los principales ritos y la comunicación con los espíritus celestes. Como señala Mircea Eliade (1964: 467): "El chamán encuentra al perro funerario en el curso de sus descensos al mundo subterráneo, como es encontrado por los muertos o por los héroes que pasan a través de unas pruebas iniciáticas. Son especialmente las sociedades secretas basadas en una iniciación militar [...] las que desarrollaron y reinterpretaron la mitología y magia del perro y el lobo."

Esa identificación de los jefes con los chamanes no sólo se da entre pueblos primitivos, sino que podría estar en el origen de los estados de Asia Oriental (Nelson 2008). Cada vez aparecen más rastros de la naturaleza chamánica de la dinastía Shang, y no olvidemos que hasta principios del siglo XX el emperador de China era considerado el Hijo del Cielo, y se le atribuía la capacidad de comunicarse con los espíritus celestes.

Panhu: el antepasado canino del sur de China

No solo en el norte de China, en el sur los Yao consideran su ancestro al perro Panhu. Una creencia compartida con los Miao de Guizhou, los Li de la isla de Hainan, los She de Zhejiang y Fujian, así como con algunas tribus aborígenes de Taiwán y de las islas Liu Chiu (Liu 1932), extendiéndose incluso entre pueblos del Sudeste Asiático e Indonesia. El primer documento que tenemos sobre esto es la leyenda de Panhu, que aparece en el *Libro de la Dinastía Han Posterior*.

"En los tiempos antiguos el emperador Gaoxin (cuyas fechas tradicionales son 2435-2366 B.C.) estaba muy preocupado por las invasiones de los Quan-Rong o tribu de perros. Varias expediciones enviadas para subyugarles habían sido inefectivas. Uno de los jefes de esa tribu, llamado el general Wu, era especialmente formidable. El emperador proclamó entonces que a quien pudiera conseguir la cabeza del general Wu se le otorgaría un premio consistente en mil monedas de oro, una porción de tierra del tamaño de 10.000 familias, así como su hija menor como esposa. Tras esta proclamación, uno de los perros de compañía del emperador, que destacaba por su pelaje de cinco colores, conocido como Panhu, llevó al trono del emperador una cabeza humana que, para el asombro de los ministros, resultó ser la del enemigo. Aunque lleno de alegría el emperador se sentía un poco confundido sobre la forma en que debía recompensar a su perro fiel, pues le resultaba inconcebible dar su hija en matrimonio a un animal o concederle un título. La princesa, consciente de lo que estaba pasando, era de la opinión de que el emperador no debía romper sus promesas bajo ninguna circunstancia, y se mostró voluntaria para casarse con el perro para que el emperador no pudiera ser acusado de romper su juramento, ni siquiera a un animal. Así que la princesa se casó con Panhu. Éste, habiendo obtenido su mujer, se la llevó en su lomo a una casa de piedra en las Montañas del Sur, una zona que estaba llena de peligrosos precipicios y completamente vacía de habitación humana. La chica entonces cambió su forma de vida. Se quitó todas sus ropas, se hizo un tocado pu-chien y vistió ropas tu-li. Mientras tanto, el emperador que se sentía preocupado por la pérdida de su hija, envió varios mensajeros a buscarla, pero todos fueron forzados a darse la vuelta empujados por vientos, nieblas y tormentas. Tres años después de la boda nacieron 12 hijos de este padre perro y madre princesa: seis chicos y seis chicas. Entonces Panhu murió. Los hijos se casaron entre ellos y se multiplicaron. Fabricaron ropas con corteza de árbol y las tiñeron con jugos vegetales para darles un colorido más variado. El corte y forma de los tejidos siempre dejaba una cola al final. La madre entonces volvió donde el emperador y le contó lo sucedido. Los nietos fueron convocados a la corte. Sus ropas eran de muchos colores y su lengua ininteligible. Acostumbrados a vivir en los valles de las montañas, aborrecían las llanuras. Por la bondad del emperador se les permitió perseguir su felicidad instintiva en las grandes montañas y aguas. Sus descendientes se multiplicaron, y desde entonces han sido conocidos como Manyi o Bárbaros. Son muy ingeniosos aunque parecen tontos. Son muy conservadores y les gusta estar en su casa. Debido a los servicios y la nobleza de sus progenitores han estado siempre exentos de pagar impuestos de todo tipo. Tienen

155

aldeas y sus jefes, que son conocidos como Ching-fu, y se llaman uno a otro Hang-tu. Los Man de Wuling en Changsha (Hunan) son una de sus ramas."

Lo primero que nos dice este mito es que sucedió en tiempos muy antiguos, en tiempos míticos, pues ese emperador Gaoxin podría haber reinado hacia el año 2500 a.n.e, de lo que no hay ninguna certeza. Luego, al hablarnos de los Rong-Perro, nos hace pensar en una época más cercana, pero también en un modelo que ya pudiera ser antiguo, por el que a los pueblos que realizaban determinadas contribuciones a la defensa del imperio, se les otorgaban como premio territorios con condiciones especiales, pues no olvidemos que los Rong-Perro eran llamados perros feudatarios. Cuando habla del general Wu nos hemos acercado mucho más al tiempo en que se escribió el mito, pues fue un personaje histórico que vivió en los primeros siglos de nuestra era.

La aparición del perro Panhu, con su piel de cinco colores, la perfección de los cinco elementos, con la cabeza del enemigo, acaba con los aspectos heroicos de este mito. Las dudas que experimenta el rey antes de entregar su hija a un bárbaro son un reflejo de las numerosas situaciones históricas en las que los emperadores tuvieron que hacerlo. Y en realidad, el radical cambio de vida que sufrían las princesas al llegar a su destino permite asociarlo perfectamente a casarla con un perro. A continuación vemos la rectitud de la princesa, que no quiere hacer a su padre perder su palabra, una princesa que no olvidemos, será la madre ancestral de los pueblos que honran a Panhu.

Por último la nueva pareja marcha a los territorios montañosos situados al sur, y aunque sus hijos, acostumbrados a las montañas ya no quieren volver junto al emperador, se les otorgan extensos territorios y se les exime completamente de pagar ninguna tasa ni impuesto.

El perro Panhu es el símbolo de libertad

Lo más importante de este mito es que define el derecho de los bárbaros Man y luego de los Yao a vivir en esas tierras montañosas que nadie quiere, y su privilegio de no tener que pagar impuestos. Precisamente su nombre Yao 瑤 está relacionado con el término *yao* 徭, "hacer trabajos forzados", que podría explicar varias cosas. La primera es que ese término no aparezca en las

156

crónicas hasta el siglo XII, cuando hay más presión sobre las tierras de los bárbaros Man. Es normal que en ese momento los Man se aferren a su mito para reclamar su derecho a sus tierras, a no pagar impuestos ni servir como soldados. El segundo es la gran variedad etnológica entre los pueblos considerados Yao. "Viviendo en un territorio tan disperso los Yao diferían notablemente entre ellos por su lenguaje, estructura social, costumbres, hábitos, religión e incluso vestido. Esas diferencias formaban la base de los varios nombres por los que eran conocidos" (Fei 2004: 209). Esto podría indicar que en su origen Yao no era una denominación étnica, sino que describía precisamente la situación de no tener que pagar impuestos. Y lo tercero es que el culto a Panhu se extendiera entre otros muchos pueblos del sur de China e incluso más allá de sus fronteras. Venerar a Panhu podría haber significado manifestar el derecho a ocupar sus tierras y a no tener que pagar impuestos.

En varias de las versiones se cuenta que Panhu dijo a la princesa que podría transformarse en humano si se le ponía bajo una campana durante 49 días sin que nadie le mirara. Pero en el día 48, el rey, pensando que se habría muerto de hambre, abrió la campana y vio que el perro no se había transformado por completo, teniendo cuerpo de persona y cabeza de perro. Panhu ya no es un perro, sino un hombre con cabeza de perro como los que hemos visto antes. Una figura mítica, un arquetipo. Esta narración parece decirnos que no estamos hablando de un matrimonio real de una princesa con un perro, sino con un bárbaro con cabeza de perro.

La minoría Yao de nuestros días es un conjunto de pueblos que se denominan de formas diversas y que se extienden por las regiones montañosas del sur de China y los países del Sudeste Asiático. Algunos se autodenominan Mian 勉 que, curiosamente semeja el sonido y escritura china *mian* 免, "exento, evitar". Cada clan de los Yao conserva hasta la fecha un documento llamado *La Carta del Rey Ping* (Ping es el nombre del rey salvado por Panhu en su versión del mito), en el que tras narrarse el mito por el que su antepasado salvó al imperio, se recuerdan fundamentalmente tres cosas: El nombramiento de su antepasado como rey Pan, la exención a sus descendientes de todas tasas y reclutamientos, y que se les garantiza la libertad permanente de cultivar por roza y quema. Para los Yao, Panhu, el perro, el rey Pan, es el recuerdo de un tiempo idílico, cuando gozaban de la libertad y la protección imperial. Ser Yao era casi una creencia religiosa. Creer en el rey Pan, creer en que las cartas del rey Ping les protegerían para siempre y les permitirían volver a su paraíso ancestral. La Carta del Rey Ping era como la llave de la casa de España de los judíos sefardíes o los tratados siempre violados de los indios de Norte América.

Desafortunadamente no sirvieron para mucho, y debido a la presión de los emigrantes chinos, a lo largo de los siglos los Yao se fueron desplazando desde el sur de la provincia de Hunan a tierras cada vez más lejanas, más pobres, más montañosas. Y cuando, considerando que esa presión era insufrible, decidieron plantar cara a los invasores, lucharon largas guerras, al final de las cuales, derrotados, no tuvieron más remedio que seguir retirándose a lugares más lejanos o a tierras aún más pobres e inaccesibles. Sólo en la dinastía Song se registraron más de 38 alzamientos Yao y durante la Ming, cuando sus territorios en la provincia de Guangxi estaban cada vez más acorralados, hubo varias largas guerras (Shin 2006).

La leyenda de Panhu describiría un momento de la historia de China, cuando los bárbaros de la zona situada al sur del Yangtzé, que tal vez ya veneraran al ancestro perro, les ayudaron en sus batallas, y además abandonaron las mejores tierras para refugiarse en las zonas montañosas, lo que les proporcionó dos cosas, la exención de impuestos y la propiedad de esas tierras. Esta propiedad libre de impuestos posteriormente hizo a otros pueblos identificarse con Panhu, y a la vez ser identificados por los chinos como bárbaros, o perros, en una época en la que la denominación de perro, habiendo perdido sus implicaciones meramente totémicas, tenía un sentido peyorativo.

Como resume Jacques Lemoine (1982: 11): "La leyenda de Panhu ha sido un símbolo que tanto los chinos como los Yao han creído conveniente utilizar, cada uno para sus propios propósitos." Mientras los chinos extendieron ese origen canino a todos los pueblos tribales y clasificaron sus nombres étnicos bajo el radical de perro, algunos de esos pueblos mantuvieron la versión china de la historia, asegurando que uno de sus antepasados fue una princesa, lo que según las costumbres imperiales les proporcionaba una serie de privilegios.

Es posible que el motivo de Panhu como ancestro perro haya surgido precisamente porque esos pueblos ya rendían culto a un antepasado perro, o porque entre ellos a los guerreros valerosos se les llamara guerreros perro, aunque también cabe la posibilidad de que estén relacionados con poblaciones Rong-Perro o relacionadas con ellas, que se habrían desplazado por el territorio chino.

¿Fue China el país del perro?

Ya hemos visto el culto al perro entre los pueblos que vivían al norte, al oeste y al sur de los chinos. Un culto tan extendido que a grandes rasgos podríamos decir que China se divide entre los hijos del dragón, los del tigre (las minorías de lenguas Sino-Tibetanas en las regiones montañosas del oeste) y los del perro. Lo curioso es que mientras que a los hijos del dragón y a los del tigre se les puede asignar un territorio más o menos contiguo del que se fueron extendiendo en tiempos históricos, los hijos del perro ocupan uno que rodea a los chinos. ¿Qué significa eso? ¿Estaba acaso todo el territorio de China poblado en la remota antigüedad por los clanes del perro hasta que los clanes del dragón y los del tigre llegaron a sus tierras y ocuparon las tierras del norte dando origen a la civilización China? ¿O es que acaso descienden los pueblos del sur de China de algunos de los que habitaban en el norte o noroeste? De momento no tenemos forma de saber si China era el país de los hijos del perro.

Nuestra actual concepción de los países y entidades políticas separados por claras fronteras debe ser dejada de lado a la hora de observar la distribución étnica de China. Un análisis del significado real del término Rong y la extensión de estas poblaciones en la China del pasado podría demostrar que en la antigüedad, el culto al perro se extendió por todo su territorio. Al principio de la dinastía Zhou, la política de los primeros reyes de otorgar feudos a sus familiares y aliados creó una serie de reinos que abarcando casi todo el norte de China podrían hacer pensar en un dominio efectivo por parte del emperador o los nobles de esa gran extensión de tierra. Nada más lejos de la realidad. Pues esa China feudal incluía muchos otros pueblos no sometidos a los chinos. La homogenización de esos territorios bárbaros hasta formar una cultura más o menos común, en la que los pobladores originales aportaron numerosos rasgos hoy desconocidos, duró unos mil años, hasta la unificación de China por el primer emperador en el año 221 a.n.e.

Durante esos años, tribus que consideraban al perro como antepasado habitaban las tierras al norte y al oeste de la China central, manteniendo continuos intercambios políticos y militares con los chinos. Eso podría explicar que el carácter para Fuxi 伏羲, uno de los antiguos héroes de China, muestre una relación canina 犬. Según esos mitos tardíos Fuxi se casó con Nuwa y dio origen al caos *huntun*, del que surgió todo cuanto existe. Fuxi parece un hombre 亻 con cabeza de perro 犬, que se casa con Nuwa, la madre ancestral para crear el mundo. El propio carácter moderno para perro 犬, nos habla de un perro antropomorfo, relacionado con los caracteres para persona (人 y 大), y para dios del cielo (天), que siendo originalmente una deidad antropomorfa (大) con una gran cabeza (口 transformada en 一) nos podría hacer pensar que el perro era otra (大) con cabeza canina. El hecho de que este carácter sea moderno y sustituya a otros en los que el pictograma era claramente canino podría apuntar a que esa tradición canina no es la original, sino una aportación a la cultura china de algún otro pueblo. ¿Acaso los Qiang o los Di de la frontera occidental? ¿Los Man del sur? ¿O esos Rong – Perro con los que podrían estar fundiéndose los chinos?

En la historia china los Rong aparecen frecuentemente en episodios que sucedieron en el oeste de China, pero en realidad hay muchas variedades de Rong, los llamados Rong de la Montaña, los Rong del Norte, los Rong del Oeste, etc. y su distribución no está limitada solo al oeste de China. Eberhard afirma que los Rong Perro vivían principalmente en Shanxi y Shenxi. Liu Chungsee Hsien (1932) considera que una antigua raza conocida como Panhu podría haber compartido China con los descendientes del Emperador Amarillo en tiempos históricos, que luego se diferenciarían en los Yao, Miao, Li, etc. Terrien de Lacuperie asociaría a esos Rong con los Panhu y afirma: "La raza Pong o Pan-hu era predominante en el centro de China cuando las tribus originales chinas o Bak migraron al país." Werner (1922: 419), antes de hablar de estos pueblos, aclara:

"La ola de conquista que se extendió del norte al sur en los tempranos periodos de la historia de China dejó en su camino, como pequeñas islas en el océano, ciertos restos de las tribus aborígenes que sobrevivieron y continuaron existiendo a pesar de las continuas actitudes hostiles y las oleadas

de colonos extranjeros a su alrededor. Cuando estaba estacionado en Fuzhou vi
los asentamientos de una de esas tribus que vivían en la región montañosa a no
muchas millas. Eran de la tribu Rong."

Años antes, Ohlinger (1886) les había visitado descubriendo que adoraban a un ancestro perro y que se consideraban exentos de pagar impuestos.

Esto sugiere que algunos de los principales clanes de los Rong creían en el perro como ancestro, que algunos de estos Rong estaban dispersos por toda China hace miles de años, que el culto al ancestro perro puede haber sido uno de los cultos más antiguos de China, y que los cultos al perro que ahora encontramos al norte y sur de China son los vestigios que quedaron tras la conquista por los hijos del dragón y los del tigre.

Felt (2005: 18), estudiando las fuentes chinas sobre Panhu, ha descubierto que su origen está en el pasado legendario, las narraciones sobre su nacimiento le señalan como arquetipo de la vida de las tribus no chinas, con su "capacidad de sobrevivir en zonas agrestes, siendo cuidado por animales salvajes." Si ya hay noticias de ayuda militar de los Rong a los chinos y de matrimonios entre princesas chinas y jefes Rong a consecuencia de los mismos, la existencia de feudatarios Rong-Perros, exención de impuestos y otras ventajas, este relato de los Yao es uno más de las muchas veces en que esto sucedió. De hecho el mito de Panhu también se utiliza por otras minorías del norte y oeste de China, como los antiguos Di, que también se consideraban sus descendientes. La historia de los Yao es sólo una de las muchas veces que los pueblos bárbaros apoyaron al emperador y fueron recompensados. Lo único especial es que ellos han insistido casi 20 siglos en que los emperadores cumplan sus promesas.

Otro detalle que apunta a la existencia de un culto al perro primitivo es que el mito de Panhu y sus templos se encuentran por toda China, habiendo alguno incluso en Beijing (Liu: 1932). Además un culto primitivo al perro en el norte de China sería consistente con los numerosos rituales que se realizaban en su honor. El hecho de que durante más de mil años, prácticamente durante todo el tiempo que los reyes chinos necesitaron para conquistar y homogenizar culturalmente la mitad norte de China, se rindiera culto al perro precisamente en los caminos, los vientos, los viajes, las puertas, y otros símbolos de las direcciones, podría apuntar a que mediante los mismos se intentara aplacar al dueño y señor original de las tierras salvajes que se van a atravesar, a que hubiera una división entre los espíritus del dragón que protegían los dominios de los chinos, y los espíritus perro extendidos por todas las tierras salvajes aún no bajo su control. Si en la China de los Zhou, para ir de una ciudad a otra había que atravesar territorio de los clanes perro, de los dioses perro, es posible que surja la creencia, que por medio de la magia imitativa, hay que combatirlo con el sacrificio de perros, o untando su sangre.

En esa continua transformación de los mitos llamamos la atención sobre la creencia de que Panhu habría enseñado el cultivo de arroz a los antepasados de los Yao. Pero ese es ya otro de los aspectos míticos del perro que veremos en el siguiente capítulo.

9. El Perro y el origen de la agricultura

Muchos de los aspectos simbólicos del perro descritos en los capítulos precedentes bastarían para colocarle en un lugar importante en las actividades agrícolas. Como ancestro asegura el derecho a cultivar las tierras, como perro celestial proporciona la lluvia, como guardián protege los cultivos de la gente. Además la historia del perro está ligada a la agricultura de los cereales y una de las transformaciones genéticas que le separa definitivamente del lobo es la que le capacita para alimentarse con ellos.

Destaca que la zona por donde más ampliamente se haya distribuido el mito del perro Panhu, en la mitad sur de China, sea donde las creencias que relacionan al perro con el origen de la agricultura son más intensas. Muchas de las minorías del sur de China cuentan con mitos que muestran que el perro trajo el grano del cielo, permitiendo a los hombres iniciar la agricultura, garantizando su seguridad alimentaria y su desarrollo económico. Es por ello que cada año, cuando celebran la fiesta de probar el nuevo arroz, primero dan de comer al perro como agradecimiento.

Presentamos a continuación dos de ellos, interesantes porque describen el proceso de descubrimiento de la agricultura según se recuerda en sus mitologías primitivas. El primero es de los Kucong, uno de los pueblos más aislados de China, que a mediados del siglo XX todavía vivían como nómadas en las selvas de su frontera meridional (Gran Serie 8. 1995: 46).

"Según nuestras leyendas, hace mucho, mucho tiempo, en el mundo no había arroz ni ningún otro cereal. La gente sólo comía lo que se encontraba en su deambular: frutos y hierbas salvajes, corteza de algunos árboles y raíces de plantas. Con ese alimento, como es natural, la gente no crecía bien y la mayoría de las personas eran bajitas y delgadas.

Hubo un día en que un perro celestial se presentó de repente en una aldea. Ese perro era un poco extraño, pues no mordía ni corría sino que gustaba de estar siempre pegado a los hombres, siguiéndoles allá a donde iban.

Éstos, extrañados por su comportamiento, pues parecía entender sus sentimientos e incluso sus palabras cuando hablaban, le observaron cuidadosamente descubriendo que en la cola tenía pegados tres granos de arroz crudo y otros tres de arroz ya cocido. Un anciano tomó entonces los tres granos de arroz cocido y se los comió. La primera impresión que tuvo fue que era algo fragante y sabroso. Cuando los granos llegaron a su estómago le hicieron sentirse saciado, experimentando una gran vitalidad que poco a poco se fue extendiendo por todo su cuerpo.

Inmediatamente contó al resto de los aldeanos su experiencia, que al escucharle, decidieron utilizar los tres granos restantes como semillas. Y así los plantaron en un lugar bien inundado. Después de un tiempo, de esos tres granos surgieron unos primeros brotes que crecieron hasta convertirse en espigas de arroz. Desde entonces la gente empezó a comer arroz, y fueron creciendo más altos y fuertes una generación tras otra.

En recuerdo de la bondad de este perro, hasta hoy en día, cuando los Kucong van a celebrar la Fiesta del Nuevo Grano, o la del Año Nuevo, primero preparan un cuenco de arroz con carne para alimentar a su perro, y solo entonces la gente puede empezar a comer."

Entre los Jinuo el perro trae el arroz a la gente sin darse cuenta, y se descubre su utilidad tras una serie de pruebas que bien pueden reflejar el proceso por el que han ido incorporando nuevas plantas silvestres a su dieta.

"Hace mucho, mucho tiempo los Jinuo aún no sabían cómo plantar el arroz, viviendo únicamente de la caza y de la recolección de frutos silvestres. Había veces que si no conseguían cazar animales o recolectar suficientes verduras y frutos silvestres, la gente tenía que soportar el hambre.

Un día un joven llamado Yaoche salió a cazar con su perro a la montaña. En cuanto se alejaron de la aldea el perro empezó a correr de un lado para otro. El joven Yaoche no tuvo más remedio que seguirle. De esta forma cruzaron nueve montañas y nueve quebradas pero no encontraron nada de caza. Cuando la noche se acercaba Yaoche, agotado, pensó que lo mejor sería regresar.

La madre de Yaoche, al ver que tanto su hijo como el perro regresaron con el cuerpo cubierto de polvo, empezó a darles palmaditas para limpiarlos, descubriendo que sobre el cuerpo del perro se habían quedado pegados tres granos de arroz. En aquel momento ella no sabía qué era eso, así que los tomó en su mano y estuvo mirándolos mucho tiempo, y luego los tiró a un terreno que había detrás de la casa.

Pasado un tiempo en ese lugar salieron tres brotes muy verdes, que tres meses más tarde se convirtieron en espigas de arroz. Cuando las espigas maduraron la madre tomó unos cuantos granos, que retorció entre sus dedos apareciendo unos blancos granos de arroz. Acto seguido se los puso en la boca y los masticó, le resultaron fragantes y sabrosos. Enseguida comunicó a sus vecinos el descubrimiento.

A partir de entonces mucha gente fue a su casa a pedirle las semillas de arroz, que luego plantaron en la tierra siguiendo sus instrucciones. Cuando ya hubo muchas semillas la gente las utilizó como alimento, dejando una pequeña parte para sembrar al año siguiente. De esta forma ya no se volvió a temer no conseguir suficiente caza (Outlook 1999: 140.)

En otras ocasiones el mito del perro que proporciona el grano se ha fundido con el de la mujer que da origen a la agricultura, como entre los Hani, donde se cuenta que antiguamente la humanidad no conocía los granos. La hija de Moni, el dios del cielo, sintiéndose muy apenada por esta situación propuso a su madre dar los granos a la gente. Pero la madre no se atrevía. Así que ella bajó los granos del cielo a escondidas y enseñó a los Hani cómo cultivarlos. Cuando Momi vio que su hija había desobedecido sus órdenes se enfadó mucho y la transformó en una perra diciéndola: "Tú quieres estar con la gente, pues bien ahora estarás con ellos para siempre." Y así la diosa bajó el mundo de los hombres transformada en una perra, y aunque no puede ayudarles en su producción, al menos puede vigilar su casa. Por eso, hasta hoy en día, cuando los Hani recogen su primera cosecha y hacen una gran fiesta, el primer cuenco de arroz se lo ofrecen a su perra.

Los granos de arroz llegan en la cola de los perros

Varios mitos relacionan la obtención del grano con la cola de los perros. Uno de los Miao cuenta que en el pasado los perros tenían nueve colas. Cuando uno fue al cielo a conseguir el grano fue descubierto por los guardianes celestiales, y mientras corría escapando a la tierra le cortaron 8 de las 9 colas. Afortunadamente trajo a la tierra algunas semillas de arroz enredadas entre la cola que le quedó. Por eso los Miao, cuando celebran el festival de la cosecha, alimentan primero a sus perros (Yang 2005: 72). Entre los Dong se cree que el perro trajo las semillas de arroz al mundo tras una gran inundación, por lo que perdió todos los granos excepto los que estaba en la punta de la cola, que quedaban fuera del agua,

165

por eso posteriormente solo saldrán granos en la punta de la planta de arroz (Geary 2003: 112). Eberhard (1969: 210) asegura que el "mito del perro que trae el arroz en su cola solo tiene sentido en el contexto de un mito de la inundación [donde] el perro debe de nadar cruzando el agua y mantener su cola elevada sobre la superficie para no perder los granos. Como pierde casi todos excepto los de la punta, semeja a los campos de arroz inundados donde los granos de arroz se yerguen en la punta de las espigas sobre las aguas."

La relación del perro con la agricultura también se da en otras latitudes. En Mesoamérica hay mitos que dicen que el perro descubrió el maíz. En algunos manuscritos mayas la deidad del maíz es representada como un perro con una cola con la forma de una antorcha ardiendo (Vail y Hernández 2013). Ellos creían que el perro podía proporcionar una buena cosecha y pintaban imágenes del Dios del Maíz acompañado por un perro. Diego de Landa describe una ceremonia en la que las ancianas mayas bailaban con un perro de cerámica que llevaba un pan a su espalda (Schwartz 1997: 2005).

Narraciones antiguas de Persia también relacionan al perro celestial con la agricultura. En Europa se creía que el espíritu del grano tenía la forma de un animal y que era capturado o muerto al cortar la última gavilla de la cosecha. El espíritu del cereal se representaba como un lobo o un perro en Francia, Alemania y los países eslavos, donde la cola del perro también está relacionada con la agricultura. "En las vecindades de Feilenhof (Prusia oriental) cuando veían un lobo corriendo por los campos, los campesinos se fijaban si llevaba el rabo tieso o arrastrado por el suelo. Si lo arrastraba le daban las gracias por traer esa bendición, si tieso le maldecían, pues el lobo es el espíritu del grano, cuyo poder fertilizador está en su cola" (Frazer 1922: 448). Mirando a China podemos entender que el perro con la cola elevada se lleva el grano mientras que el que lleva la cola baja le deposita en el suelo.

El simbolismo del perro y el grano es especialmente patente en el noroeste de Francia, donde a la persona que corta el último manojo de trigo o de heno se dice que mata al perro. En las cercanías de Verdún la expresión corriente para terminar la siega es "van a matar al perro" (Frazer 1989: 511). Este animal es considerado divino, los campesinos le matan simbólicamente, generalmente basta con hacer budines o panes a su imagen, y de su carne y su sangre participan los labriegos, pues la muerte del grano se representa matando o tratando de matar a su representante humano o animal (Frazer 1989: 526). Frank Jenkins ha profundizado las investigaciones sobre este hecho, descubriendo que las regiones donde estos rituales están más arraigados corresponden a las que han proporcionado más figurillas de la diosa madre con su perro de la época galo-romana. Imágenes de diosas agrícolas llevando los emblemas de la fertilidad como el pan o la espiga, ofreciendo frutos a un perrito.

En muchas de las culturas agrícolas primitivas se estableció una semejanza entre el ciclo vital del grano, que muere cada año para volver a crecer al siguiente, y la vida humana, que muere y se entierra en la creencia de que también renacerá. Esa idea se convirtió en uno de los ejes centrales de los Misterios de Eleusis, que de forma impactante, y posiblemente con la ayuda de determinadas sustancias, mostraban al devoto la realidad última de la vida y la muerte. Esa relación entre el ciclo vital del grano y el de la gente habría convertido al perro, como símbolo de la muerte y renacimiento de los seres humanos, en el espíritu del grano.

Entre los Hititas, si la cosecha fallaba, se realizaban rituales de purificación que incluían el sacrificio de un cachorro (Collins 1992: 1). En Roma había una serie de rituales agrícolas que implicaban el uso de perros. El más importante de ellos era la Robigalia, un festival realizado para proteger las cosechas de Robigus, el dios de las enfermedades agrícolas, cuya principal ofrenda era un cachorro no destetado (de Sandes-Moyer 2013: 22).

Todos estos rituales señalan que el perro es un agente de fertilidad. Como compañero de la Gran Madre sigue sus órdenes en el ciclo de creación, muerte y transformación de la gente, y de forma paralela, en el de las plantas. El papel del perro como fertilizante, difícil de aceptar en las culturas elevadas, deja su huella en las imágenes de perros con penes erectos (y tal vez colas erectas), su apareamiento con distintas diosas, y su importancia en el crecimiento de los cultivos. Como vemos en la mitología azteca los perros realizan el viaje subterráneo completo; se hunden en la tierra siguiendo al muerto, a la semilla, o al sol, para surgir de nuevo como una persona transformada, una nueva planta o un nuevo día.

Los ancestros y el origen de la agricultura

La relación entre los ancestros y la agricultura es conocida en la cultura china, donde los sacrificios por el nuevo arroz se dedicaban a los ancestros a la vez que al perro (Eberhard 1969). Si el perro es el ancestro y se ofrece grano a los ancestros, es normal que se le ofrezca a él. El ancestro protege a la familia, fue él quien negoció con los dioses de la tierra la posibilidad de utilizarla y la forma (los rituales con ella asociada) en que se haría. Al igual que cada año se realizan ofrendas al ancestro de la aldea, es decir, al primero que se estableció en las tierras donde está situada, se deben hacer al primero que utilizó los campos. Esto parte de una concepción de la naturaleza salvaje que la considera poblada por una serie de deidades territoriales, algunas veces concebidas bajo la forma de serpientes. Cuando una persona se establece en un lugar determinado, lo primero que debe hacer son las ceremonias correspondientes en honor de estas deidades, para solicitar su permiso y aplacar su posible oposición. A partir de entonces sus descendientes se creen con el derecho a ocupar esas mismas tierras, bastándoles con realizar cada año las mismas ofrendas que hizo su antepasado, renovando de esta forma el "contrato" entre esa familia y las deidades territoriales. Y digo de esa familia porque en muchas ocasiones sólo los descendientes del ancestro que se asentó primeramente pueden realizar las más sagradas ceremonias, estando excluidos los miembros de familias que llegaron posteriormente. Esa misma concepción se aplica a los campos y sus frutos.

Un extraño mito de la minoría Jinuo podría arrojar luz sobre la naturaleza de esas ceremonias. Cuenta que:

"Hace mucho tiempo un campesino eligió un trozo de bosque para plantar sus cosechas, en la agricultura primitiva de roza y quema primero se cortan los árboles más grandes, luego se quema el campo para que las cenizas fertilicen el suelo y más tarde se inician propiamente las actividades agrícolas. Pues bien, tras cortar los árboles vio que al día siguiente habían vuelto a crecer. De nuevo los cortó, pero al día siguiente habían crecido de nuevo. Entonces se quedó por la noche a ver qué pasaba, y descubrió que el Espíritu de los Árboles les hacía revivir. Así aprendió que sólo si frotaba sangre de perro sobre los árboles, estos no revivirían y podría empezar a cultivar el campo (Yu Xiqiang 2000: 110).

Un relato chino cuenta que un cierto Lu Ching-shu cortó un árbol de canfor y empezó a sangrar profusamente, y poco después el espíritu del árbol, una criatura con forma de perro, salió del mismo (Eberhard 1969). En algunos lugares de Indochina la gente "no se atreve a cortar un gran árbol o empezar a cortar leña en el bosque sin haber matado primero un perro, mojado algunas flechas con su sangre y hecho unos dibujos con ella sobre el árbol" (Cabaton 1915: 230). Los Naga de Birmania también sacrifican un perro antes de iniciar las labores agrícolas, a veces antes de cortar los árboles donde se plantará o antes de erigir las pequeñas cabañas junto a los campos (Saul 2005).

Estos rituales sugieren que los ancestros consiguieron el permiso de las deidades de los árboles para cultivar las tierras sacrificándolas perros, y que a sus descendientes les basta con seguir realizando el ritual que sus antepasados descubrieron.

Estos mitos están relacionados con otros en los que el campo trabajado vuelve a tomar su forma original, como un aviso de las deidades celestiales de un inminente diluvio. Curiosamente el desarrollo es casi idéntico entre la minoría Yi de China y los Huicholes de México. En ambos casos el trabajo de un día es desecho por la noche varias veces, y luego la deidad asegura que no merece la pena cultivar nada pues se aproxima un tremendo diluvio, del que justamente sobrevivirá el protagonista del mito, en el caso huichol, en compañía de su perra, con la que dará origen a una nueva humanidad.

Entre los Wa de China, después de plantar se sacrificaba un perro ante la casa del tambor de madera, que aun tenía dentro la cabeza humana que tenían por costumbre cazar. Por lo que era una ofrenda a la cabeza. Luego se llevaba el perro a la casa de alguna mujer que no estuviera embarazada y se comía entre todos (Eroc 313). Un cariz distinto toma el ritual de "expulsar a los ratones" entre los Toraja de Indonesia, mediante el que se lleva a un perro alrededor del campo, mientras los niños le siguen, y se le golpea e incluso a veces se le mata. En este caso el perro actúa como un sustituto de los ratones que la gente desea expulsar de sus campos (Waterson 2009: 335).

Un uso diametralmente opuesto es el que vemos entre los Beng de Costa de Marfil, donde se utiliza a los perros para que vigilen los campos, y se les adiestra para que maten a los animales dañinos. "Cuando no hay nadie disponible para cuidar un campo, el campesino puede enviar al perro. Allí se pasará todo el día matando a los animales que lleguen a comerse las cosechas, y al atardecer volverá a la aldea por sí solo. Allí se pone a andar en círculos alrededor de su amo para llamar su atención. Entonces le lleva al campo y le señala los animales que ha matado" (Gottlieb 1992: 103).

El perro Panhu y el gigante (perro) Pangu creador del mundo

El perro Panhu también podría estar relacionado con la calabaza primordial de la que surgió la humanidad o con aquella otra dentro de la que sobrevivió al diluvio, que simboliza una nueva creación. En el nombre de Panhu, el *hu* 瓠 significa precisamente gran calabaza, y en el sur de China hay muchos mitos que narran que "la humanidad emerge de una calabaza, los hombres escapan del diluvio flotando en el interior de una calabaza, las vides de la calabaza sirven como cuerdas para ascender a los cielos" (Girardot 1983). En el mito de la creación de los Jinuo los dos hermanos sobreviven al diluvio dentro de una calabaza, posteriormente toda la humanidad emerge de la calabaza.

En el mito *Miluotuo* de los Bunu Yao se cuenta que

"Tras casarse con el sol la luna parió una gran calabaza. Pensando que era muy extraño, pidió al sol que la enterrara inmediatamente para evitarle el dolor de tener que volver a verla. Antes de enterrarla el sol quiso ver qué tenía dentro. En su interior sólo había racimos de pepitas, como los que se encuentran en cualquier calabaza. La luna, decepcionada, esparció las semillas de calabaza alrededor de la montaña Yaoshan. Al día siguiente cuando el sol y la luna salieron a la puerta de su casa, descubrieron que en cada lugar por donde habían dispersado las semillas de calabaza se encontraban ahora casas de bambú, el humo de cuyas cocinas se elevaba hacia el cielo. Gente vestida con ropas multicolores cultivaba y tejía contenta" (Ceinos 2007: 77).

En el mito de la minoría Shui los primeros hermanos se salvaron de la gran inundación en el interior de una calabaza. Al ver que no quedaba nadie más sobre la tierra, los hermanos se casaron tras superar unas pruebas que muestran es la voluntad de los dioses. La hermana se quedó preñada.

"Nueve años y nueve meses después parió un bulto de carne sin cabeza ni pecho, sin brazos ni piernas, que pesaba noventa jin. Enfadada se puso a llorar diciendo que era un castigo de los antepasados, ofendidos por su

matrimonio. El hermano pensó que había tenido un monstruo, lo pulió tres días y tres noches con su hacha, lo cortó con 99 hachazos hasta hacer 9.999 trozos, que tiró en nueve picos, nueve laderas y nueve ríos. A la mañana siguiente, cuando los hermanos salieron a la puerta de su casa, en los nueve picos, las nueve laderas y los nueve ríos, se veía gente cantando y riendo. Desde todos los lados la gente iba llegando a su casa. Unos decían "Apu" (padre en shui), otros "Ani" (madre en shui). Los dos hermanos, felices, reían a carcajadas" (Ceinos 2007: 77).

El fruto de la pareja que sobrevive al diluvio en el interior de la calabaza es un bulto de carne, a veces descrito sin ojos ni orejas, que el padre recoge y asustado corta en trozos que dispersa por la tierra. Un trozo de carne sin ojos ni miembros, igual que las descripciones chinas de *hundun* – caos. De ese caos, de ese trozo de carne surge todo lo que existe sobre la tierra, como si la calabaza, símbolo del útero materno, actuara por sí misma, independientemente de la pareja primigenia y volviera a recrear a partir del caos *hundun* en esa segunda creación. Se podrían multiplicar los ejemplos, pero en todos vemos una semejanza a la descripción del caos. Además hay un paralelismo en la forma en que el caos creativo es puesto en movimiento en los mitos chinos, disparándole unas flechas que le producen unos agujeros por los que se empieza a relacionar con el mundo, y las acciones del superviviente del diluvio sobre el trozo de carne, que rompe en trozos y lo esparce por la tierra. El trozo de carne post-diluvio es el mismo caos. La segunda creación de la humanidad tras la inundación se realiza, al igual que la primera, a partir del caos, aunque haya un hombre y una mujer. Pero en ella se deja intervenir a la madre primigenia, a la gran calabaza, al gran útero, la gran vasija de salvación donde las personas encuentran refugio cuando sobreviene un desastre. Se podría establecer una relación entre caos primigenio, calabaza creadora (que simboliza el útero materno), perro calabaza (Panhu), perro ancestral, perro como deidad agrícola.

El origen de este perro Panhu, según otros mitos, "es un capullo de gusano de seda que se puso sobre una calabaza (hu) y se cubrió con un cuenco (pan)." Además del simbolismo del capullo y la calabaza, cuya imagen es semejante al huevo cósmico de función cosmogónica, destaca que el capullo es llamado específicamente *hundun* (Girardot 1983). O sea que Panhu está relacionado con el

171

huevo cósmico y con la calabaza. De hecho, el simbolismo creativo de la calabaza se establece claramente en los antiguos trabajos chinos como el *Li Ji*, donde se dice que "para ofrecer sacrificios en el campo hay que usar recipientes que tengan forma de calabaza para simbolizar la naturaleza del cielo y la tierra" (Girardot 1983).

Muchos mitos sobre la creación del mundo responden a estas ideas. *La Diosa Shatianba crea el mundo*, de la minoría Dong comienza: "En los tiempos antiguos el mundo era vasto y oscuro, una masa caótica sin forma ni contorno. El cielo y la tierra estaban pegados, rodeados de un mundo frío donde no existía la luz ni el calor. No se podía distinguir el centro de los extremos, ni se podía determinar la posición de las cosas. Nadie sabía la altura del cielo y la tierra, nadie sabía su distancia, nadie conocía su forma... El cielo y la tierra estaban unidos en este caos sin forma (Ceinos 2007: 139). En *Amoyabai, la diosa de los Jinuo*, vemos: "En los tiempos antiguos, el universo era un vasto océano todo vacío" (Ceinos 2007: 93), y en *Miliujia, la diosa creadora de los Zhuang*: "Hace mucho, mucho tiempo, en el universo no había absolutamente nada. Era sólo un inmenso vacío sin forma dividido en tres niveles: superior, medio e inferior" (Ceinos 2007: 53).

Esa concepción taoísta de la existencia de un caos primordial en el que poco a poco se van decantando luz y oscuridad, materia ligera y pesada, para crear el cielo arriba y la tierra abajo, y posteriormente ir surgiendo en ellos todas las cosas que hay entre el cielo y la tierra, se populariza más tarde en el mito de Pangu, el gigante que separa cielo y tierra y crea todo lo que existe.

"En el principio no había nada en el universo salvo un caos uniforme y una negra masa de nada. El caos comenzó a fusionarse en un huevo cósmico durante 18.000 años. Dentro de él, los principios opuestos del yin y yang se equilibraron y Pangu salió del huevo. Pangu emprendió la tarea de crear el mundo: dividió el yin del yang con su hacha gigante, creando la tierra del yin y el cielo del yang. Para mantenerlos separados permaneció entre ellos empujando el cielo hacia arriba. Esta tarea le llevó 18.000 años, elevándose el cielo cada día un zhǎng (equivalente a 3,33 metros) mientras la tierra se hundía en la misma proporción y Pangu crecía también la misma longitud."

"Después de otros 18.000 años, Pangu se tumbó a descansar. Era ya tan mayor que su sueño fue llevándolo lentamente hacia la muerte. De su respiración surgió el viento, de su voz el trueno, de su ojo izquierdo el sol y del

derecho la luna. Su cuerpo se transformó en las montañas, su sangre en los ríos, sus músculos en las tierras fértiles, el vello de su cara en las estrellas y la Vía Láctea. Su pelo dio origen a los bosques, sus huesos a los minerales de valor, su médula al jade y las perlas. Su sudor cayó en forma de lluvia y las pequeñas criaturas que poblaban su cuerpo (pulgas en algunas versiones), llevadas por el viento, se convirtieron en los seres humanos. Así, Pangu dio origen a todo lo que conocemos hoy en día" (Wikipedia-Pangu).

El paralelismo con la historia que muestra a Panhu como un capullo (caos) entre el plato plano (tierra) y la calabaza redonda (cielo) debe ser suficiente para comprender que son el mismo personaje. Wen Yidou cree que "el nombre de Pangu puede haber sigo originalmente escrito con los caracteres "Panhu", significando el simbolismo de la calabaza en el perro ancestro del hombre." Yuan Ke (1984:72) también cree que el mito de Pangu como creador de la humanidad es un mito tardío, desarrollado en el siglo III en base a las leyendas del perro Panhu. Bacot por su parte, considera que el perro Panhu está relacionado con los dos perros celestiales del folklore turco. Pangu podría ser entonces el caos, una calabaza, o un perro ancestral, pues todos ellos son equivalentes en las mitologías locales y capaces por tanto de crear y ordenar el mundo. El perro Panhu es también un creador, que impone el orden en la relación entre los chinos y los Man, iniciando así la historia de éstos últimos.

Otros animales creadores del mundo

Otras deidades también crean el mundo como una transformación de sus propios cuerpos, como la Diosa Creadora de los Uigures, que lo hace por sucesivos vómitos, o la diosa Abukahehe de los manchúes, que divide su cuerpo en dos partes de los que surgen dos nuevas diosas que se encargan de los detalles de la creación (Ceinos 2007). El dios Hindú Purusa, en algunos relatos del *Rigveda* crea el mundo cortando su cuerpo (Bodde 1981: 60). Pangu, el perro creador, podría estar relacionado con otras deidades creadoras del norte de China y Asia Central, como el perro sagrado Barrak, que en el folklore turco antiguo sale del huevo de una madre águila mítica, o el perro que en la versión mongola de la épica tibetana Gesar surge del propio cielo (Zuev 2004). Esto explicaría además su fecha de aparición, más o menos cuando estos pueblos ganan influencia en el norte de China y otros símbolos perros, despojados de sus elementos caninos, son incorporados a la mitología y el folklore chino. La creación del mundo que realiza Pangu es semejante a la creación a partir de la división de un tigre entre los Yi y los Naxi, o la que se realiza a partir de una vaca, un yak u otros animales entre otras minorías. O sea que Pangu es el perro creador entre los pueblos del perro como el dios tigre lo es en los pueblos del tigre. Un perro que, cuando su imagen empieza a deteriorarse, aparece como un gigante separando cielo y tierra. En algunas fuentes incluso se refuerza este sentido: "*hundun* es un perro que tiene ojos y oídos pero no puede ver ni oír, vive en el monte Kunlun y está relacionado con el trueno" (Pregadio 2014: 523).

En el largo poema mitológico *Meige* de los Yi de Yunnan hay un fragmento que describe al tigre como creador del universo, en un proceso que guarda numerosas similitudes con la creación realizada por Pangu:

> *"Cuando en el cielo no existía el sol ni la luna, ni las estrellas, ni las blancas nubes ni el arco iris, cuando no había absolutamente nada; cuando en la tierra no había árboles ni bosques, cuando no había ríos ni lagos, cuando no existían los pájaros que vuelan ni las bestias que corren, cuando no había absolutamente nada, la cabeza del tigre se convirtió en la cabeza del cielo; su cola, en la de la tierra; la nariz del tigre se convirtió en la nariz del cielo, y su oreja en la del cielo. Su ojo izquierdo hizo de sol y el derecho de luna. Su barba se transformó en los rayos del sol y sus dientes en las estrellas. Su grasa se derritió en las nubes de colores, su respiración se convirtió en la bruma. El corazón del tigre formó el corazón del cielo; sus tripas el gran océano. La sangre del tigre hizo el agua de los mares, sus intestinos se convirtieron en ríos y sus costillas en caminos. La piel del tigre se transformó en el manto de la tierra, y sus pelos en los árboles, hierbas y espigas que la cubren.*
>
> *Todo lo que existe en este mundo se originó del tigre"* (Wang Congren- 2002: 1).

La relación del perro con la agricultura se desborda en cientos de ritos cuyo significado podría encontrarse en las más primitivas creencias humanas. ¿Ha habido un momento en que se ha pasado de ofrecer alimentos al ancestro perro a comerse al mismo perro? Aunque hoy en día es precisamente entre los pueblos que veneran a Panhu, donde el tabú de comer carne de perro es más riguroso, no debemos olvidar que el consumo de carne de perro habitualmente ha estado rodeado en China de un carácter sagrado, y no faltan los rituales, como el de la cosecha en Europa o la eucaristía del cristianismo, en los que los creyentes comen ritualmente el cuerpo de su dios.

10. El perro como alimento.

A pesar de la gran importancia que el perro ha tenido a lo largo de la historia humana, de haber sido considerado el más querido de los animales domésticos, el compañero de la caza, el guardián de la casa y el guía y protector de la tumba, su carne también ha sido continuamente consumida, a veces de forma ocasional, en épocas de extrema necesidad o siguiendo a su ofrenda en un altar, otras como resultado de la cría específica con ese propósito.

Durante la época neolítica la carne de perro fue ampliamente consumida, pues se han descubierto fracturas en sus huesos y marcas de cuchillos que contrastan vivamente con los esqueletos intactos de los perros enterrados con las personas para servirles como guías en el otro mundo. En varias de las culturas neolíticas de China se consumía carne de perro, así como en la dinastía Shang, posiblemente tras los rituales en los que se le sacrificaba a dioses y ancestros. También fue consumida por los griegos, los romanos y los celtas en Europa, y fue la principal fuente de proteína animal entre los Aztecas de México, donde se criaban varias razas específicamente con este fin.

En Grecia se han desenterrado perros que fueron desollados y descuartizados para ser comidos, e incluso se han descubierto una variedad de métodos utilizados para cocinar su carne. Entre los ingredientes de la llamada "cena de Hécate", la diosa de la muerte, se encontraba la carne de perro (Jenkins 1957). Plinio describe a los Canarii como comedores de perro y los cartagineses del siglo III también los comían. En Roma, "los restos zoo arqueológicos demuestran que los perros eran sacrificados a una amplia gama de deidades y eran consumidos algunas veces" (de Sandes-Moyer 2013: 7).

En Atapuerca se han descubierto marcas de dientes humanos en huesos caninos y en la España neolítica se consumía perro de forma ocasional. Entre los celtas también se comían, tanto en los hogares como en las festividades y rituales, además se utilizaban sus pieles para sentarse. "Entre los galos los perros a veces se mataban en su mejor momento para comer, lo que sugiere que eran apreciados por su carne y que no se comían simplemente en tiempos de necesidad" (Green 2002: 36). En el sitio galo de Levroux, 695 de los perros matados para el consumo eran individuos jóvenes. Esto indica que tanto allí como en la China de la misma época se utilizaban como alimento principalmente individuos jóvenes, con carne más tierna. En otras zonas de Europa se han descubierto cráneos rotos de perros, lo que hace pensar que su cerebro se consideraba una delicadeza (de Sandes-Moyer 2013: 12).

En muchos lugares de Asia Oriental su carne es considerada exquisita, especialmente en China y en Corea, pero también en Mongolia, Borneo, norte de Sumatra, Java y en las tierras altas de Filipinas. En otros lugares se come en fiestas y ocasiones especiales: "Entre los Batak de Sumatra se sacrificaban y comían perros durante las festividades por el cambio de casa, al acabar una nueva casa o durante las visitas de individuos importantes" (Ochoa 2016: 41). Entre los Naga de Birmania se piensa que la carne de perro tiene propiedades medicinales, siendo especialmente indicada para la recuperación de las madres tras el parto y para combatir la malaria (Saul 2005. 108). En África se consume en mayor o menor medida según las religiones que se profesen, siendo los musulmanes tradicionalmente contrarios a su consumo pues la consideraban impura y se habían prescrito rigurosos castigos para el carnicero que la vendiera (Menache 1997). Curiosamente, en toda la parte de Túnez y Libia, a pesar de contar con una población musulmana, se consumía carne de perro de forma habitual a fines del siglo XIX. Ellos decían que en su origen era por su acción terapéutica, asegurando que bajaba la fiebre y curaba ciertas enfermedades, pero ya sabemos por Plinio que sus antepasados ya eran aficionados a esta carne hace más de dos mil años (Bertholon 1897).

Entre los Aztecas y otros pueblos de Centro América se comía su carne, pero el perro no era un alimento común, sino una comida ritual. De hecho, Fray Bernardino de Sahagún, el principal cronista de la cultura azteca, no menciona a los perros en su detallada descripción de los alimentos de la gente, ni su presencia en las carnicerías de los mercados. "En las fuentes mayas tampoco se habla del perro como comida común sino como comida ritual, y en los códices lo vemos en contextos rituales [...] se trataba de un alimento sagrado" (Garza 1997: 114). El énfasis puesto por los españoles para impedir que se comieran perros habría estado más ligado a su empeño por acabar con las prácticas religiosas paganas que al rechazo de la inclusión de perros en la dieta (Alves 2011)

Los Huanca de Perú, que adoraban al perro como una deidad, concluían sus más importantes ceremonias con un banquete de su carne, considerada como la más sabrosa (Briffault 1977). Antes de la llegada de los españoles, los Incas intentaron prohibir esa práctica para atraerlos a su propia religión (Beusterien 2013). Entre los Indios de Norteamérica los Apaches Kiowa y los Arapahos eran llamados por sus vecinos "comedores de perro". Tanto los Iroqueses como los Natchez comían carne de perro antes de ir a la guerra. El mayor honor que los Siux podían hacer a un huésped era matar a su perro favorito y ofrecérselo para comer. Entre los Pawnee, los Hurones y los Siux se usaba carne de perro para curar determinadas enfermedades, posiblemente debido a sus cualidades espirituales, pues a veces era ingerida y otras ofrecida a la Madre Tierra (Schwartz 1997). Una de las sociedades secretas de los Tsimshian de la costa del Pacífico se llamaba precisamente "Los comedores de perro". Como se puede imaginar, sus principales ceremonias concluían con una gran celebración en la que numerosos perros eran devorados (Boas 1916). Entre los Haida se celebraban ceremonias de comer carne de perro al final de sus grandes *potlach*, y entre los Kwaikult y los Salish había una Ceremonia de Comer un Perro Vivo, durante la que el celebrante, tras ayunar durante cuatro días, tenía que capturar y comerse a uno (Schwartz 1997).

Consumo de perro en los rituales chinos

En muchos de los lugares donde se menciona el consumo de carne de perro, éste se realiza durante la celebración de ceremonias o rituales, en contextos relacionados con los dioses y espíritus, los funerales o la curación de enfermedades. Es decir que se trata fundamentalmente de un alimento ritual originado por la creencia en sus propiedades mágicas y su capacidad de proteger contra los malos espíritus, pues existe la creencia de que la esencia de la comida es absorbida por el que la come, y se han documentado casos en los que adivinos y chamanes adquieren sus poderes comiendo la carne del perro, considerada el asiento de su alma (Sitnikof 2011).

En China las épocas de mayor consumo de carne de perro fueron las que éste tuvo mayor importancia ritual. Durante la dinastía Zhou numerosas ceremonias exigían el sacrificio de un perro, pues se creía que protegían en los viajes y garantizaban la sinceridad del que realizaba la ofrenda, convirtiéndose en el sacrificio más adecuado en una serie de relaciones sociales muy ritualizadas. Y así, las visitas de los jefes del cantón, las de los soberanos, los torneos de tiro con arco, muy importantes en aquella época, todos iban acompañados del ofrecimiento ritual de carne de perro a los invitados que, tras ofrecerla al cielo, la comerían (Couvreur 1951). En aquellos tiempos en que a los animales utilizados con propósitos sacrificiales no se los mencionaba por su nombre, el perro fue conocido como el "animal para hacer sopa para los ancestros".

Ese consumo de perro por los estratos más elevados de la población pasó a la clase media y a partir de ahí se generalizó su consumo. Un proceso semejante se verá siglos después con el tabaco y el opio. Intentando poner orden en las relaciones entre personas y perros el *Libro de los Ritos* los divide en perros de caza, perros de compañía y perros para carne. Esa distinción en uno de los clásicos confucianos fue acompañada de ejemplos de su consumo en otras obras de la misma escuela. En los escritos de Mencio se asocia una buena vejez con la posibilidad de comer carne de perro, y un buen gobierno al que promueve un desarrollo económico en el que los ancianos pueden disfrutar de dicha carne. La presencia de la carne de perro en estas obras sirvió como un impulso para su consumo, pues pronto adquirieron un carácter normativo en la sociedad china. Tanto es así que en Corea, país donde la carne de perro es muy popular se la llama "carne confuciana" (Podberscek 2009: 619).

Durante la dinastía Han la carne de perro se popularizó, estableciéndose granjas especializadas en su cría y vendiéndose libremente en los mercados, donde generalmente había un lugar específico para su sacrificio. Al final de esa dinastía el perro sufrió el desprecio de la población, fue desapareciendo de las ceremonias y, siendo mal considerado, tampoco fue un plato apreciado. Además, durante esos siglos se ve la penetración del budismo en la sociedad china. Los budistas propugnan una dieta vegetariana, y considerando a los perros una de las reencarnaciones más frecuentes de las personas, su carne está especialmente prohibida en sus escrituras (Avieli 2011: 67).

En algunos textos de la dinastía Tang llamar a alguien "comedor de perro" era un insulto (Chen 2012). Respondiendo a esta realidad en el siglo XII el emperador Huizong de la dinastía Song decretó que no se consumiera su carne pues ya no se sacrificaba en ningún ritual. Un decreto que solo seguía las costumbres de una sociedad que ni sacrificaba perros a sus dioses ni comía su carne. Por ello aunque habitualmente se considera que los seis animales domésticos incluyen al perro, en el antiguo manual dedicado a la producción ganadera *Qiminyaoshu*, se trata con detalle la cría de ganado, caballos, burros, mulas, ovejas, cerdos, pollos, patos y gansos, pero no la de perros (Lu 2015).

Consumo de carne de perro en las crónicas occidentales

A pesar del decreto del emperador Huizong la gente de las clases más humildes siguió comiendo perro, pues siglos después sorprendió a los primeros viajeros occidentales que visitaron China. Ibn Batuta escribió en el año 1342: "La carne de cerdo y de perro son consumidas por los paganos chinos, y se venden públicamente en los mercados." Marco Polo comenta de la provincia de Qinsay, posiblemente Guizhou: "Tienes que saber que comen todo tipo de carnes, incluyendo las de caballos y perros" (Yule 1903-2: 187).

Doscientos años más tarde el portugués Fernam Mendez Pinto afirma: "He visto jaulas llenas de perritos para vender", y el padre español Fernández Navarrete (1676 II: 23):

"Assegurôme el Alguazil, que me llevò à la Metropoli (antes lo avia oido dezir à otros) que cada mañana almorçava treinta huevos, y un pernil de perro, con dos quartillos de vino caliente: puede passar por paruidad de materia: el buen viejo estava gordo, y colorado, que era bendición [...] Los perros, que en China se comen, son inumerables; tienen por regalada, y sustancial su carne; ay Carniceros, y carnicerias publicas, donde se vende, y mas en las Provincias de el Norte, que en las de el Sur, y es cosa para ver, y reir, la multitud de perros que persiguen à estos Carniceros, quando van por la calle; el olor que de si echan de la carne perruna, deve de ofenderles, y irritarles la colera. Anda esta gente siempre armada de palos, y latigos, para defenderse de los perros. Quando van cargados con seis, ò mas perros para la carniceria, aun es mayor la fiesta,

180

porque al ruydo, y griteria que hazen, no queda perro, que no salga a la defensa
de los de su especie, y à ofender à su capital enemigo."

Un análisis de estas noticias muestra que su consumo, por llamativo que pudiera resultar a estos viajeros, solo era ocasional. Marco Polo únicamente la menciona en Guizhou, una de las provincias más pobres de China, donde se sigue comiendo hasta el presente. Ni siquiera el texto de Navarrete, que muestra a los perros siguiendo al carnicero –perrero indica que su consumo estuviera muy extendido. Para aclarar este punto hemos revisado las más importantes crónicas de la China de la época, que describen detalladamente la vida y costumbres de la población, incluyendo sus hábitos alimentarios, y el perro no es mencionado. Juan González de Mendoza (1990: 39), cuya *Historia del Gran Reino de la China* fue la descripción del país más influyente en Europa durante varios siglos, escribe:

"Hay, fuera de esto, muchas carnes, así como vacas (que valen tan poco, que una muy buena se compra por ocho reales), y búfalos, que valen la mitad, y venados que, enteros, se hallarán a dos reales, y muchos puercos, cuya carne es tan buena y sana como la del carnero. Hay mucha abundancia de cabras y animales comestibles, que es causa de que valgan tan poco."

Jerónimo Román, en su *República del Reino de la China* de 1595, basada en las cartas y testimonios de numerosos viajeros, informa que:

"El mas comu ganado de que se mantiene es vacas, bufaras, puercos, carneros, y cabras, de lo qual se cria infinidad por los montes y deesas. Cosas de volateria y de la que se cria en los rios y lagunas es tanta que no se puede dezir, porque aprecera increyble, solo puedo dezir conforme los auctores que lo viero, que de ordinario ay ciudades que se gastan cada dia diez y doze mil anades sin otras diversas aves, y no ay que poner duda en esto, porque la industria de criar aves domesticas y pesca, en todas partes e la mas particular que se ha visto en el mundo, como lo dize en su lugar."

Lo mismo vemos en las crónicas de Alonso Sánchez: "Los manjares comúnmente son gallinas, puerco y pescado, todo junto y desmenuzado, porque lo comen con dos palillos, que son de marfil o de ébano, engastados en plata." O de Alexandro Valiñano

181

"Porque con ser la tierra tan grande y tan habitada, y ser los chinas de suyo más comedores que los nuestros de Europa, es tan abundante de todas las cosas, que parece que se puede desear más, porque están las calles llenas de mesones y bodegones con grande número de aves, gallinas, vacas, puercos, y de todas las demás suertes de carnes y pescados y de otras cosas de comer."

Es cierto que muchos de estos misioneros buscaban dar una imagen positiva de China, pero es difícil pensar que si el consumo de perro hubiera estado muy extendido, todos se hubieran confabulado para ignorarlo.

Esa tendencia siguió en vigor hasta los últimos días del régimen imperial, cuando sólo se vendían perros para los más pobres en una docena de restaurantes en las ciudades del sur de China, donde para no avergonzarse se llamaba a su carne "cordero de tierra". Llamó mucho la atención a los misioneros y a los viajeros modernos, pero una vez mostrada esa singularidad, que los chinos comían perro, especialmente en Cantón, una lectura atenta de sus escritos nos muestra que estaba limitada a unos pocos restaurantes que generalmente servían a las clases más bajas. Como protestaba el gran sinólogo Herbert A. Giles (1902: 207):

"Un trotamundos va a Cantón, y como una de las vistas en esa enorme colección de seres humanos es llevado a tiendas —solía haber tres- donde la carne de perros, alimentados con ese propósito, se vende como comida. Vuelve a su casa y escribe un libro y dice que los chinos se alimentan con carne de perro. En el norte de China, la carne de perro es desconocida, e incluso en el sur, durante todos mis años en China, nunca conseguí encontrar un chino que pudiera admitir que de hecho la hubiera probado."

Robert K. Douglas (1887) en cambio dice que: "En la provincia de Shandong se curan y exportan jamones de perro, pero su precio lo hace prohibitivo, y los coloca sólo al alcance de los ricos gourmets que tienen una preferencia por esta carne."

Lo que sí parece haberse mantenido con cierta fuerza, al menos en algunos lugares, es su consumo de origen ritual cuando llegan los días más calurosos del año. Hay un proverbio que dice: "Un perro en verano no puede correr." Refiriéndose a que ha sido sacrificado por esas fechas (Chinese Recorder 1889: 394). "En cierto día al inicio del verano es una costumbre en el sur de China consumir carne de perro para fortalecerse antes de la llegada de los grandes calores, y como una prevención contra las enfermedades" (Douglas 1887: 127). Por lo que la gente acudía a uno de esos restaurantes "llenos de personas de cualquier rango durante la celebración del solsticio de verano. Comer carne de perro, especialmente de perro negro, en ese día, es proteger al que la come contra las enfermedades durante el resto del verano" (Gray 1880: 185).

Esa persistente costumbre de comer perro en los días más calurosos del año ha tenido su origen en antiguas creencias que contemplaban la llegada del verano con gran aprensión, por el riesgo de que se desencadenaran epidemias. El consumo ritual de su carne se consideró una protección espiritual, pero también es posible que se hubiera visto que alimentar con su carne a las personas más débiles entre la población, que raramente comían carne, les proporcionara una cierta fortaleza y resistencia a las enfermedades. De hecho, entre poblaciones empobrecidas con dietas deficientes en proteínas, los sacrificios de animales asociados a los rituales curativos han tenido tanta incidencia en su salud como la alegría de la fiesta y la sugestión que les proporcionaban sus chamanes. Además, en algunos lugares se ve más incidencia de la rabia durante la época de calor, en especial cuando empieza y cuando acaba, por lo que el sacrificio de perros, su principal transmisor, para comer su carne, puede haberse visto como una especie de prevención, pues la persecución y limpieza de los perros callejeros habría contribuido a controlar la rabia.

Otras escuelas recomendaban la carne de perro durante los meses de otoño, cuando el emperador también debía de comerla, y cuando los estudiantes se sentaban para sus exámenes, pues se realizaba un esfuerzo realmente agotador (Liu 2004). El hecho de que la carne de los perros negros fuera la preferida podría estar relacionado con los poderes mágicos que se les atribuían, y proporcionarían entonces una súper carne usada ante estados de debilidad prolongada o en previsión de los mismos. Laufer (1931: 239) menciona que incluso a los cormoranes más débiles "tras el décimo mes se les daba carne de perro para mantener sus cuerpos calientes y protegerles del frío, e incluso cuando rompen el hielo para pescar no morirán enfriados."

El consumo de carne de perro se prohibió en Cantón en 1915, y prácticamente había desaparecido del resto de China, manteniéndose solo de forma residual en los restaurantes más humildes.

A finales de los años 80 el perro aparece de nuevo en la mesa de los chinos, principalmente en los restaurantes coreanos, en los de Cantón, de quienes dice un refrán "comen todo lo que vuela menos los aviones, todo lo que nada menos los barcos y todo lo que tiene patas, menos las sillas y las mesas" y entre algunos pueblos del sur de China, precisamente de los más pobres, que los primeros viajeros chinos e internacionales empiezan a visitar.

Precisamente en medio de esa región donde el consumo de carne de perro está más arraigado surgió en el año 2010 el Festival de Carne de Perro de Yulin, pues con el desarrollo del turismo en China y los esfuerzos de cada provincia, prefectura y condado por ofrecer algún elemento destacable en su historia, población o folklore, algunas zonas han convertido el consumo de carne de perro uno de sus "marcadores étnicos". Como muchos otros festivales surgidos para mostrar a China y al mundo exterior las especiales características de una localidad, su objetivo era convertir a Yulin en un punto de interés turístico. Una promoción que no se puede considerar un fracaso, pues una ciudad antes desconocida, ha protagonizado miles de artículos y noticias en los medios de comunicación globales, y no cabe duda que, como centro donde se libra la batalla anual entre los comedores de perro y los que se oponen, ha alcanzado notoriedad internacional.

El festival de Yulin refleja una realidad sorprendente, que las zonas de mayor consumo de carne de perro están rodeadas por aquellas otras en las que el perro Panhu es más venerado, y que en algunas ocasiones, mientras algunas ramas de las minorías Yao, Miao o Zhuang consideran al perro su ancestro y no comen su carne, otras de ellas la convierten en su animal favorito. Es posible que también aquí, se haya dado, aunque a menor escala, una exaltación del perro, que haya derivado primero en un tabú sobre su carne, pasando luego a su consumo ritual y posteriormente al habitual.

Epílogo. Una simbología canina global

A lo largo de estas páginas hemos descubierto cómo el perro, desde que empezó a acompañar a los hombres hace miles de años, ha ido representando para este último una extensa gama de papeles espirituales y culturales. Hemos descubierto con asombro cómo las características fundamentales del simbolismo canino eran más o menos semejantes por todas partes, y los más variados aspectos de su folklore, por extraños que parecieran a primera vista, encontraban su eco en culturas alejadas miles de kilómetros. Y si bien es posible pensar que los principales componentes del simbolismo canino hayan surgido en varios lugares simultáneamente, la coincidencia en los detalles entre gentes que habitan lugares tan distantes hace pensar más bien que un corpus bien desarrollado de creencias fue transmitido de unas culturas a otras, del que han sobrevivido algunos detalles distintos en cada cultura.

Esa comunidad de temas entre pueblos tan alejados entre sí resulta sorprendente, y aunque ya no hay dudas de que los contactos comerciales y culturales a través de la que posteriormente se llamaría la Ruta de la Seda fueron un goteo lento y constante a lo largo de la prehistoria, no podríamos descartar que magos o misioneros de religiones ya olvidadas hubieran propagado esos conceptos hace miles de años. La presencia de costumbres casi idénticas entre los pueblos de América hace pensar que forman parte de un conjunto de valores que caracterizaban una primitiva cultura euroasiática.

Entre ellos hay un aspecto que podríamos considerar prácticamente universal: el papel del perro como compañero de los muertos. Y es posible que los otros aspectos de su simbolismo, su papel como ancestro o fantasma o su presencia en el cielo, ampliamente extendidos por nuestro planeta, sólo lo sean por su relación con este concepto. Este símbolo universal del perro como psicopompo refleja su cualidad fundamental: su dualidad. Una dualidad que se desarrolla en muchos otros conceptos: desde un

185

mito africano que divide la tierra en dos mitades, una salvaje y otra civilizada, cada una gobernada por un perro, al perro en el cielo y en la tierra, los dos perros situados a las puertas de los templos chinos, los que cierran las puertas de los infiernos en las mitologías indoeuropeas, o los que tienen dos cabezas, señalando una al camino de la vida y otra al de la muerte.

La idea de que el perro acompaña al alma de una persona muerta en su camino al otro mundo va ligada a una serie de creencias que necesariamente se han debido de encontrar entre las más antiguas de los seres humanos. La primera es que las personas (y algunos o todos los animales) tienen un alma o espíritu que no muere con el cuerpo. La segunda es una concepción del mundo como una serie de niveles distintos, que podríamos simplificar como el mundo de los vivos, el mundo subterráneo y el celestial. La tercera es que hay una comunicación entre esos mundos que se abre en determinadas circunstancias. La cuarta es que se abre precisamente para los espíritus de los muertos, que se trasladan, de hecho, a otro de esos mundos. La quinta es que ese traslado es un proceso complejo y lleno de peligros que a veces requiere meses o incluso años para ser completado. Esos peligros, aún cuando se consideran de naturaleza espiritual, se perciben de forma semejante a los que existen en el mundo de los vivos: ríos, lagunas, altas montañas, animales feroces y demonios, etc. Y la sexta es que el perro, por su capacidad de distinguir a los espíritus, o al menos de sentir (por su vista, su oído y su olfato) realidades que el hombre no sospecha, y por su especial capacidad de orientación espacial, se convierte en el compañero ideal, en el guía para ese camino.

Curiosamente existe un antiguo sistema religioso extendido por toda la tierra en el que todos estos conceptos están presentes. Es una de las más antiguas religiones, posiblemente la más antigua de las que aún se practican: es el chamanismo. El origen del chamanismo se pierde en la noche de los tiempos, algunos piensan que ya estaba presente entre los humanos de hace miles de años.

Nuestras percepciones sensoriales son mucho más amplias y ricas de lo que nuestro cerebro es capaz de procesar. Nuestro cerebro, en realidad, se va acostumbrando a poner barreras a esas percepciones para poder alcanzar unas definiciones ordenadas que posiblemente sean necesarias para nuestra vida social tal y como la conocemos. Esas barreras se pueden anular de diferentes formas, ya sea mediante el uso de plantas o elementos psicoactivos como los descritos por Aldous Huxley en *Las puertas de la percepción*, ya sea por experiencias físicas o espirituales, como las experiencias chamánicas, o por otras situaciones extremas en la vida de las personas. Al anular estas barreras la visión del mundo cambia por completo, liberada de las interpretaciones de la realidad diseñadas por la cultura, la mente humana descubre otro mundo, otro plano de existencia, de formas caprichosas y colores más intensos, en el que el espacio y el tiempo cobran otra dimensión. No es difícil pensar, se crea o no en la existencia de espíritus, que en su propia evolución, el perro no estableció las mismas barreras a la percepción que los seres humanos, o las estableció de otra forma, y que, cuando mediante esas experiencias los chamanes o hechiceros alcanzan el que Michael Harner llama Estado de Conciencia Chamánico, encuentran una comunicación más fluida con el perro, y le dotan de misteriosas cualidades.

El chamanismo como transmisor del simbolismo del perro

Bajo el nombre de chamanismo se han ido englobando tantas prácticas religiosas de los llamados pueblos primitivos que su propia definición resulta un poco compleja. Sin meternos en disquisiciones de sabios vamos a considerar chamanismo como el sistema por el que especialistas religiosos viajan a otros planos de la realidad, donde habitan una serie de espíritus, para interaccionar con ellos en nombre de su comunidad. Ese especialista religioso actúa principalmente cuando surgen enfermedades o alguien muere, así como en otros momentos críticos para la comunidad. En el chamanismo se cree que las personas y animales tienen un alma o espíritu que no muere tras la muerte, precisamente la enfermedad se piensa que está causada por el abandono del alma a su cuerpo. También se cree en la existencia de varios planos de existencia, así como en la posibilidad de transitar entre ellos, siendo el chamán el especialista en esos tránsitos, gracias a un estado alterado de consciencia obtenido a través de la meditación, con la ayuda del batido del tambor o de determinadas drogas. Ellos también creen que la gente tras morir debe atravesar esos mundos, un camino complejo en el que el chamán, a veces ayudado por sus asistentes animales, guiará al alma hasta alcanzar el paraíso. Y además el perro tiene una relación especial con el chamanismo, relación que luego tocaremos en más detalle.

Esas personas, los chamanes, debido a una predisposición natural y un aprendizaje con otros chamanes, son considerados capaces de "viajar" al mundo de los dioses y los espíritus y relacionarse con ellos a favor de sus creyentes. El "viaje" chamánico, que se realiza sin que el cuerpo se mueva de su sitio, consiste en alcanzar un plano de conciencia distinto al habitual, un estado en el que el chamán puede ver otros aspectos de la realidad, comunicarse con dioses y espíritus, generalmente para saber cuál es el origen de la enfermedad que aflige a una persona, y negociar con ellos la forma en que ésta enfermedad debe curar. Los chamanes suelen contar con un animal como ayudante, que según la tradición es elegido en sus primeros viajes, que no es necesariamente el perro. El perro, en cambio, desempeña un curioso papel al lado de los chamanes.

El chamanismo está extendido entre pueblos de los cinco continentes. Desde la obra seminal de Mircea Eliade a las modernas enciclopedias sobre el tema, todas nos muestran que el chamanismo es un fenómeno universal. Ha sido ampliamente estudiado entre los indígenas del Amazonas, los indios de México, los de Norte América, los aborígenes australianos, los lapones y fineses, las tribus de África, los pueblos de China y el Sudeste asiático, y especialmente entre los pueblos de Siberia y Asia Central, donde se describió por vez primera.

El perro tiene una relación muy íntima con el chamanismo. En general el perro actúa como compañero del chamán y como guardián de los caminos que conducen al otro mundo. "En los tiempos antiguos se mencionaba con frecuencia a un perro como el compañero del chamán" (Nikkila 1996: 260). "El perro es uno de los más antiguos y de los más poderosos ayudantes espirituales de los chamanes, así como una de las más temidas entidades sobrenaturales en el mundo" (Varner 2007: 149). Los perros parecen haber estado protegiendo los caminos al otro mundo desde el inicio de las creencias humanas (Trubshsaw 1994). "El chamán nos dice que tienen dos perros que son sus asistentes invisibles" (Campbell 1987: 266). Mircea Eliade (1964: 467) escribió: "El chamán encuentra al perro funerario en el curso de sus descensos al mundo subterráneo, como es encontrado por los muertos o por los héroes que pasan a través de unas pruebas iniciáticas". Corradi Musi (1997 14-16) encontró una relación entre las metamorfosis del chamán en un animal y el totemismo y asegura que el secreto del chamán se puede adquirir comiendo la carne de los animales (Sitnikof 2011).

El chamán altaico encuentra en sus viajes un perro que guarda el mundo subterráneo de Erlik Khan. En el chamanismo de los Koriak los perros ayudan a los chamanes a superar los obstáculos en sus viajes, a veces también representados como ríos. Bogoras (1909: 415) cuenta que una chaman Chukchi se quejó de que "su suegra, viendo que iba a ser una gran chamán, le dio a beber el fluido amniótico de una perra. Eso hirió sus órganos vitales y el alma del perro entró en la suya." En sus *Visiones de la ayahuasca,* la droga utilizada por los chamanes de la Amazonía, Pablo Amarigo (4) nos muestra al chamán con su perro:

"el perro tiene una visión espiritual, puede ver de forma espiritual si un enemigo se acerca y puede herir a su amo. Entonces se levanta y despierta a su amo. Aunque el chamán puede rodearse de defensas, no tiene la sensibilidad suficiente para percibir a un enemigo a distancia, mientras que el perro sí, porque puede ver muchas cosas, a muchos espíritus distintos. El perro tiene algo místico, mágico y espiritual. Por eso el chamán siempre tiene que tener un perro."

Se cree que una de las razones para sacrificar perros era proporcionar unos "guardianes del lugar" eternos. El hecho de que muchos se vean en las puertas y puentes indicaría que están como ayudantes espirituales, pues los perros guardianes son comunes en el folklore chamánico (Varner 2007: 155).

En algunas regiones la relación entre el chamán y su perro es tan estrecha que viajan juntos al mundo de los espíritus. "En la Amazonía peruana, en los tiempos modernos, algunas veces se dan drogas alucinógenas a los animales para mejorar su capacidad de cazar. Tanto los cazadores como sus perros ingieren sus drogas […] los cazadores para asegurarse que sus dardos siguen un camino derecho a sus objetivos […] Al perro, por otra parte, se considera que le ayuda a encontrar las pistas de su presa mucho mejor" (Morey 2006: 165).

En el chamanismo el perro acompaña al chamán en sus viajes al otro mundo, lo que le convierte posteriormente en compañero de los muertos; en el chamanismo el perro se traslada del mundo de las personas al de los dioses, por lo tanto está también en el cielo, donde causará no solo eclipses sino otros fenómenos celestes como estrellas fugaces, meteoritos y terremotos. En el chamanismo el perro puede ver a los malos espíritus, por lo que está de guardia; acompaña a los guerreros en las transformaciones inherentes a sus rituales de iniciación que, luego, cuando consiguen el poder político, se consideran descendientes del perro. En el chamanismo el perro se empareja ritualmente con el chamán para proporcionarle sus poderes de clarividencia o predicción, acaba considerado antepasado ancestral por su capacidad de transmitir dichos valores, o su carne es consumida para alcanzar los mismos resultados. Cuando el chamanismo pierde su importancia a favor de las religiones antropocéntricas aún acompaña el perro a sus últimos descendientes: brujas, hechiceros, videntes y adivinos.

El Perro: Un simbolismo global surgido en Eurasia Central

Al mirar de forma global estos datos nos encontramos que el lugar donde los símbolos caninos son más potentes es la región de Asia Central y Siberia, precisamente donde las tradiciones chamánicas se han conservado con más celo, donde han surgido los grandes imperios que rindieron culto al ancestro perro, y donde, desde tiempo inmemorial, ha habido interacción entre personas, lobos y perros. Las teorías actualmente prevalentes de que perros y humanos empezaron su aventura cooperativa en la parte central de Eurasia, son compatibles con la potencia del símbolo del perro en esta región. Desde allí se ha podido ir extendiendo al resto de Europa, Egipto y África, cercano Oriente, Medio Oriente, India, China, Sudeste Asiático y Oceanía, y América por el estrecho de Bering. En todos estos lugares el chamanismo tiene o tuvo en el pasado una importancia definitiva. Yuri Berezkin (2006) incluso propone que trazando la distribución geográfica de los distintos aspectos del simbolismo del perro entre los aborígenes de América, se podría descubrir el punto de Asia desde el que iniciaron sus migraciones. La ausencia de estos temas míticos en la parte oeste de Norte América y la oriental de Sudamérica podría marcar las rutas seguidas por las olas de pueblos que en la prehistoria poblaron América.

La lectura de este libro hace pensar que existe una fuente única en la creación del simbolismo del perro, esa fuente es Eurasia, está asociada a las prácticas chamánicas, y se ha distribuido a la vez que el chamanismo. Por otra parte existe un desarrollo histórico y local propio de cada una de las sociedades con las que convive el perro, del que hemos visto un esquema en estas páginas.

Ahora vivimos de nuevo en una época en la que la relación entre perros y humanos es fundamentalmente de compañeros. El afecto que se sienten perros y amos les convierte en el núcleo, y a veces únicos componentes, de nuevos modelos familiares en los que los perros van perdiendo lentamente las cualidades que les convirtieron hace miles de años en un elemento clave en la evolución humana, y el compañero siempre fiel durante el largo camino de la civilización. Conocer y recordar en todo momento las prodigiosas cualidades del perro y sus numerosas contribuciones al desarrollo humano no sólo es una base importante para promover una relación más justa entre personas y perros, sino que puede proporcionar valiosas claves con las que encarar juntos un futuro cada vez más incierto.

A lo largo de milenios el hombre ha seleccionado a los perros por su fuerza para la guardia, su olfato para la caza y su aspecto adorable para usarlo como animal de compañía. Hoy en día las aptitudes naturales del perro empiezan a ser usadas de formas mucho más imaginativas. Es una visión común la presencia de perros detectando explosivos en aeropuertos y estaciones, pero su olfato les hace útiles también en el rescate de víctimas de terremotos y desastres naturales, controlando los niveles de insulina en niños con diabetes, o los ataques epilépticos de los enfermos. Su comunicación con las personas les ha convertido en el alivio de la soledad de ancianos y enfermos, así como un elemento de vitalidad natural en sociedades donde la interacción hombre maquina es ya ubicua. No cabe duda de que tener presente la amplia gama de relaciones experimentadas entre humanos y perros descritas en este libro, podrá contribuir a dejar atrás esa antigua selección de los perros basada en los aspectos más primitivos de la existencia humana para imaginar un nuevo futuro lleno de posibilidades.

Bibliografía

Ackerman-Lieberman, Phillip y Rakefet Zalashik. *A Jew's Best Friend? The Image of the Dog Throughout Jewish History.* Sussex Academic Press. 2013.

Aguilar-Moreno, Manuel. *Handbook to Life in the Aztec World.* Oxford University Press. 2006.

Aigle, Denise. *The transformation of an origin myth: from Shamanism to Islam.* 2008.

Alimov, I. *Concerning "Records of searching for spirits" of Gan Bao.* Manuscripta Orientalia. Vol. 18. N° 1. June 2012.

Allen, Glover M. *Dogs of the american aborigines.* Bulletin of the Museum of Comparative Zoology. Cambridge, Mass. 1920.

Amarigo, Pablo. *Ayahuasca Visions.*

Atwood, Christopher P. *Encyclopedia of Mongolia and the Mongol Empire.* New York: Facts on File, 2004.

Avieli, Nir. *Dog Meat politics in a Vietnamese town.* Ethnology. vol. 50 no. 1, Winter 2011, pp. 59–78.

Ayala Juan, M.ª Manuela y Jiménez Lorente, Sacramento. *Manifestaciones artísticas del hombre prehistórico sobre la domesticación en el arte rupestre peninsular.* Cuadernos de Arte Rupestre. Número 3 • Año 2006 • Páginas 185-202.

Bagley, Robert. *Shang Archaeology.* In M. Loewe & E. Shaughnessy. The Cambridge History of Ancient China: From the Origins of Civilization to 221 BC. Cambridge University Press. 1999.

Baldick, Julian. *Animal and shaman. Ancient religions of Central Asia.* NYU Press. 2012.

Ball, Katherine M. *Animal Motifs in Asian Art.* Dover. New York. 2004.

Balzer, Marjorie Mandelstam. *Shamanic Worlds: Rituals and Lore of Siberia and Central Asia.* M.E. Sharpe, 1990.

Balzer, Marjorie Mandelstam. *Land of the Shaman: Rituals and Lore of Siberia.* Routledge. 2016.

Bamana, Gaby. *Dogs and Herders: Mythical Kinship, Spiritual Analogy, and Sociality in Rural Mongolia.* Sino-Platonic Papers, 245. 2014.

Barnhart, Ed. *Shamanism in Moche Art and Iconography.* In The Shaman and his deity. 1994.

Beer, Robert. *The Encyclopedia of Tibetan symbols and motifs.* Shambala. Boston. 1999.

Bender, Barbara. *Farming in Prehistory.* St. Martin's Press. New York. 1975.

Berezkin, Yuri. *Folklore parallels between Siberia and South Asia and the mythology of the Eurasian steppes.* Archaeology, Ethnology and Anthropology of Eurasia 40/4 (2012) 144–155.

Bernatzik, Hugo Adolf. *Akha and Miao - Problems of Applied Ethnography in Farther India.* HRAF. New Haven. 1970.

Bertholon. *Exploration anthropologique de l'ile de Gerba (Tunisie).* L'Anthropologie. Paris. 1897.

Beusterien, John. *Canines in Cervantes and Velazquez: An Animal Studies Reading of Early Modern Spain.* Ashgate. 2013.

Bishop, Jeanne E. *The Skies of Ancient China II: Information and Presentation,* A Collection of Curricula for the STARLAB- Ancient Chinese Legends Cylinder. 2008.

Bloomfield, Maurice. *Cerberus, the Dog of Hades. The History of an Idea.* Chicago. The Open Court. 1905.

Boas, Franz. *The Folk-lore of the Eskimo.* 1904.

Boas, Franz. *Tsimshian Mythology, based on texts recorded by Henry W. Tate.* Smithsonian Institute.1916.

Bodde, Derk. *Essays on Chinese civilization.* Princeton University Press. 1981.

Bogoras, Waldemar. *The folklore of Northeastern Asia, as compared with that of Northwestern America.* American Anthropologist. Vol 4. 1902.

Bogoras, Waldemar. *The Chukchee,* Issues 1-3. New York. 1909.

Bourke-Borrowes, D. *The Dog temple at Peking.* Journal of the Royal Central Asian Society. Vol. 18. Iss. 2, 1931.

Brabrook, E.W. *Presidential Address.* Folklore, 1903.

Breslaw, Elaine G. *Witches of the Atlantic World: An Historical Reader and Primary Sourcebook.* New York University Press. 2000.

Brown. *"Self, Other, and Canine": The "Dog" Radical in Chinese History and Its Implications for Chinese Minority Identity.*

Buckhart, V.R. *Chinese creeds and costumes.* Paul Kegan. 2006.

Burchell, Simon. *Phantom Black Dogs in Latin America*. Heart of Albion Press. Marlborough, 2007.

Burn, R. *Central India*. En Hastings, James. Encyclopedia of religión and ethics. New York. Charles Scribner's Sons. 1908- 1926.

Burns, John Barclay. *Devotee or Deviate: The "Dog" (keleb) in Ancient Israel ad a Symbol of Male Passivity and Perversion*. Journal of Religion & Society. 2000.

Butcher, Nancy. *The Strange Case of the Walking Corpse: A Chronicle of Medical Mysteries, Curious Remedies, and Bizarre but True Healing Folklore*. Avery. 2004.

Cabaton, Antoine. *Indo-China*. En Hastings, James. Encyclopedia of religión and ethics. New York. Charles Scribner's Sons. 1908- 1926

Campany, Robert Ford. *Signs from the Unseen Realm: Buddhist Miracle Tales from Early Medieval China*. University of Hawaii Press. 2012.

Campbell, Joseph. *The Masks of God. Primitive Mythology*. Penguin. 1987.

Campbell, Roderick. *Animal, Human, God: Pathways of Shang Animality and Divinity*. In Benjamin S. Arbuckle & Sue Ann McCarty (eds). Animals and Inequality in the Ancient World. University Press of Colorado. 2015.

Campbell, Rod. *On Sacrifice: An Archaeology of Shang Sacrifice*. In Anne Porter and Glen M. Schwartz. Sacred Killing: The Archaeology of Sacrifice in the ancient Near East. Winona Lake. Indiana. 2012.

Caro Baroja, Julio. *Vidas mágicas e Inquisición II*. Akal. 1995.

Castañeda, Carlos. *Las enseñanzas de Don Juan*. FCE. Madrid, 1982.

Ceinos Arcones, Pedro. *China last but one matriarchy. The Jino of Yunnan*. Kunming. 2013

Ceinos Arcones, Pedro. *Caracteres chinos: Un aprendizaje fácil basado en su etimología y evolución*. Miraguano. Madrid. 2016

Ceragioli, Roger Charles. *Feruidus Ille canis: the Lore and Poetry of the Dog Star in Antiquity*. Thesis (PH.D.). Harvard University. 1992.

Chadwick, Nora K., and Zhirmunsky, Victor. *Oral Epics of Central Asia*. Cambridge University Press. London. 1969.

Chamberlain, Alexander F. *Aleuts*. En Hastings, James. Encyclopedia of religión and ethics. New York. Charles Scribner's Sons. 1908

Chávez Balderas, Ximena. *Afterlife. Mesoamerican Concepts.* Gale Encyclopedy of religions. (2005a)

Chávez Balderas, Ximena. *Mesoamerican Funeral Rites.* Gale Encyclopedy of religions (2005b)

Chen Guoqing y Xie Ling. *La nacionalidad Wa.* Waterpub, Beijing. 2004.

Chevalier, Jean y Gheerbrant, Alain. *Diccionario de los Símbolos.* Herder. 1991.

China Institute Gallery. *Providing for the Afterlife: "Brilliant artifacts from Shandong".* En http://www.asianart.com/exhibitions/shandong/11.html Acceso el 2017 03 04.

Cirlot, Juan-Eduardo. *Diccionario de Símbolos.* Labor. Barcelona. 1992.

Clarke, James Freeman. *Ten great religions: an essay in comparative theology.* Boston 1871.

Clodd, Edward. *The Childhood of the World,* F.R.A.S. London, 1875.

Collier, V.W.F. *Dogs of China and Japan in Nature and art.* Frederick A. Stokes. New York. 1921.

Cobbold, Robert Henry. *Pictures of the Chinese drawn by themselves.* John Murray. London. 1860.

Coffin, Tristam P. *Indian Tales of North America: An Anthology for the Adult Reader.* University of Texas Press. 1961.

Coren, Stanley. *Gods, ghosts, and black dogs.* Hubble and Hattie. 2016.

Cormerais, Jean Pierre. *Les chemises des dieux- L'univers magique de la peinture Yao.* Editions Tribal Heritage. Paris. 2011.

Couvreur, Séraphin (trad.) *I-li Cérémonial.* Cathasia, série culturelle des Hautes Études de Tien-Tsin, Les belles lettres, Paris, 1951.

Craton, Michael y Saunders, Gail. *Islanders in the Stream: A History of the Bahamian People: Volume One: From Aboriginal Times to the End of Slavery.* University og Georgia Press. 1999.

Crook, Steven. *The Temple of the Dog.* The China Post. 30-10-2008.

Cuevas, Brian J. *Travels in the Netherworld: Buddhist Popular Narratives of Death and the Afterlife in Tibet.* Oxford University Press. 2008.

Cummins. Bryan D. *Our Debt to the Dog: How the Domestic Dog Helped Shape Human Societies.* Carolina Academic Press. 2013.

Curtis, Natalie. *The Indian's book.* Dover. New York. 1968.

D'Huy, Julien. *Des mythes préhistoriques ont-ils pu survivre au dépeuplement du Sahara? Le cas des hommes-chiens.* Les Cahiers de l'AARS – 16 (2013): 107-112.

Dale- Green, Patricia. *Dog.* Rupert Hart-Davies. London. 1966.

Darmesteter, James. *The Zend-Avesta.* New York, 1898.

David, Anthony. *The horse, the Wheel, and language: How Bronze-Age riders from the Eurasian Steppes Shaped the modern World.* Princenton University Press. 2010.

Davis-Kimball, Jeannine. *Warrior women. An archaeologist's search for history's Hidden heroines.* Warner Books. New York. 2002.

Day, Leslie Preston. *Dog Burials in the Greek World.* American Journal of Archaeology. 88 (1): 21 January 1984.

De Gubernatis, Angelo. *Zoological mythology.* II. Trubner and Co. London. 1872.

De Rachewiltz, Igor. *Heaven, earth and the mongols in time of Cinggis Qan and his immediate successors (ca 1160-1260) – a preliminary investigation.* En Noël Golvers y Sara Lievens. A lifelong dedication ro the China misión. Ferdinand Verbiest Institute. 2007.

De Sandes-Moyer, Kyle. *The Dog in Roman Peasant Life.* University of Pennsylvania. 2013.

De Visser, M. W. *The Dragon in China and Japan.* Johannes Muller. Amsterdam. 1913.

De Woskin, Kenneth J. *Doctors, Diviners, and Magicians of Ancient China: Biographies of Fang-shih.* Columbia University Press. New York. 1983.

Dennys, N. B. *Folklore of China and Its Affinities with That of the Aryan and Semitic Races.* 1870.

Didier, John C. *In and Outside the Square: The Sky and the Power of Belief in Ancient China and the World, c. 4500 BC – AD 200.* Volume II: Representations and Identities of High Powers in Neolithic and Bronze China. Sino Platonic Papers. 2009.

D'Ollone, Henri. *Les derniers barbares: Chine – Tibet – Mongolie.* Pierre Lafitte & Cie. Paris. 1911.

Doolittle, Justus. *Social life of the Chinese: A daguerreotype of daily life in China.* Edwin Paxton Hood. 1867.

Doniger, Wendy. *Textual Sources for the Study of Hinduism.* Manchester University Press, 1988.

Dore, Henry. *Researches into Chinese superstitions.* Shanghai. 1926.

Dorsey, George A. *Traditions of the Arikara.* Carnegie Institution of Washington. 1904.

Douglas, Robert K. *China.* Society for promoting Christian knowledge. New York, 1887.

Eberhard, Wolfram. *The Local Cultures of South and East China.* Brill, 1969.

Edkins, Joseph. *Religion in China: A Brief Account of the Three Religions of the Chinese.* Trübner & Co. London. 1884.

Edrey, Meir. *Dog in Near Eastern Cults.* En Phillip Ackerman-Lieberman y Rakefet Zalashik. A Jew's Best Friend?: The Image of the Dog Throughout Jewish History. Sussex Academic Press. 2013.

Enciclopedia de las Religiones Originales de China (EROC).Chengdu. 2003.

Eno, Robert. 2009. *Shang state religion and the pantheon of the oracle texts.* In Lagerwey, John and Kalinowski, Marc (ed). Early Chinese Religion. Part One: Shang through Han (1250 BC–220 AD). Brill. Leiden. 2009.

Eno, Robert. *Shang Religion.* 2010.

Esopo. *Fábulas.*

Fagan, Brian. *The Intimate Bond: How Animals Shaped Human History.* Bloomsbury. 2016.

Fairchild, William. P. *Shamanism in Japan*, Folklore Studies 21 (1962): 1-122.

Fedro, Gayo Julio. *Fábulas.* (Trad de José Carrasco). Madrid. 1823.

Feer, Léon. *Le Tibet. Le pays, le peuple, la religion.* Maisonneuve, Paris, 1886.

Fei Xiaotong. *Revisiting the Mountains of the Yao people.* In China's National Minorities. Great Wall Books. 1984.

Feilberg, H. F. *Buried alive.* Archives of the International Folk-Lore Association. Helen Wheeler Bassett- Frederick Starr. Chicago. Charles H. Sergel Company. 1898.

Felt, David Jonathan. *The Man Barbarians: As Recorded in Chinese Sources from the Han Through the Southern dynasties.* Brigham Young University. 2005.

Feng, H. Y. and Shryock, J.I. *The black magic in China known as ku.* American Oriental Society. 1935.

Fernández Navarrete, Domingo. *Tratados historicos, politicos, ethicos y religiosos de la monarchia de China.* Madrid, 1676.

Fernández Ortega, Racso. *Sobre la presencia del perro en el legado rupestre de los aborígenes de las Antillas.* www.cubaarqueologica.org/document-/ant06_fernandez.pdf Acceso *21-4-2017.*

Fielde, Adele M. *A corner of Cathay- studies from life among the Chinese.* MacMillan. London. 1894.

Findley, Carter V. *The Turks in World History.* Oxford Uiversity Press. 2005.

Franco, Cristiana. *Shameless: the canine and the feminine in Ancient Greece.* University of California Press. 2014.

Frazer, James G. *The Golden Bought- The roots of religión and folklore.* Avenel Books. New York. 1981.

Frazer, James G. *La Rama Dorada.* FCE. Madrid. 1989.

Frazer, James G. *Myths of the Origin of fire.* 1930

Freeman, Derek. *The Iban of Borneo.* S. Abdul Majeed. Kuala Lumour. 1992.

Garza, Mercedes de la. *El perro como simbolo religioso entre los mayas y los nahuas.* (Estud. Cult. Nahuatl, 27, 1997, p. 111-133.

Geary, Normam et alt. *The Kam people of China. Turning Neneteen.* Rouledge Curzon. Liondon. 2003.

Gershevitch, I. *The Cambridge History of Iran.* Cambtidge University Press. 1985.

Giles. Herbert Allen. *China and the Chinese.* The Columbia University Press. New York. 1902.

Gimbutas, Marija. *The lenguaje of the goddess.* Harper Collins. 1991.

Gimbutas, Marija. *Prehistoric religions: Old Europe.* En Lindsay Jones Gale Encyclopedia of Religion. Thomson-Gale. 2005.

Girardot, Norman. J. *Myth and Meaning In Early Daoism.* University of California Press. 1983.

Goldin, Paul Rakita. *The Culture of sex in ancient china.* University of Hawaii Press. Honolulu. 2002.

González de Mendoza, Juan. *Historia del Gran Reino de la China.* Miraguano Ediciones. Madrid. 1990.

Gottlieb, Alma. *Under the Kapok Tree: Identity and Difference in Beng Thought.* University of Chicago Press. 1992.

Graham, David Crockett. *Songs and stories of the Ch'uan Miao.* Smithsonian Institution. 1954.

Graham, David Crockett. *Tribal Songs and tales of the Ch'uan Miao.* Oriental Cultural Service. Taibei. 1978.

Graham, David Crockett. *Folk religion in Southwest China.* Smithsonian Institution, 1961.

Gran diccionario de Leyendas y Cuentos de China (中国传说故事大辞典). Beijing. 1981. (Ab. DLCC)

Gran Serie de Cuentos de los Pueblos de China (中华民族故事大系) vol 1-14. Editorial de la Literatura y el Arte de Shanghai. Shanghai. 1995.

Gray, J. H. *China: a history of the laws, manners and customs of the people.* W. G. Greger. 1878.

Gray, Mrs. J.H. *14 months in Canton.* London. 1880.

Gray, Louis H. *Death and disposal of the dead (Parsi).* Encyclopedia of religions and ethic. IV. 1912.

Gräslund, Anne-Sofie. *Dogs in graves – a question of symbolism?.* PECUS. Man and animal in antiquity. Ed. Barbro Santillo Frizell. Rome 2004.

Green, Miranda J. *Animals in Celtic Life and Myth.* Taylor & Francis e-Library, 2002.

Gu Deming. *Mitos escogidos de las minorías de China.* Northeast Nationalities Research Bureau. 1983.

Haas, A. *Death and Burial. Superstitious Beliefs and Customs is Pomerania.* Folklore. 1898.

Hagar, Stansbury. *Ancestors worship (American).* Encyclopedia of Religion and Ethics, vol. 1, 1908.

Hallpike, Christopher R. *Hair.* In Gale Encyclopedia of Religions. 1987.

Harley, Timothy. *Moon Lore.* 1885.

Harner, Michael. *La senda del chamán.* Swan, 1987.

Hartland, E. Sydney. *Death and Disposal of the dead (Introductory).* Encyclopedia of Religion and Ethics, vol. IV 1912.

Hastings, James. *Encyclopaedia of Religion and Ethics.* New York. Charles Scribner's Sons. 1908- 1926.

Hausman, Gerald and Loretta. *The mythology of dogs.* St. Martin's Griffin. New York. 1997.

He Shaoyin. Cultural history of the Naxi Nationality. Kunming. 2001.

Hean-Tatt, Ong. *Chinese Animal symbolisms.* Pelanduk. Selangor Darul Ehsan. 1997.

Henan Yinxu Xiaomintun Archaeological Team. 2003–2004 *Excavation of Shang Tombs at Xiaomintun in Anyang City*, Chinese Archaeology. Vol 9.

Hinton, Carmelita. *Evil Dragon, Golden Rodent, Sleek Hound: The Evolution of Soushan Tu Paintings in the Northern Song Period.* En Jerome Silbergeld e Eugene Y. Wang. The Zoomorphic Imagination in Chinese Art and Culture. 2016 University of Hawai'i Press.

Hua Wang. *Animal Subsistence of the Yangshao Period in the Wei River Valley: A Case-Study from the Site of Wayaogou in Shaanxi Province, China.* University College London. March 2011.

Hutson, James. (Rev). *Chinese Life in the Tibetan foothills.* Shanghai. 1921.

Huot, Claire. *The Dog-Eared Dictionary: Human-Animal Alliance in Chinese Civilization.* The Journal of Asian Studies Vol. 74, No. 3 (August) 2015: 589–613.

Huxley, Aldous. *Las puertas de la percepción- Cielo e Infierno.* Sudamericana. Buenos Aires. 1984.

Hyun Jin Kim. *The Huns,* Rome and the Birth of Europe. Cambridge University Press. 2013.

Jakobsen, Merete Demant. *Shamanism: Traditional and Contemporary Approaches to the Mastery of Spirits and Healing.* Berghahn Books, 1999.

Jenkins, Frank. *The Role of the Dog in Romano-Gaulish Religion.* Latomus, T. 16, Fasc. 1 (Janvier-Mars 1957), pp. 60-76.

Johnston, R. F. *Lion and Dragon in Northern China.* E. P. Dutton and Company. New York. 1910

Katariya, Adesh. *Ancient History of Central Asia: Yuezhi origin Royal Peoples: Kushana, Huna,* Gurjar and Khazar Kingdoms. 2007.

Kelly, Walter K. *Curiosities of Indo-European Tradition and Folk-lor.* Chapman and Hall. London. 1863.

Khazanov, Anatoly Michailovich, and Wink, André. *Nomads in the Sedentary World.* Psychology Press, 2001.

Kołodziej, Barbara. *Animal Burials in the Early Bronze Age in Central and Eastern Europe.* Analecta Archaeologica Ressoviensia. Rzeszow. 2010 (2011).

Komissarov, Sergey y Kudinova, Maria. *The image of the divine dog in the ritual and myths of Ancient China.* 2016.

Kramrisch, Stella. *The Presence of Siva.* Princeton University Press, 1981.

Krasheninnikov, Stepan P. *Explorations of Kamchatka 1735-1741.* Oregon Historical Society, Portland, 1972.

Krauss, Friendrichs. *Why national epics are composed?: Some Reflections Illustrated by a Song of Guslars of Bosnia and Herzegovina.* Folklore. 1898.

Kropotkin, Piotr. *La Ayuda Mutua.* 1902.

Kvaerne, Per. *Mongols and Khitans in a 14ᵗʰ-century Tibetan Bonpo text.* Acta Orientalia Hungarica, 34, 1-3 (1980), pp. 85-104.

Laufer, Berthold. *Ivory in China.* Field Museum of Natural History. Chicago. 1925.

Laufer, Berthold. *The domestication of the cormorant in China and Japan.* Anthropological Series Volume XVIII, No. 3 Chicago. 1931.

Lai, Guolong. *Death and the Otherworldly Journey in Early China as Seen through Tomb Texts, Travel Paraphernalia, and Road Rituals.* Asia Major 18.1 (2005).

Lee, Ching Kwan y Yang Guobin. *Re-envisioning the Chinese Revolution: The Politics and Poetics of Collective Memory in Reform China.* Standford University Press. 2007.

Lee, Keekok. *Warp and Weft, Chinese Language and Culture.* Jul 5, 2007.

Legge, James. *Book of Rites.* Sacred Books of the East, volumes 27 and 28. 1885.

Lemoine, Jacques. *Yao ceremonial paintings.* White Lotus. Bangkok. 1982.

Lethbridge, T. C. *Witches (RLE Witchcraft): Investigating An Ancient Religion.* Rouledge. 2011

Lewis, Paul W, y Bai Pipo. *Hani cultural themes.* White Lotus Press. Bangkok. 2002.

Li Jianmin. *They shall expels demons: Etiology, the medical canon and the trasnformation of medical techniques before the Tang.* En Lagerwey, John and Kalinowski, Marc (ed). Early Chinese Religion. Part One: Shang through Han (1250 BC–220 AD). Brill. Leiden. 2009.

Lin, Fu-Shih. *Shamans and politics.* In Lagerwey, John and Lü Pengzhi. Early Chinese Religion, part Two. The period of Division 220-589 A.D. Brill. 2010.

Liu Chungsee Hsien. *The Dog-Ancestor Story of the Aboriginal Tribes of Southern China.* The Journal of the Royal Anthropological Institute of Great Britain and Ireland, Vol.62 (Jul. - Dec., 1932), pp. 361-368.

Liu Junru. *Chinese foods.* 2004

Liu Tseng-kuei. *Taboos: an aspect of belief in the Qin and Han.* In Lagerwey, John and Kalinowski, Marc (ed). Early Chinese Religion. Part One: Shang through Han (1250 BC–220 AD). Brill. Leiden. 2009.

Liu Xiaolu. *Leyendas populares.* Editorial de la Infancia de Hebei. Shizhuangshi. 2004.

Lobell, Jarrett A. y Powell, Eric. *Sacrificial Dogs.* 2010. http://archi-ve.archaeology.org/1009/dogs/sacrifices.html. Acess 20170425.

Loewe; Michael. *Divination, mythology and monarchy in Han China.* Cambridge, 1994.

Lu Daji y He Yaohua. *Colección de los materiales originales sobre las religiones de los pueblos de China (Volumen de los Dai, Hani, Jingpo, Mon-Khmer, Pumi, Loba y Achang).* China Social Science Publishers. Beijing, 1999.

Lu Yongxiang. *A History of Chinese Science and Technology.* Vol 1. SH Jiaotong UP. 2015

Luvsanjav, Choi y Travers, Robert (eds.). *How Did the Great Bear Originate? Folktales from Mongolia.* Ulaanbaatar. 1988.

MacCullogh, J.A. *Covenant.* In Hastings, James Encyclopedia of Religion and Ethics Vol IV. Scribner. 1912.

Mack, Carol, Dinah Mack. *A Field Guide to Demons, Fairies, Fallen Angels and Other Subversive Spirits.* Arcade Publishing, 1998.

Mackenzie, Donald. *Myths of China and Japan.* Gresham Publishing Company. London. 1923.

Mair, Victor H. *Canine Conundrums: Eurasian Dog Ancestor Myths in Historical and Ethnic Perspective.* Sino Platonic Papers. 1998.

Mair, Victor H. *The Columbia History of Chinese Literature.* Columbia University Press. New York. 2001.

Mair, Victor H. and Bender, Mark (ed). *The Columbia Anthology of Chinese Folk and Popular Literature.* Columbia University Press. New York. 2011.

Male visita el sol - Cuentos populares chinos. ELE. Beijing. 1982.

Manansala, Paul Kekai. *Quests of the Dragon and Bird Clan: The Golden Age (Vol. III),* Volume 3

Mark, Joshua J. *Dogs in Ancient Egypt.* 2017. http://www.ancient.eu/article/1031/. Aceeso 2017-04-23.

Mark, Joshua J. *Dogs in the Ancient World.* 2014. http://www.ancient.eu/article/184/. Aceeso 2017-04-23.

Márquez, Jaime. *San Guinefort, un santo muy diferente.* http://sobreleyendas.com/2014/06/09/san-guinefort-un-santo-muy-diferente/ acceso 2017 04 07

Martzloff, Jean-Claude. *Astronomy and Calendars – The Other Chinese Mathematics: 104 BC - AD 1644.* Berlin: Springer, 2016.

Maslova, Elena (ed.) *Yukaghir Texts.* Tunguso-Sibirica 7. Wiesbaden: Harrassowitz Verlag, 2001.

Maspero, Henri. *China in Antiquity.* University of Massachusetts Press. 1978.

Mastrocinque, Attilio. *Lares.* In Gale Enciclopedia of Religión. 2005.

Mayor, Adrienne. *Animals in Warfare.* En Gordon l. Campbell. The Oxford Handbook of Animals in Classical thought and life. Oxford University Press. 2014.

McCall, John C. *Igbo shamanism.* In Mariko N. Walter and Eva Jane Neumann Fridmann (Eds.) Shamanism: An Encyclopedia of World Beliefs, Practices, and Cultures. ABC Clio. 2004.

Menache, Sophia. *Dogs: God's Worst Enemies?* Society & Animals, Volume 5, Issue 1, pages 23 – 44. 1997.

Miletski, Hani. *A history of bestiality.* En Andrea M. Beetz y Anthony L. Podberscek. Bestiality and Zoophilia: Sexual Relations with Animals. Purdue University Press. 2005.

Miralles Mació, Lorena. *El Dios-perro, los recursos terapéuticos y los cultos caninos en el mundo judío.* MEAH, sección Hebreo 53 (2004) 187-205.

Miyamoto, Mikio '*Guiding the Soul to the Land of the Dead'.* http: web.infoseek.co.jp/sokonroe.htm Accesso 2012.

Mofcom. *Chinese customs, superstitions and traditions* -2014. http://us2.mofcom.gov.cn/article/aboutchina/custom/200411/20 041100004548.shtml Acceso 2017 02 09.

Mollet, J.W. *An Illustrated Dictionary of words used in art and Archaeology.* London. 1883.

Monaghan, Patricia. *Encyclopedia of Goddesses and heroines.* Greenwood. 2009.

Morey, Darcy F. *Burying key evidence: the social bond between dogs and people.* Journal of Archaeological Science 33 (2006) 158-175.

Morey, Darcy F.y Jeger, Rujana. *Paleolithic dogs: Why sustained domestication then?* Journal of Archaeological Science: Reports 3 (2015) 420–428.

Muller, Max. *Contributions to the Science of Mythology.* Longmans, Green and Co. 1897.

Mungello, David E. *Drowning girls in China: Female Infanticide in China since 1650*. Rowman & Littlefield. 2008.

Murray, Margaret Alice. The *God Of The Witches*. Oxford University Press.1933.

Napier, David. *Masks, Transformation, and Paradox*. University of California Press. 1986.

Needham, Joseph. *Science and civilization in China*. Vol 6, Fermentations and food science. Cambridge University Press, 2000

Nelson, Sarah Milledge. *Shamanism and the origin of the states*. Left Coast Press. Walnut Creek. 2008.

Nikkila, Pertti. *Shamanistic elements in early Confucianism*. En Shamanism and Northern Ecology. Juha Pentikäinen. De Gruyter. 1996.

Notar, Beth E. *Displacing Desire. Travel and Popular culture in China*. University of Hawaii Press. 2006.

Nunan, Virgil. *The Han dynasty dog: a key figure in ancient Chinese tombs*. ARTH 1300. 2016.

Ochoa, Janine Therese. *In Dogged Pursuit: A Reassessment of the Dog's Domestication and Social Incorporation*. Hukay Volume 8, pp. 37-66. 2016.

Ogden, Daniel. *A Companion to Greek Religion*. John Wiley & Sons. 2010.

Ohlinger, F. *A Visit to the «Dogheaded Barbarians» or Hill People, near Foochow*. Chinese Recorder, July 1886, pp. 265-268.

Oliver Foix, Arturo. *Perros en el culto, la economía y el prestigio de los iberos*. QUAD. PREH. ARQ. CAST. 32, 2014.

Outlook of the culture of the Jinuo Nationality (Jinuo zu wenhua daguan). Yunnan Nationalities Press. Kunming. 1999.

Overmyer, Daniel L. *Local Religion in North China in the Twentieth Century. The Structure and Organization of Community Rituals and Beliefs*. Brill. Leiden- Boston. 2009.

Pearson, Chris. *A dog's-eye view of Paris*. Historyextra.com. 2015.

Pemberton, Neil y Worboys, Michael. *Mad Dogs and Englishmen: Rabies in Britain, 1830-2000*. Palgrave Macmillan, 2007.

Peon, Ruben. El *Doberman... perro de Guerra*. Magazine Canino. 2016.

Persigout, Jean-Paul. *Dictionnaire de Mythologie celte. Dieux et héros*. Éditions du Rocher. 1996

Petrilli, Aurore. *La figure du chien de la mythologie à la magie antique*. Ephesia Grammata. Vol. 3. 2009.

Podberscek, Anthony L. *Good to Pet and Eat: The Keeping and Consuming of Dogs and Cats in South Korea.* Journal of Social Issues, Vol. 65, No. 3, 2009, pp. 615—632.

Pope-Henessy, Una. *Eraly Chinese Jades.* Ernest Benn Ltd. London. 1923.

Poyil, Manjula. *Death, funeral and the ancestors: Cult of the dead and the malabar tribes.* Thesis. University of Calicut, 2006. 343.

Pregadio, Fabrizio. *Great Clarity: Daoism and Alchemy in Early Medieval China.* Stanford UP, 2006.

Pregadio, Fabrizio.*The Encyclopedia of Taoism.* Routledge. 2014.

Przhevalskii, Nikolai M. *Mongolia, the Tangut country, and the solitudes of northern Tibet, being a narrative of three years' travel in Eastern high Asia.* 1876.

Psarras, Sophia-Karin. *Han Material Culture: An Archaeological Analysis and Vessel Typology.* Cambridge University Press. 2015.

Pu Songling. *Strange tales from a Chines estudio.* Traducción de John Minford. Penguin. 2006.

Qi Lianxiu y Xiao Li. *Gran Diccionario de los cuentos y leyendas de China.* Academia China de Ciencias Sociales. Beijing. 1992.

Qin Yongzhou y Li Yunquan. *Zodiac – dog.* Jilu publishers. Jinan. 2005.

Quaile, Sheilagh. *The black dog that worries you at home: The Black Dog Motif in Modern English Folklore and Literary Culture.* The Great Lakes Journal of Undergraduate History: Vol. 1: Iss. 1, Article 3. 2013.

Rank, Otto. *The Myth of the Birth of the Hero.* New York. 1914.

Raphals, Lisa. *Divination and Prediction in Early China and Ancient Greece.* Cambridge University Press, 2013.

Rana, N.C. *Myths & Legends Related to Eclipses.* http://www.pitara.com/non-fiction-for-kids/features-for-kids/myths-legends-related-to-eclipses/ Acceso 22-2-2017.

Reed, Alfred C. *Rabies in China.* The Boston Medical and Surgical Journal, Volume 172. 1915.

Richardson, E. H. *British war dogs: their training and Psychology.* London. Skeffington and Co. 1920.

Ridpath, Ian. *Star tales.* http://www.ianridpath.com/startales/canis-major.htm#chinese Acceso el 20170215.

Ripinsky-Naxon, Michael. *The Nature of Shamanism: Substance and Function of a Religious Metaphor.* Albany: State University of New York Press, 1993.

Rock, J. F. *A Na-khi-English encyclopedic dictionary.* Is. M. E. O. Roma. 1972.

Román, Hierónimo. *Republica del Reyno de la China.* 1595.

Rose, Carol. *Giants, Monsters, and Dragons: An Encyclopedia of Folklore, Legend, and Myth.* ABC Clio. 2000.

Roux, Jean-Paul. *L'épopée du monde turc.* 2009.

Sánchez, Alonso. *Relación de las cosas particulares de la China.* Madrid, 1588.

Sargent, Denny. *Becoming a Werewolf: Ancient Shamanic Dog Magic.* http://www.llewellyn.com/journal/article/2573 20170330.

Saul, Jamie. *The Naga of Burma, their festivals, customs and way of life.* Orchid Press. 2005.

Savolainen, Peter, et alt. *Genetic Evidence for an East Asian Origin of Domestic Dogs.* Science, New Series, Vol. 298, No. 5598 (Nov. 22, 2002), pp. 1610-1613.

Scheper, George. *Cursing.* In Gale Encyclopedy of religions. 2005

Schilling, Robert. *Lupercalia.* 1987. Gale Encyclopedy of religions.

Schindler, Bruno. *On the Travel, Wayside and Wind Offerings in Ancient China.* AsiaMaior. 1 (1924): 624-56.

Schleidt, Wolfgang M. / Shalter, Michael D. *Co-evolution of Humans and Canids. An Alternative View of Dog Domestication: Homo Homini Lupus?* Evolution and Cognition. 2003, Vol. 9, No. 1

Schwartz, Joshua. *Good dog –bad dog: Jews and their dog in ancient Jewish society.* En Phillip Ackerman-Lieberman y Rakefet Zalashik. A Jew's Best Friend?: The Image of the Dog Throughout Jewish History. Sussex Academic Press. 2013.

Schwartz, Marion. *A history of dogs in the early Americas.* Yale University Press. 1997.

Seler, Edouard. *Central America.* En Hastings, James. Encyclopedia of religión and ethics. New York. Charles Scribner's Sons. 1908- 1926.

Sherman, Josepha. *Storytelling: an encyclopedia of mythology and folklore.* M.E. Sharpe, Inc. 2008

Shin, Leo K. *The Making of Chines estate- Ethnicity and Expansión on the Ming Borderlands.* Cambridge University Press. 2006.

Shunsuke Okunishi. *The four eyed dog.* www.academia.edu/2024044-/THE_FOUR-EYED_DOG1. *Accesso 23-01-2017.*

Simoons, Frederick J. *Eat Not this Flesh: Food Avoidances from Prehistory to the Present.* U. Wisconsin Press. 1994.

Sirr, Henry Charles. *China and the Chinese: Their Religion, Character, Customs, and Manufactures.* 1849.

Sitnikov, Igor. *Common symbols in Eurasia-Pacific unconscious cultural heritage: a case study of the Taiwanese 18 deities's cult.* IJAPS, Vol. 7, No. 1 (January 2011).

Spence, Lewis. *An Introduction to Mythology.* George Harrap. London. 1921

Spence, Lewis. *Cherokees.* In Hasting, Encyclipedia of Religion and ethic. Vol III. Scribner. 1910. 505).

Spence, Lewis. *Cosmogony and cosmology (American).* In Hasting, Encyclipedia of Religion and ethic. Vol IV. Scribner. 1912).

Lyle B. Steadman, Craig T. Palmer and Christopher F. Tilley. *The Universality of Ancestor Worship.* Ethnology, Vol. 35, No. 1 (Winter, 1996), pp. 63-76.

Sterckx, Roel. *The Animal and the Daemon in Early China.* SUNY Press. New York. 2002.

Sterckx, Roel. *Of a tawny bull we make offering.* En Paul J. Waldau and Kimberley Patton (eds.), A Communion of Subjects: Animals in Religion, Science and Ethics. New York: Columbia University Press, 2006.

Stone, Linda Gail. *Terrible Crimes and Wicked Pleasures: Witches in the Art of the Sixteenth and Seventeenth Centuries.* University of Toronto, 2012.

Strassberg, Richard E. (edit.). *A Chinese Bestiary: Strange Creatures* from the *Guideways Through Mountains* and Seas. University of California Press. 2003.

Stuart, Kevin, Li Xuewei and Shelear. *China's Dagur minority. Society, Shamanism & Folklore.* Sino Platonic Papers. 1994.

Sun, Ruth Q. *The Asian Animal Zodiac.* Tuttle. 1996.

Stutley, Margaret. *Shamanism, an introduction.* Rouledge. 2003.

Swancer, Brent. *Jinmenken: The Human-Faced Dogs of Japan.* http://cryptomundo.com/cryptozoo-news/jinmenken/)

Swabe, Joanna. *Animals, Disease and Human Society: Human-animal Relations and the Rise of Veterinary Medicine.* Rouledge. 1999.

Takashi Irimoto. *Ainu worldview and bear hunting strategies*. En Shamanism and Northern Ecology. Juha Pentikäinen. De Gruyter. 1996.

Tan Buyun. *Further textual research on the use in ancient China of the dog-plough.*. NS. 1998. En CAAD- 2- 1999.

Tapp, Nicholas. *Hmong Religion*. Asian Folklore Studies. Vol. 48, No. 1 (1989), pp. 59-94.

Tátar, Maria M. *Mythology as an areal problem in the Altai-Sayan area: the sacred holes and caves*. En Shamanism and Northern Ecology. Juha Pentikäinen. De Gruyter. 1996.

Theodossiou, Efstratios et alt. *Sirius in ancient Greek and Roman literature: From the Orphic Argonautics to the Astronomical tables of Georgios Chrysococca*. Journal of Astronomical History and Heritage, 14(3), 180-189 (2011).

T'ien Ju-K'ang. *Traditional Chinese beliefs and attitudes toward mental illness*. In Chinese Culture and Mental Health. Edited by Wen-Shing Tseng, David Y. H. Wu. New York: Columbia University Press, 1985.

Thomas, Northcote. *Animals. Dog*. En Hastings, James. Encyclopedia of religión and ethics. New York. Charles Scribner's Sons. 1908- 1926.

Thomsom, R. Campbell. *Disease and Medicine (Assyro-Babylonian)*. In Hasting, James. Encyclpedia of Religion and Ethics. vol IV. Scriber. 1912.743.

Thote, Alain. *Art et archéologie de la Chine pre-impériale*. Annuaire – EPHE, SHP — 147e année (2014-2015).

Trew, Cecil D. *The story of the dog, and his use to mankind*. Dutton and Co. New York. 1939

Trubshaw, Bob. *Black Dogs Guardians of the corpse ways*. Mercian Mysteries No.20 August 1994.

Trubshaw, Bob. *Black Dogs*. En Sherman, Josepha. Storytelling: an encyclopedia of mythology and folklore. 2008 by M.E. Sharpe, Inc.

Tuan, Yi-Fu. *A historical geography of China*. 1969.

Tylor, Edward B. *Primitive culture: Researches into the develoment of Mythology, philosophy, religion, language, art, and custom*. John Murray, London 1920.

Underhill, Anne P. *A companion to Chinese archaeology*. Blackwell Publishing, 2013.

Vail, Gabrielle y Hernández, Christine. *Re-Creating Primordial Time: Foundation Rituals and Mythology in the Postclassic Maya Codices*. University Press of Colorado. 2013.

Valiñano, Alexandro. *Relación del grande Reyno de la China, y de sus calidades*. 1584.

Van Deusen, Kira. *The Flying Tiger: women shamans and storytellers of the amur*. McGill-Queen's University Press. 2001.

Van Voss, Heerma. *Anubis*. Gale Encyclopedy of religions. 2005.

Vannicelli, Luigi. *La religioni dei Lolo*. Societá editrice "vita e pensiero". Milano. 1944.

Varner, Gary R. *Creatures in the Mist: Little People, Wild Men and Spirit Beings Around the world: a study in comparative mythology*. Algora Publishing, 2007.

von Krenner, Walther G., Ken Jeremiah. *Creatures Real and Imaginary in Chinese and Japanese Art: An Identification guide*. McFarland & Company, Inc., Publishers, 2015.

Walker, Anthony R. *Mvuh Hpa Mi Hpa. Creating Heaven, Creating earth*. Silkworm books. Chiang Mai. 1995.

Walker-Meikle, Kathleen. *The Dog Book. Dogs of Historical Distinction*. Old House. London. 2014.

Wang Benxing. *Jiaguwen zidian*. Beijing handicrafts Publishing. 2010.

Wang Congren. *White Tiger*. Haifeng. Hong Kong. 1996

Waters, Dan. *Chinese funerals. A case study*. Journal of the Royal Asiatic Society Hong Kong Branch. Vol. 31 (1991).

Waterson, Roxana. *Paths and Rivers: Sa'dan Toraja Society in Transformation*. KITLV Press. 2009

Watson, James L. y Rawski, Evelyn Sakakida. *Death Ritual in Late Imperial and Modern China*. University of California Press. 1988.

Wellens, Koen. *Religious Revival in the Tibetan Borderland*. University of Washington Press. 2010.

Werner, E. T. C. *Myths and Legends of China*. George G. Harrap & Co. Ltd. London. 1922.

Werness, Hope B. *The Continuum Encyclopedia of Animal Symbolism in Art*. Bloomsbury Publishing. London. 2003.

White, David Gordon. *Myth of the Dog-Man*. University of Chicago Press. 1991.

White, David Gordon. *Predicting the future with dogs.* En D.S. Lopez J (ed), Religions in India in Practice. Princenton Univrsity Press. 1995.

WHO. *Rabies Fact sheet.* 2016. http://www.who.int/media-centre/factsheets/fs099/en/ Aceeso 2017 03 08.

Wieger, Léon (trad.). *Lao-Tzeu.* Cathasia. 1913.

Wikipedia. *Pangu.* https://es.wikipedia.org/wiki/Pangu. Acceso 14-4-2017.

Williams, C.S.S. *Outlines of Chinese Symbolism and art Motives.* Dover. New York. 1976.

Wissler, Clark y Duvall, D.C. *Mythology of the Blackfoot Indians.* 1909.

Wu Kang. *Zhonghua shenmi wenhua cidian.* (Diccionario de la cultura secreta de China). Hainan Publishers. Haikou. 1993.

Yang Hsien-Yi and Yang, Gladys. *The man who sold a ghost. Chinese tales of the 3rd-6th centuries.* Foreign Languages Press. Beijing. 1990.

Yang Hsien-Yi and Yang, Gladys. *Selected Chinese tales of the Han, Wei and Six Dynasties periods.* Foreign Languages Press. Beijing. 2005.

Yang Lihui, et al. *Handbook of Chinese Mythology.* New York: Oxford University Press. 2005

Yang Xiaoneng. *Sculpture of Prehistoric China.* Tai Dao Publishing. Hong Kong. 1988.

Yi Enyu. *Zhongguo fuhao (Chinese symbols).* Jiangsu Peoples Press 2006.

Yilmaz, Orhan. *Dog fighting in the world.* 2015

Yu Xiqiang. Jinuo zu wenhua lun (Discussions about the Jnuo cultura). Yunnan Nationalities Press. Kunming. 2002.

Yuan Jing. *The Origins and Development of Animal Domestication in China.* Chinese Archaeology. Vol 8. Issue 1 (Jan 2008).

Yule, Henry. *The book of Ser Marco Polo, the Venetian, concerning the kingdoms and marvels of the East.* London, J. Murray, 1903.

Zuev Yury A. *"The strongest tribe Esgil". Historical And Cultural Relations Between Iran And Dasht-i Kipchak in the 13-18th c.c.* Materials of International Round Table, Almaty, 2004.

Índice